Nicolas **Dufour**

Inkscape

Premiers pas
en dessin vectoriel

Avec la contribution d'Elisa de Castro Guerra

Préface de Joshua A. Andler

EYROLLES

ÉDITIONS EYROLLES
61, bd Saint-Germain
75240 Paris Cedex 05
www.editions-eyrolles.com

Le logo et le nom Inkscape ainsi que le slogan « Draw freely », comme d'autres produits cités dans ce livre, sont des marques déposées.

L'affiche de voyage (chapitre 6) est basée sur le clipart Castle (http://openclipart.org/detail/17626/castle-by-peileppe), par Peileppe, licence Public Domain.

Le motif Calcyum (chapitre 6) est tiré du Motif set #2 (http://www.vecteezy.com/patterns/288-classic-pattern), réalisé par Thibaut Hofer, licence CC-By.

La photo Morning Glory Pool (Chapitre 6), est proposée par Jon Sullivan (http://commons.wikimedia.org/wiki/File:Morning_Glory_Pool2.jpg) en licence Public Domain.

Le bus tordu (chapitre 8) a été dessiné par Jarno Vasamaa, (http://upload.wikimedia.org/wikipedia/commons/4/4c/Bus.svg), licence Public Domain.

Les outils chimiques utilisés dans l'exemple « entrelacement facile » (chapitre 9) sont issus du set Organick Chemistry (http://openclipart.org/detail/1739/chemistry-set-by-organick), par Organick, licence Public Domain.

L'emblème pirate utilisée dans l'exemple « un badge pirate » (chapitre 9) a été réalisé par Scyg (http://openclipart.org/detail/169895/skull-and-bones-by-scyg), et est disponible en licence Public Domain.

Le fond de l'affiche éco-propulsion (chapitre 9) est issu du set Super Crazy Splatter Vectors 2 (http://whirlwindzor.deviantart.com/art/Super-Crazy-Splatter-Vectors-2-81896174), par WhirlwindZOR, libre d'utilisation.

L'ensemble des autres photos et illustrations ont été réalisées par les auteurs, sous licence Art libre.

Préface

Travailler sur des logiciels libres apporte, parmi d'autres, le grand plaisir d'être témoin de l'engagement et l'implication de tous les membres de notre communauté. J'ai eu l'immense joie de travailler avec Elisa, Nicolas, et des centaines d'autres contributeurs au fil des ans. Nous œuvrons tous à créer des outils libres, puissants et ouverts, et à éduquer et autonomiser la communauté mondiale. Ce livre est une autre facette des efforts d'Elisa et de Nicolas pour atteindre ce dernier objectif.

Inkscape – Premiers pas en dessin vectoriel, écrit pour les utilisateurs débutants et les plus expérimentés, peut être lu comme un manuel d'apprentissage complet tout comme un outil de référence. Il guidera le novice, même le plus ignorant en matière de graphisme vectoriel, vers la production de graphismes, comme le ferait un professionnel, au fur et à mesure de sa lecture.

Il offrira également des détails techniques au professionnel expérimenté pour améliorer sa compréhension et sa maîtrise de l'outil. Que vous cherchiez à en savoir davantage sur Inkscape ou sur la production graphique en général, Elisa et Nicolas vous proposent de les suivre pour un voyage passionnant.

Sur ce, je vous laisse passer au vif du sujet. Amusez-vous bien !

Joshua A. Andler
Coordinateur du projet Inkscape

Avant-propos

Inkscape place aujourd'hui le dessin vectoriel à la portée de tous. Ses dernières évolutions l'ont fait passer du statut d'application prometteuse à celui de fer de lance des logiciels libres dans le domaine. Ses nombreuses fonctions, assises sur un standard ouvert, ainsi que sa compatibilité avec de nombreux formats et son ergonomie particulièrement intuitive lui permettent de rivaliser avec les logiciels propriétaires, à moindre coût. Multi-plate-forme, il se plaît tout autant sous Linux, Windows ou Mac OS X.

À ses outils de dessin simples (rectangle, ellipse, spirale, texte…) ou avancés (main levée, courbes de Bézier, boîte 3D), s'ajoute un panel de fonctionnalités autorisant toutes sortes de combinaisons (masque, découpe ou opérations booléennes) et d'effets (flous, déformations, jeux sur les couleurs), ainsi que de nombreuses aides (calques, guides, et grilles) contribuant à améliorer l'organisation de vos documents.

Mais ce n'est pas tout ! Du fait de sa licence libre, Inkscape est gratuit, autant pour le particulier que pour le professionnel. Vous économiserez ainsi le coût, souvent élevé, d'un logiciel commercial (ou celui, autant moral que légal, d'un éventuel piratage), tout en profitant d'un logiciel performant et du soutien d'une large communauté d'utilisateurs et de développeurs. Si vous avez une question sur un point d'utilisation ou un souhait d'évolution, ils se feront un plaisir de vous répondre.

Par ailleurs, non seulement Inkscape est libre, mais il utilise un format ouvert et standardisé. Ce choix garantit à vos dessins pérennité et accessibilité (même des années après, vous pourrez toujours les lire, sans contrainte légale), et assure l'interopérabilité avec de nombreux autres logiciels vectoriels (dont une part grandissante de navigateurs Internet). Vous pouvez ainsi créer ou lire vos œuvres avec Inkscape et les réutiliser avec toute application supportant ce même format.

Que vous soyez graphiste, illustrateur ou concepteur de sites web à la recherche d'un outil libre, multi-plate-forme, performant et adapté à votre activité créatrice, ou encore utilisateur curieux désirant s'initier facilement ou se perfectionner dans l'art du dessin sur ordinateur tout en profitant des atouts d'un environnement vectoriel, Inkscape est fait pour vous !

Le dessin vectoriel

Le principe est simple : un fichier vectoriel décrit les différents objets de l'image (des formes simples comme un segment de droite ou un cercle) et y applique éventuellement des transformations (pour redimensionner ou pivoter un objet) et des filtres (du flou, par exemple). Chaque objet possède également des attributs définissant son type, sa position, ou encore sa couleur et son contour.

La force du graphisme vectoriel réside principalement dans sa capacité à s'afficher en n'importe quelle résolution, sans dégrader la qualité de l'image. À l'inverse des formats matriciels, qui lors du zoom transforment les courbes lisses en formes d'escalier, les images vectorielles sont recalculées à chaque changement d'échelle et conservent ainsi la même finesse, quel qu'en soit l'agrandissement.

FIGURE 0–1 *Zoom comparé d'une image matricielle (à gauche) et d'une image vectorielle (à droite)*

Autre avantage, la taille du fichier n'est que très peu affectée par le niveau de zoom choisi et reste inférieure à son équivalent matriciel, y compris pour des images assez complexes.

Toutes ces caractéristiques font du vectoriel un excellent choix lorsqu'il s'agit de réaliser des dessins en grande taille (des affiches, par exemple) ou dont on souhaite obtenir plusieurs résolutions, comme c'est le cas pour les icônes et les logos.

Par contre, il n'est pas vraiment adapté au travail sur photographies. Il est possible, en théorie, de vectoriser n'importe quel type d'image, mais dans le cas d'une photo, où les détails et les couleurs sont très nombreux, le processus serait soit trop long et lourd, soit trop imprécis.

JARGON **Format matriciel**

Le principe du format matriciel, aussi appelé bitmap ou raster, est de représenter une image numérisée sous forme d'un tableau de pixels. La qualité de l'image dépend du nombre de pixels utilisés (c'est ce que l'on appelle la définition) et de la quantité de données utilisées pour coder chaque pixel (que l'on nomme profondeur). Les formats matriciels les plus connus sont BMP, JPEG, GIF, TIFF et PNG.

Le format SVG

L'histoire du format SVG débute en 1998, lorsque deux spécifications de format vectoriel sont soumises à peu près en même temps au consortium W3C.

CYBERCULTURE **W3C**

Le *World Wide Web Consortium* est un organisme chargé de promouvoir la compatibilité des technologies relatives au Web. Ses recommandations sont reconnues comme des standards industriels.
▶ **http://www.w3.org/**

Le premier format, VML, était proposé par Microsoft et Macromedia, pour ne citer que les plus connus. PGML, pour sa part, était issu d'un groupe mené par Sun et Adobe. Ces deux langages, basés sur XML, servirent de base au W3C pour la création du format SVG. La recommandation la plus récente, SVG 1.1, a été publiée en janvier 2003. La version SVG 2.0 est actuellement en cours d'étude et n'est pas encore passée au stade de la recommandation. Elle reprend le travail entrepris pour la version SVG 1.2, qui ne verra jamais le jour en version complète, en intégrant des fonctionnalités issues du web telles que HTML5, CSS et WOFF *(Web Open Font Format)*.

> JARGON **XML**
>
> XML *(Extensible Markup Language)* est un langage de balisage générique permettant le stockage de données dans une structure arborescente définie par un schéma. Il peut être utilisé comme syntaxe de base pour décrire des langages spécifiques, tels que XHTML (pour la création de sites Web), KML (utilisé par l'application de globe virtuel Google Earth) ou encore SVG (pour le graphisme vectoriel). XML fait l'objet d'une recommandation W3C, disponible à l'adresse suivante :
>
> ▸ **http://www.w3.org/TR/xml/**

Comme pour tout format basé sur XML, les différents objets du SVG sont organisés sous forme d'arbre, ce qui autorise toutes sortes de manipulations par l'intermédiaire de son interface DOM *(Document Object Model)* et de transformations avec le langage XSLT *(Extended Stylesheet Language Transformations)*. Il est ainsi très facile de modifier dynamiquement la structure ou les données d'un document SVG pour, par exemple, afficher des graphes dont les données sont mises à jour régulièrement (statistiques, surveillance…).

> AVANCÉ **Basic, Tiny ou Full ?**
>
> L'arrivée de la version SVG 1.1 a apporté une touche de modularité. SVG Tiny (SVGT) a été spécifié pour satisfaire les besoins des téléphones cellulaires et SVG Basic (SVGB) ceux des assistants personnels.

Bien que le SVG soit parfaitement adapté pour de nombreuses applications web, la prise en compte par les navigateurs est encore très souvent incomplète. De gros efforts ont tout de même été réalisés ces dernières années (depuis HTML5, le code SVG peut être intégré directement dans le code HTML), et aujourd'hui, les navigateurs les plus utilisés prennent en charge tous les fonctionnalités basiques du SVG. Si vous souhaitez une compatibilité optimale, Opéra arrive en tête, suivi des navigateurs basés sur le moteur Webkit (Safari, Chromium) et de Firefox. Internet Explorer, un peu en retard, n'accepte le SVG qu'à partir de la version 9.

Applications pratiques

Illustration

Du fait de sa souplesse, le format SVG se prête particulièrement bien à la création d'illustrations dédiées aux livres, magazines, bandes dessinées, affiches, programmes, livrets CD ou encore cartes de jeu, que ce soit au format PDF ou pour l'impression.

Le plus souvent, le SVG d'Inkscape s'inscrit dans un flux de travail et se place en amont du projet, lors de l'étape de création des images. Ces images ont ensuite vocation à s'insérer dans un fichier PDF en tant que SVG simple ou exportées en images matricielles qui peuvent être, par exemple, retouchées dans un logiciel dédié comme Gimp. Scribus, pour sa part, est idéal pour réaliser une mise en page avec des objets au format SVG simple ou des bitmaps et créer des PDF destinés à l'impression.

Conception de sites web

Le format SVG peut aussi servir de format intermédiaire pour la création de maquettes de sites web. Les différents éléments graphiques (logo, bannières, boutons, fond…) sont créés et ajustés en SVG avant d'être exportés dans un format matriciel utilisable directement sur le site.

Grâce à son système de calques, Inkscape peut simuler un site complet, chaque page étant représentée par un calque distinct pouvant être masqué ou affiché. Il propose également quelques extensions dédiées au découpage et à l'exportation des objets, ainsi qu'à l'intégration de code JavaScript pour les animer.

Logos et icônes

La création d'icônes SVG est sans doute une des utilisations les plus populaires d'Inkscape (pratiquement tous les jeux d'icônes des bureaux Gnu/Linux ont été réalisés avec cette application). Grâce à un outil de prévisualisation dédié, il est possible de voir d'un seul coup d'œil le rendu d'un dessin dans les résolutions les plus courantes et ainsi d'affiner l'icône en fonction de la taille désirée.

De même, Inkscape facilite la création d'identités visuelles que l'on souhaitera obtenir en plusieurs formats à appliquer à un site web, un en-tête de courrier ou tout autre support de communication.

Présentations

L'extension JessyInk, intégrée par défaut dans Inkscape, est dédiée à la réalisation de présentations, comme vous pourriez le faire avec Impress ou PowerPoint, à la nuance près qu'elles sont ici prévues pour être rejouées avec un simple navigateur supportant SVG et JavaScript. JessyInk intègre la plupart des fonctionnalités les plus utilisées avec ce type de logiciel (modèles, transitions, effets) et profite de la souplesse d'Inkscape pour la création des diapositives.

Pour bien vous rendre compte des possibilités de cette extension, n'hésitez pas à visionner la présentation explicative proposée par son concepteur à l'adresse suivante.

> ▸ http://launchpadlibrarian.net/32120652/
> JessyInk_1_3_1_showcase.svg#1

Visualisation de données

Les possibilités d'animation par l'ajout de code JavaScript et l'intégration de feuilles de style font du SVG un format idéal pour la visualisation de données dynamiques et la cartographie (Open Street Map, site de cartographie coopérative libre, en est une parfaite illustration).

Par ailleurs, de nombreux logiciels techniques et scientifiques (diagrammes Dia, figures Matlab et Mathematica, cartes mentales Freemind, et bien d'autres encore) savent exporter des données au format SVG qui pourront être réutilisées dans Inkscape si vous souhaitez y apporter des retouches (pour mettre en avant une courbe ou simplifier le dessin) ou du contenu supplémentaire (légende ou texte explicatif par exemple).

Création d'interface

Les interfaces et applications dédiées à la téléphonie ou l'informatique mobile doivent s'adapter à la taille de l'écran, qu'il soit petit (4 pouces pour un ordiphone) ou plus grande (10 pouces pour une ardoise numérique). Avec le format SVG, les graphismes s'adaptent automatiquement à la résolution de l'écran sans qu'il soit nécessaire de prévoir des fichiers différents.

La vie du projet Inkscape

Petit historique

Tout commence par Gill, développé pour l'environnement de bureau Linux Gnome par Raph Levien, célèbre pour son implication dans le logiciel libre en général, et pour sa participation aux projets Ghostscript, Gnome et Gimp en particulier.

Puis en l'an 2000 vint Sodipodi. Son auteur, Lauris Kaplinski, souhaitait une version multi-plate-forme de Gill (avec quelques fonctionnalités supplémentaires), utilisable sur une machine de puissance limitée. La toute dernière version, numérotée 0.34, est sortie en février 2004.

> CYBERCULTURE **Sodipodi**
>
> La page de téléchargement du projet est toujours accessible à l'adresse :
>
> ▸ **http://sourceforge.net/projects/sodipodi/**

Entre temps, en 2003, quelques développeurs encouragés par Lauris Kaplinski ont créé Inkscape sur la base de Sodipodi, conformément à la licence GPL. Ils ont modifié son interface et se sont attachés à suivre au plus près les recommandations du format SVG (ce qui, du fait des contraintes de performances imposées, n'était pas possible avec Sodipodi).

Inkscape aujourd'hui

À l'heure où nous rédigeons ce livre, la dernière version stable est numérotée 0.48 (ou plus précisément 0.48.4, mais ce dernier numéro n'apporte que des corrections, sans ajouter de fonctionnalité). Les développements allant bon train, la version 0.49 ne devrait pas tarder à faire son apparition. Les indications que vous trouverez ici concernent principalement la 0.48. Il se pourrait que quelques fonctionnalités aient été ajoutées, ou encore que des intitulés de menus ou de paramètres aient été modifiés, mais ces différences, si elles existent, seront extrêmement mineures et ne vous gêneront ni dans la lecture du livre, ni dans l'utilisation du logiciel.

En détail **Nouveautés de la version 0.49**
Si vous souhaitez en savoir un peu plus sur la version 0.49, les évolutions les plus marquantes sont abordées succinctement en annexes.

Et pour demain ?

Les développeurs d'Inkscape voient loin. La feuille de route (consultable à l'adresse http://wiki.inkscape.org/wiki/index.php/Roadmap) spécifie, avec plus ou moins de précision, le travail à produire pour les prochaines versions.

Bien entendu, plus la version est lointaine, plus il y a de chances pour que son contenu soit modifié ou affiné, mais nous avons là tout de même une très bonne idée des orientations prises par les développeurs.

Rassurez-vous, l'utilisation d'une version commençant par un zéro ne signifie aucunement que le logiciel est en version bêta. Pour Inkscape, le prérequis pour un passage en version 1.0 est la prise en compte de l'intégralité des recommandations SVG 1.1 Full (et, lorsqu'elles seront disponibles, des recommandations SVG 2.0). En attendant, vous n'aurez peut-être pas toutes les fonctionnalités prévues par le format, mais le logiciel sera stable et performant, y compris pour une utilisation avancée et professionnelle.

Par où commencer ?

Plusieurs approches sont possibles, selon que vous êtes novice en dessin vectoriel ou avez déjà de solides bases.

Vous êtes débutant ? Attaquez par le début. Les deux premiers chapitres apportent toutes les informations nécessaires à la prise en main de l'interface et des fonctions les plus utiles. Même si l'interface d'Inkscape est simple et bien pensée, le reste du livre fait régulièrement référence à ses différents éléments, et il serait dommage de rester bloqué sur une commande ou une icône introuvable.

Les chapitres 3 à 8 entrent dans le vif du sujet : vous y trouverez toutes les informations relatives aux différents outils, commandes et paramétrages utiles à la création et à la manipulation d'objets graphiques. Dans un premier temps, lisez ces chapitres dans l'ordre. Nous nous sommes efforcés de présenter les différents concepts de façon progressive ; la difficulté, ou plutôt le niveau d'utilisation, augmente au fil du livre.

Si vous maîtrisez déjà assez bien Inkscape, vous pouvez vous contenter de revenir sur les notions que vous souhaitez approfondir, ou les utiliser comme référence rapide.

Le chapitre 9 fait la synthèse, sous forme d'études de cas, de tout ce qui a été vu depuis le début. C'est l'occasion de mettre en pratique les notions présentées dans le reste du livre. Si vous connaissez déjà Inkscape ou le dessin vectoriel, commencez éventuellement votre lecture ici et reportez-vous aux chapitres précédents lorsque vous bloquez sur un point précis.

Que vous soyez utilisateur débutant ou avancé, arrêtez-vous sur les apartés. Ils vous apporteront de nombreuses informations, idées et conseils tout au long de votre lecture.

Nous souhaitons d'abord et avant tout que ce livre vous aide à explorer un logiciel graphique. Le lire d'un trait n'aurait pas de sens : prenez le temps de tester les différentes fonctionnalités, d'approfondir les exemples, et élaborez votre propre approche du graphisme vectoriel !

> **À SAVOIR   En aparté**
>
> Certaines informations, venant en complément du texte courant, ont été ajoutées, comme ici, sous forme d'apartés. Leur titre varie en fonction du type de contenu. En voici la liste :
>
> - À savoir : point important, à retenir absolument.
> - Idée : suggestion ou astuce d'utilisation.
> - Avancé : information supplémentaire pour aller plus loin avec Inkscape.
> - En détail : précision technique sur le fonctionnement d'Inkscape.
> - Cyberculture : Inkscape et son écosystème, sur la toile.
> - Jargon : explication d'une notion ou d'un terme spécifique.
> - Rappel : notion déjà vue ailleurs dans l'ouvrage, mais importante pour le chapitre en cours.
> - Alternative : une autre façon de faire.
> - Piège ! : manipulation délicate ou risquée.

Organisation de l'ouvrage

Chapitre 1 : *Installation et découverte de l'espace de travail*. Pour commencer par le commencement, nous installerons le logiciel proprement sur la machine. Puis nous apprendrons à localiser les différents éléments de l'interface et en comprendre les fonctions principales.

Chapitre 2 : *Prise en main rapide*. Pour poursuivre notre découverte, nous allons travailler avec les fichiers, en entrée (ouverture, importation) comme en sortie (sauvegarde, exportation, impression), et étudier les différentes façons de se déplacer sur l'interface et avec les objets.

Chapitre 3 : *Le dessin*. Nous y voilà ! Enfin, nous allons commencer à nous exprimer sur le canevas. Nous aborderons ici les outils de tracé les plus classiques, tels que les rectangles et les cercles, et découvrirons l'art de la calligraphie et du dessin en trois dimensions.

Chapitre 4 : *Mise en couleur et attributs*. Préparons notre palette, apportons nos seaux et notre pipette et colorions ensemble dans la joie et la bonne humeur. Objets et contours, rien ne nous résistera. Et pour plus de finesse, un petit dégradé, par ci, par là.

Chapitre 5 : *Le texte*. Si les dessins vous manquent, trouvez les mots pour le dire ! Mais attention, les textes ne sont pas ici de simples suites de lettres : ils vous suivront (comme ils suivront les autres objets du canevas) pleinement dans votre expression artistique.

Chapitre 6 : *Manipulation des objets*. Après une séance de multiplication, nous allons jouer avec les calques pour placer tous nos objets les uns sur (ou sous) les autres. Puis nous masquerons et découperons ceux qui ne sont pas de taille. Et après cela, il nous faudra ranger un peu !

Chapitre 7 : *Manipulation des chemins*. Pour sortir un peu des sentiers battus, créons nos propres objets. Démêlons tous ces nœuds qui nous astreignent, et le vecteur de la liberté nous guidera vers de multiples chemins !

Chapitre 8 : *Effets et filtres*. Inkscape nous simplifie la vie en proposant de nombreux effets pour modifier les couleurs, les chemins ou encore le rendu. Si ce n'est pas suffisant, nous verrons comment créer nos propres filtres.

Chapitre 9 : *Études de cas*. Un peu d'exercice en guise de dessert. La maison vous propose un assortiment gourmand de graphismes en tout genres. Il y en aura vraiment pour tous les goûts.

Pour terminer, les *annexes* proposent des informations plus spécifiques sur les formats de fichier, la norme SVG et l'art de regarder comment les choses se passent sous le calque. Pour conclure, vous trouverez également quelques ressources disponibles sur le Web, ainsi que des informations fort utiles sur les différentes façons d'aider le projet.

Ressources

En supplément de ce livre, vous pouvez télécharger les exemples du chapitre 9 depuis la fiche de l'ouvrage sur le site des éditions Eyrolles, à l'adresse http://www.editions-eyrolles.com/ ou dans l'espace de téléchargement du site Inkscape-fr à l'adresse ftp://download.tuxfamily.org/inkscape/.

Vous pourrez ainsi décortiquer les images, les agrandir à l'envi, profiter de toutes leurs couleurs, voir comment elles ont été réalisées… Certaines des ressources proposées pour la réalisation des exemples ont été réalisées par nos soins. Vous les trouverez également sur ce dépôt.

Remerciements

Merci à Richard Stallman, pour son engagement inébranlable envers les logiciels libres, à OpenOffice, puis LibreOffice, avec lesquels nous avons intégralement rédigé cet ouvrage, à Firefox pour avoir donné un autre goût au Web, Pigdin, XChat et Konversation pour avoir accéléré les communications lorsque c'était nécessaire, à Gimp pour nous avoir aidé à capturer fenêtres et écrans, aux distributions GNU/Linux qui nous permettent de faire tourner ces logiciels, et surtout à la communauté Inkscape, sans laquelle nous n'aurions pas eu l'occasion d'écrire ce livre.

Un grand merci également à toute l'équipe des éditions Eyrolles, et en particulier à Muriel et Sandrine pour leurs conseils avisés.

Et naturellement, merci à nos conjoints et enfants respectifs pour leur patience et leur soutien dans cette petite mais trépidante aventure.

Elisa de Castro Guerra, Nicolas Dufour

http://www.inkscape-fr.org/

Table des matières

Installation et découverte de l'espace de travail

Inkscape existe pour Windows, Linux et Mac OS X. Dans ce chapitre, nous apprendrons à l'installer sur ces différents systèmes d'exploitation et à en paramétrer les options. Nous terminerons avec une présentation des différents éléments de l'interface utilisateur.

Installation

Installer Inkscape est très simple : un simple navigateur suffit ! Une petite visite sur le site officiel d'Inkscape (http://www.inkscape.org/download) pour télécharger l'installateur (ou les sources, soyons fous !) et le tour est (pratiquement) joué.

CYBERCULTURE **SourceForge**

SourceForge est un site d'hébergement de logiciels libres offrant aux développeurs des outils pour la gestion (suivi des bogues, dépôt pour les sources) et la promotion (site web, documentation, forum) de leurs créations. Inkscape, comme d'autres projets célèbres (Scribus, FileZilla, 7-Zip ou Audacity par exemple) fait partie des locataires les plus actifs de SourceForge.

Installation sous Windows

Les utilisateurs de Windows bénéficient d'un fichier d'installation parfaitement adapté à leur système d'exploitation. Sa mise en œuvre est classique :

1 Dans la section *Versions officielles*, cliquez sur le lien *Windows – Installeur*. Le téléchargement commence alors automatiquement depuis la page SourceForge du projet, où les fichiers sont hébergés.

2 Lancez l'exécutable d'installation, qui vous propose après un court instant une sélection de composants additionnels. Si elle n'est pas déjà cochée, sélectionnez la langue de votre choix.

3 Vous pouvez également choisir les différents raccourcis de lancement (icône sur le bureau, lancement rapide…).

4 La dernière étape de pré-installation consiste à définir l'emplacement par défaut du programme. À moins d'avoir une excellente raison de changer le dossier proposé, il est fortement conseillé de conserver l'emplacement par défaut et de continuer l'installation avec le bouton *Installer*.

5 L'installation proprement dite commence alors, et ne nécessite pas d'autre intervention que la validation des boîtes de dialogue.

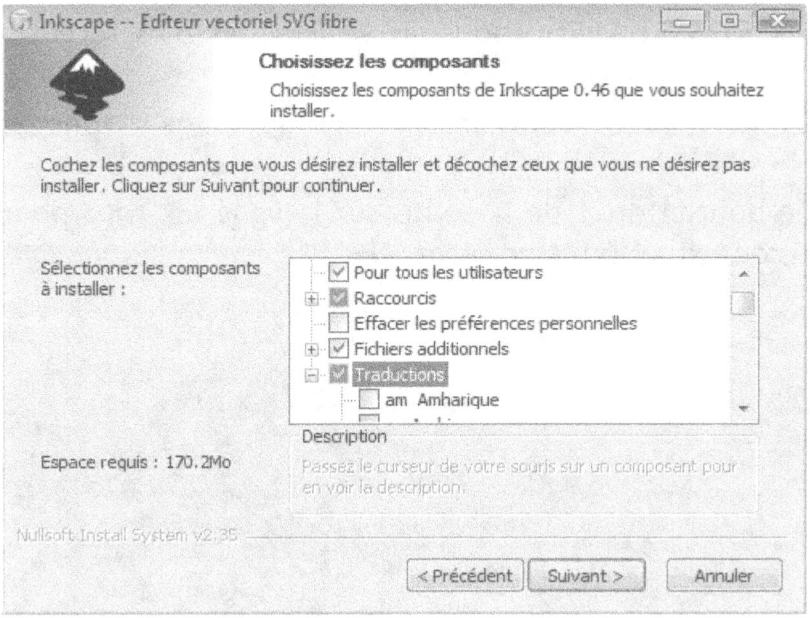

Figure 1–1   *Choix des traductions*

Installation sous GNU/Linux

Inkscape est présent dans la plupart des distribution GNU/Linux. Vous n'aurez en général pas besoin de télécharger manuellement quoi que ce soit, et profiterez des automatismes et de la puissance des gestionnaires de paquets.

Avec Synaptic

Interface graphique pour le gestionnaire de paquets APT, Synaptic permet l'installation, la mise à jour et la désinstallation de logiciels. Prévu initialement pour gérer les paquets `.deb` de la distribution Debian et de ses dérivées (dont le célèbre Ubuntu), il est également disponible pour les distributions gérant des paquets `.rpm` (comme RedHat, Suse ou Mandriva).

Avec Debian Squeeze (mais également toutes les distribution de même type, dont Ubuntu ou Mint, pour ne citer que deux des plus populaires), voici comment procéder :

1 Lancez Synaptic par le menu *Système>Administration>Gestionnaire de paquets Synaptic* ou avec Unity (pour les versions les plus récentes d'Ubuntu).

2 Cliquez sur l'icône *Rechercher*, puis entrez `Inkscape` dans la zone de saisie.

3 Cliquez avec le bouton droit de la souris sur la ligne *Inkscape* pour ouvrir le menu contextuel, puis choisissez *Sélectionner pour installation*.

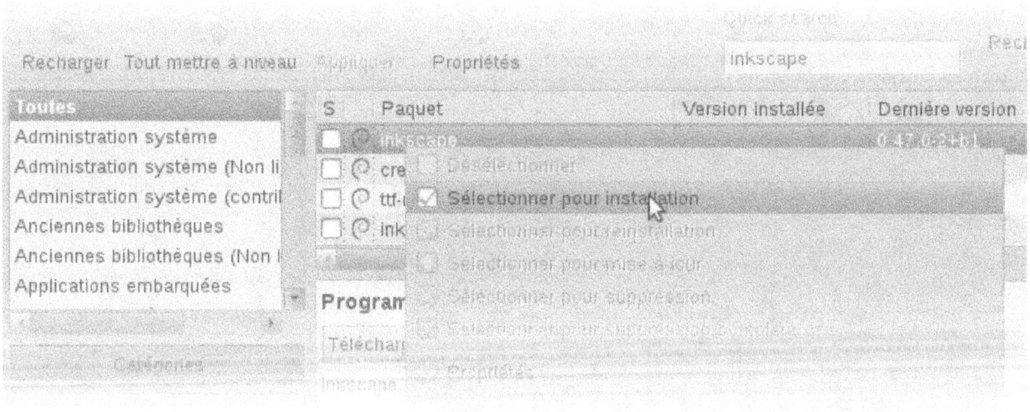

FIGURE 1-2 *Sélection du paquet à installer*

4 Cliquez sur l'icône *Appliquer*. La suite de l'installation est naturelle, il suffit de valider chaque étape jusqu'à la fin de l'opération.

Avec les autres distributions de Linux qui utilisent Synaptic, cette procédure diffère peu.

Avec un gestionnaire de paquets avancé

Les distributions les plus récentes proposent également des gestionnaires de paquets avancés offrant davantage de simplicité et de convivialité aux utilisateurs grâce à des outils de recherche perfectionnés et des informations complémentaires sur les logiciels proposés (accès rapide au site web, note des utilisateurs ou encore logiciels complémentaires). Citons parmi les plus populaires la logithèque Ubuntu (disponible également pour Debian), Yast (distribution Suse) ou encore Yum (RedHat, Fedora). Ils sont généralement très bien intégrés dans l'environnement de l'utilisateur et si simples à manipuler qu'il n'est pas nécessaire d'en détailler ici l'usage.

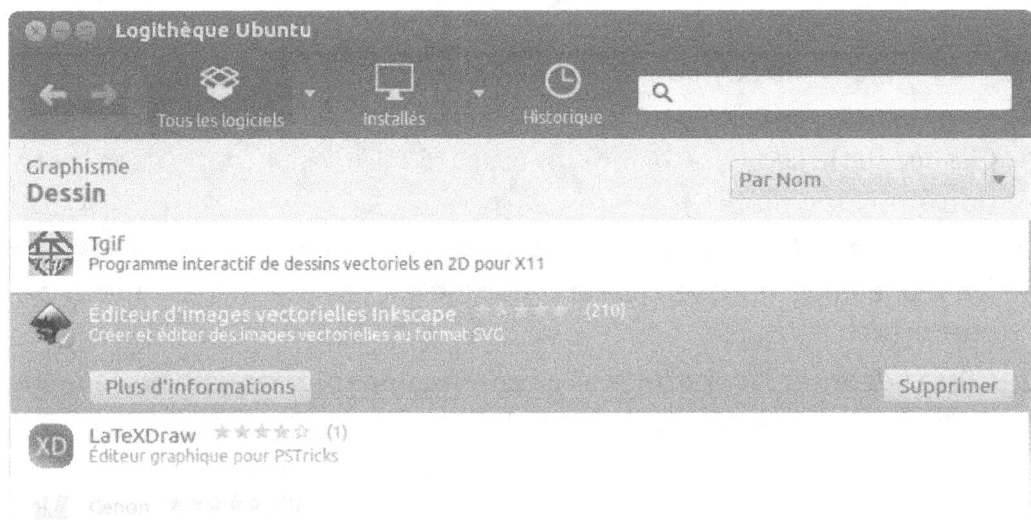

FIGURE 1–3 *La logithèque Ubuntu*

Avec une ligne de commande

Si vous préférez gérer les paquets `.deb` en mode ligne de commande, l'utilitaire `apt-get` est fait pour vous. Comme Synaptic, il gère parfaitement les dépendances.

Pour l'utiliser, saisissez la commande suivante dans un terminal (`xterm` par exemple) :

```
apt-get install inkscape
```

Installation sous Mac OS X

Inkscape a besoin de l'interface graphique X11 pour fonctionner. Les archives disponibles sur le dépôt d'Inkscape sont prévues pour Mac OS X 10.6 (Snow Leopard) et les versions supérieures, qui toutes incluent X11 par défaut.

> **En détail X11**
>
> Lancé dans un environnement Mac OS X, Inkscape s'appuie sur un gestionnaire d'interfaces utilisateur (pour la prise en charge de la souris, du clavier et de l'écran) nommé X11. En cas de problème lors de l'installation ou de l'utilisation d'X11, référez-vous au site suivant :
>
> ▶ **http://www.finkproject.org/doc/x11/x11.fr.html**

1 Cliquez sur le lien *OS X 10.6, Snow Leopard – Universal .dmg* (dans la section *Versions officielles*).

2 Une fois le téléchargement terminé, ouvrez le fichier DMG. Il s'agit en fait d'une image disque, qui sera montée par le système comme un disque virtuel.

3 Glissez-déposez l'icône Inkscape contenue dans le paquet vers le menu *Application* de Mac OS X ; le logiciel s'installe alors tout seul.

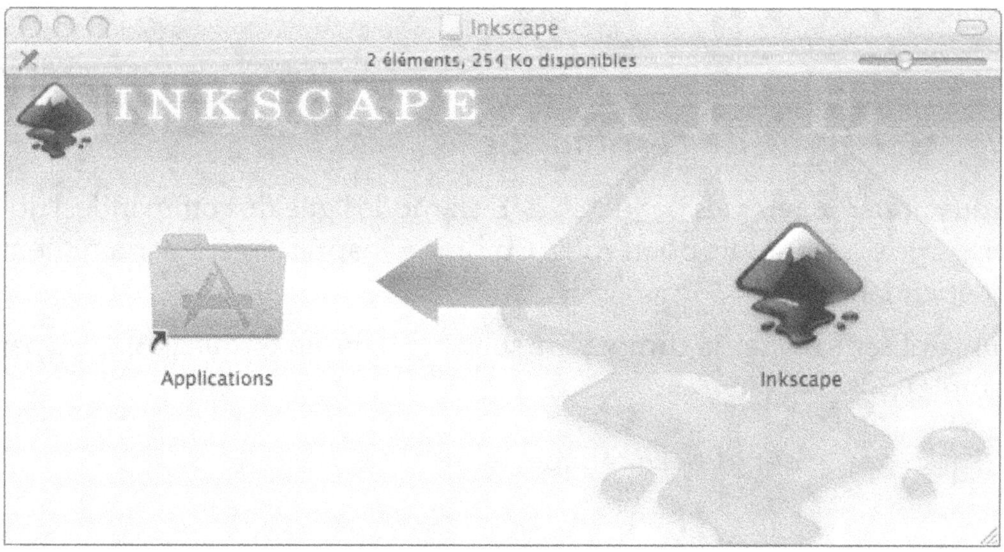

FIGURE 1–4 *Installation sous Mac OS X*

Les versions de développement

Vous avez l'âme d'un testeur ? Vous êtes impatient d'essayer les nouveautés de la version en développement ? La section *Versions de développement* du site vous offre les paquets compilés et les sources de la version en cours de d'élaboration. Si ces dernières sont mises à jour quotidiennement, les paquets compilés sont généralement un peu plus espacés dans le temps.

À SAVOIR **Versions instables**
Travailler avec une version de développement n'est pas sans risque. Le code n'ayant pas encore été totalement éprouvé, vous pouvez être confrontés à des plantages de l'application, à un comportement inhabituel de la part de certaines fonctions, dont la logique a pu être revue, ou encore (mais c'est beaucoup plus rare !) à des altérations sur vos fichiers SVG. Vous pouvez les installer pour les tester (les développeurs vous en seront reconnaissants), mais il est préférable de conserver une version stable pour votre travail courant.

Compilation

Normalement, il n'est pas nécessaire de compiler soi-même Inkscape pour pouvoir l'utiliser. Cependant, pour configurer à la main certains paramètres (ou dans le cas d'une version de développement, lorsqu'aucun paquet d'installation n'est disponible) les sources du logiciel sont disponibles sur le site officiel d'Inkscape. Vous pouvez les télécharger dans la section *Versions de développement* puis *Paquets source*, en cliquant sur le lien *Images de l'état actuel des sources*.

Ensuite, les choses se compliquent un peu… Sans être très difficile, la procédure à suivre dépend du système d'exploitation utilisé et peut nécessiter l'installation de bibliothèques logicielles supplémentaires. Le manuel wiki officiel présente un récapitulatif des méthodes à utiliser pour votre système : http://wiki.inkscape.org/wiki/index.php/CompilingInkscape.

Premier lancement

La méthode de lancement peut différer selon le système d'exploitation que vous utilisez et les options que vous avez choisies lors de l'installation.

Sous Windows, vous pouvez, au choix :

- double-cliquer sur l'icône du bureau ;

- sélectionner l'entrée *Inkscape* dans le menu *Démarrer* ;
- double-cliquer sur un fichier dont l'extension est compatible avec Inkscape (`.svg`, `.svgz`...) ;
- utiliser le menu contextuel via un clic droit de la souris sur le fichier à ouvrir.

Sous Linux, les méthodes diffèrent en fonction de la distribution, mais en général, une entrée de menu est disponible. À défaut de menu ou d'icône, il est toujours possible de lancer l'application à l'aide du terminal et de la commande `inkscape`.

Sous Mac OS X, il suffit de cliquer sur l'icône du logiciel dans la section *Applications*.

> Avancé **Lancement en ligne de commande**
>
> Lancer Inkscape en ligne de commande depuis une console est particulièrement utile si vous devez réaliser des traitements répétitifs sur des lots de fichiers SVG. Vous pourrez, par exemple, exporter d'un coup l'ensemble d'un répertoire d'images SVG en images PNG. Pour afficher l'intégralité des options disponibles ainsi que le manuel d'utilisation, sélectionnez le menu *Aide>Options de la ligne de commande*, ou lancez, dans une console, la commande `inkscape -?`.

Prise en main de l'espace de travail

L'espace de travail d'Inkscape a été conçu pour permettre un accès rapide à tous les outils nécessaires à la création graphique vectorielle, tout en restant simple et ergonomique. Il est divisé en plusieurs zones distinctes dont la disposition par défaut est la suivante :

- les menus, positionnés tout en haut ❶ ;
- la barre de commande, juste en dessous du menu ❷ ;
- la boîte à outils, à gauche ❸ ;
- la barre de contrôle ❹, juste sous la barre de commande ;
- le canevas, au centre ❺ ;
- la barre d'état et d'information ❻, tout en bas ;

- la palette de couleurs, juste au-dessus de la barre d'état et d'information (7) ;
- les règles, à gauche et en haut, autour du canevas (8) ;
- les barres de défilement, à droite et en bas, autour du canevas (9) ;
- la barre de contrôle du magnétisme, à droite (10).

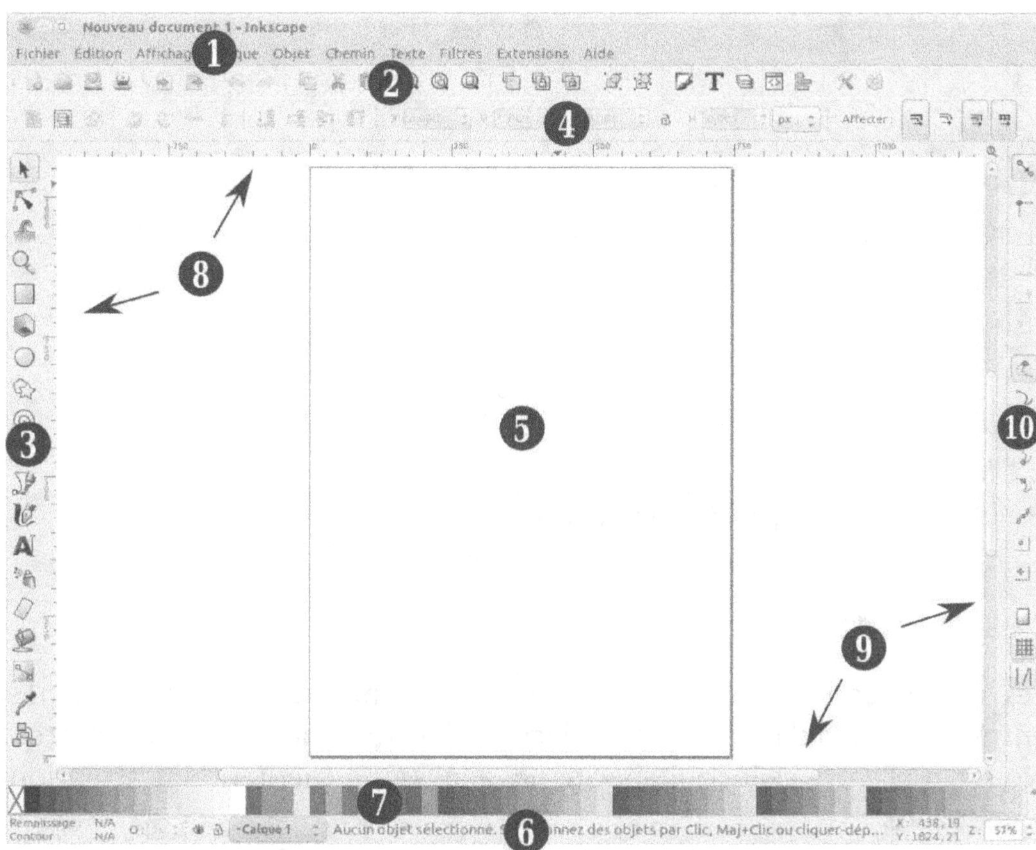

FIGURE 1–5 *Espace de travail*

À SAVOIR **Infobulles**

En cas de doute sur l'utilisation d'une des icônes de l'interface, survolez-la : un texte explicatif apparaît dans une infobulle.

Accéder aux icônes masquées

La taille de la fenêtre ne vous permet pas d'accéder à l'intégralité des éléments de l'interface ? Les icônes cachées sont encore là, à l'extrémité droite de chaque barre. Il suffit de cliquer sur la flèche noire pour voir apparaître le reste des fonctionnalités.

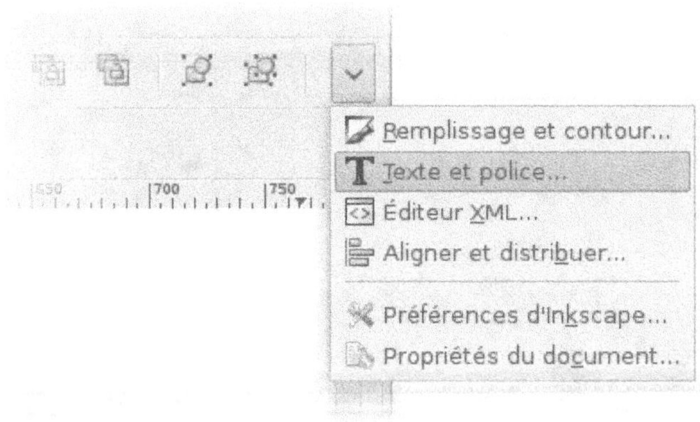

FIGURE 1-6   *Affichage des icônes masquées*

Les menus

Les menus sont nombreux et particulièrement bien garnis. Certaines entrées sont très classiques, et les décrire ici ne présente pas de réel intérêt. Nous détaillerons celles qui, spécifiques à Inkscape, méritent une attention particulière.

Le menu Fichier

Vous trouverez ici tout l'arsenal habituel dédié à la gestion des fichiers (pour l'ouverture, l'enregistrement, ou encore l'impression), ainsi que quelques commandes plus spécifiques ou peu communes :

- Si vous souhaitez recharger la dernière sauvegarde, utilisez le sous-menu *Recharger*. Attention toutefois, cette opération est irréversible, et toutes les modifications effectuées entre temps seront définitivement perdues !

- *Nettoyer les defs* supprime les définitions inutilisées dans le fichier SVG. Cela concerne entre autres les dégradés, les marqueurs et les motifs. Ne lancez cette commande que si vous êtes certain de ne plus avoir besoin de les réutiliser.
- Vous pouvez ajouter des informations concernant le document directement dans le fichier SVG grâce au menu *Métadonnées du document...* Ces données peuvent être générales (titre, date, créateur, description) ou relatives à la licence choisie (propriétaire, domaine public, Creative Commons...).

> CYBERCULTURE **Strip-it et les métadonnées**
>
> Avec le logiciel Strip-it, l'auteur de bandes dessinées Johann Dréo réalise des galeries d'images sans difficulté. Comment ? Tout simplement en transformant en légendes les métadonnées de ses dessins SVG.
>
> ▶ http://stripit.sourceforge.net/

- En sélectionnant l'entrée *Périphériques de saisie*, vous accédez à la boîte de dialogue de configuration des périphériques de type écran tactile ou tablette graphique.

Le menu Édition

Outre les commandes classiques d'édition (historique des actions, copiage et collage, sélection...), Inkscape se distingue par des fonctionnalités aussi originales que pratiques.

Ainsi, il est possible de coller une sélection à l'endroit même où elle a été copiée (et non pas à l'emplacement du curseur comme lors d'un collage normal) avec le sous-menu *Coller sur place*, de ne copier que le style d'un objet (remplissage, contour et paramètres de texte) avec *Coller le style*, ou ses dimensions (hauteur, largeur, ou les deux) avec *Coller les dimensions*.

Pour en savoir plus sur le code SVG du fichier en cours, utilisez l'*Éditeur XML*. Nous explorerons cet aspect plus amplement en annexes.

Le menu Affichage

Vous pouvez, avec *Mode d'affichage*, travailler en mode *Normal* (tous les objets sont affichés), *Sans filtre* (désactive complètement tous les filtres appliqués au dessin) ou *Contour* (affichage « fil de fer »), ce dernier étant particulièrement pratique lorsque le canevas est un peu trop chargé.

Si vous utilisez Inkscape pour dessiner des jeux d'icônes, l'*Aperçu d'icône* vous intéressera tout particulièrement. Il affiche la sélection (ou à défaut la page complète) dans les résolutions d'icône les plus courantes (de 16 × 16 à 128 × 128 pixels).

Une dernière astuce, pour ceux qui apprécient de pouvoir garder une vue globale du dessin tout en travaillant sur un détail : le sous-menu *Dupliquer la fenêtre* ouvre une nouvelle fenêtre de l'image en cours. Les modification effectuées sur le dessin, quelle que soit la fenêtre utilisée, sont synchronisées sur la seconde fenêtre. En dehors du dessin, les deux fenêtres sont indépendantes l'une de l'autre, et supportent parfaitement des configurations d'affichage ou des utilisations d'outil différentes.

Le menu Calque

Ce menu contient toutes les commandes habituelles de gestion de calque : création de nouveaux calques, renommage, duplication, déplacements.

Il commande également l'ouverture de la boîte de dialogue des calques (sous-menu *Calques...*), permettant une gestion simple de leur position, leur affichage, et du fondu entre calques.

Le menu Objet

Ce menu présente les différentes fonctions applicables aux objets : grouper, retourner, transformer, masquer... Nous les aborderons en détail dans le chapitre 6.

Le menu Chemin

Les chemins sont à la base du dessin vectoriel, et les manipulations les plus puissantes d'Inkscape s'appuient sur leurs propriétés. Toutes ces fonctions, regroupées dans le menu *Chemin*, seront étudiées dans le chapitre 7.

Le menu Texte

Ce menu regroupe toutes les fonctions propres aux éléments textuels (modification des propriétés, encadrement, placement sur un chemin...), que nous détaillerons plus amplement dans le chapitre 5.

Le menu Effets

À l'instar de la plupart des logiciels de dessin, vectoriel ou non, Inkscape propose une liste d'effets prédéfinis. Ces effets sont regroupés par type d'utilisation (couleur, rendu, texte...). Le chapitre 8 expose les effets les plus remarquables.

Le menu Aide

Vous trouvez dans ce menu toutes les informations utiles à l'utilisation d'Inkscape : documentation sur l'outil et sur le format SVG, références du logiciel, note de version, rapport de bogue...

La barre de commande

La barre de commande présente sous forme d'icônes les fonctionnalités les plus utilisées des menus.

TABLEAU 1–1 **Icônes de la barre de commande**

Utilisation	Commandes
Manipulation de fichiers	Création, ouverture, enregistrement, impression, importation et exportation de document
Édition	Annuler et refaire une action, copier et coller

TABLEAU 1–1 **Icônes de la barre de commande**

Utilisation	Commandes
Zoom	Ajuster la sélection, le dessin ou la page à la fenêtre
Duplication	Dupliquer, cloner et délier un clone
Objets	Grouper et dégrouper
Boîtes de dialogue fréquentes	Remplissage et contour, texte, éditeur XML, alignement et distribution
Paramétrage	Paramétrage d'Inkscape et du document en cours

FIGURE 1–7   *La barre de commande*

Toutes ces commandes sont par ailleurs disponibles dans les menus ou à l'aide de raccourcis clavier.

La boîte à outils

La boîte à outils contient une série d'icônes donnant accès aux outils d'Inkscape. Nous verrons en situation comment utiliser les plus importants.

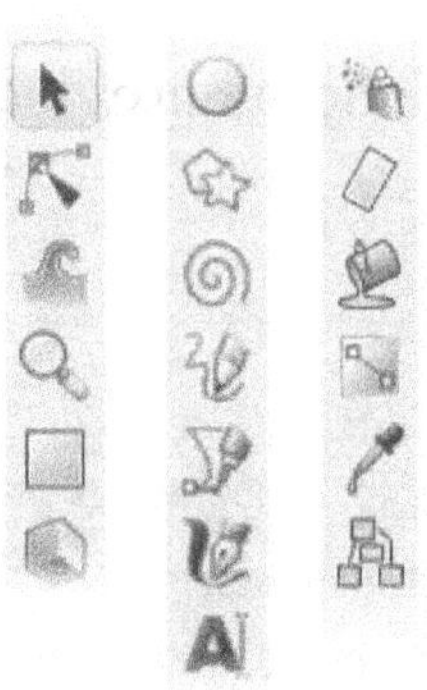

FIGURE 1–8   *Les outils en boîte*

La barre de contrôle

La barre de contrôle donne accès aux paramètres de l'outil en cours d'utilisation. Parler des barres de contrôle serait plus juste, puisque chaque outil dispose d'une panoplie de commandes qui lui est propre.

FIGURE 1-9   *La barre de contrôle de l'outil sélection*

Cette barre est un élément important pour l'ergonomie générale d'Inkscape. Sa contextualité offre un gain de temps appréciable, car cela évite à l'utilisateur d'ouvrir des menus ou des boîtes de dialogues pour des actions courantes.

Le canevas

Le canevas est la partie centrale d'Inkscape. Il est délimité de chaque côté par les règles et les barres de défilement. C'est ici que vous allez pouvoir donner libre cours à toute votre créativité !

À l'intérieur du canevas se trouve une page, matérialisée par défaut par un cadre et une ombre. Un nouveau document peut être ouvert avec le menu *Fichier>Nouveau*. Sa disposition et sa forme sont modifiables via le menu *Fichier>Propriétés du document...* (*Maj+Ctrl+D*).

La barre d'état et d'information

Cette barre contient de nombreux éléments très utiles. Commençons notre tour d'horizon par l'indicateur de style. Il affiche les couleurs de remplissage et de contour, ainsi que l'opacité de l'élément sélectionné.

FIGURE 1-10   *L'indicateur de style*

Autre élément intéressant à remarquer dans cette barre : en cliquant-glissant sur une couleur, vous l'ajustez par un astucieux procédé de « mouvement de couleur » (que nous détaillerons dans le chapitre 4). Le chiffre placé à côté de la couleur du contour représente l'épaisseur de celui-ci.

Remarquez également l'indicateur de calque. Il indique le calque actif et permet de modifier son verrouillage ou sa visibilité. Grâce à son menu déroulant, vous avez la possibilité de vous placer sur un autre calque.

FIGURE 1–11 *L'indicateur de calque*

La zone d'information permet d'obtenir des indications dépendantes du contexte. Lorsque vous sélectionnez un outil, il affiche une aide succincte sur son utilisation. Si un objet est en cours d'utilisation, il en précise le type et le calque dans lequel cet objet se trouve.

FIGURE 1–12 *La zone d'information*

Les deux derniers éléments que contient cette barre montrent les coordonnées du pointeur de souris sur le canevas (vous saurez ainsi toujours avec exactitude où se trouve votre curseur) et le niveau de zoom actuel, que vous pouvez modifier manuellement pour définir une valeur précise.

FIGURE 1–13 *L'indicateur de position et de zoom*

La palette de couleurs

La palette est particulièrement utile pour appliquer une couleur à un objet du canevas. Le menu, placé à l'extrémité droite de la palette, propose une sélection de palettes de couleurs prédéfinies ainsi que quelques paramètres relatifs à l'affichage des couleurs.

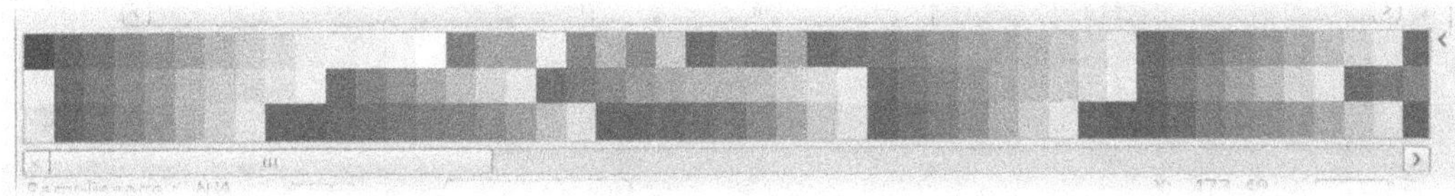

FIGURE 1–14 *Palette en mode Mise à la ligne*

À SAVOIR **Choix de palette**

Chaque palette contient un nombre restreint de couleurs qui correspond à l'usage à laquelle elle est destinée. La palette *topographic*, par exemple, ne possède que des teintes bleues, vertes et marrons, adaptées au dessin de cartes.

Il est également possible de visualiser la palette (ou un jeu de couleurs différent) dans une boîte de dialogue avec le menu *Affichage>Palettes...* (*Maj+Ctrl+W*).

Nous verrons au chapitre 4 comment utiliser les palettes.

Les règles et les guides

Les règles matérialisent les axes x et y dans l'espace de travail. Par défaut, elles se trouvent en haut à gauche du canevas. Les guides sont des lignes que vous placez sur le canevas pour vous aider à positionner ou à repérer vos différents objets.

Pour ajouter un guide horizontal, cliquez-glissez depuis la règle du haut jusqu'à l'emplacement désiré. Pour un guide vertical, répétez l'opération depuis la règle de gauche. Vous obtenez un guide oblique en cliquant-glissant depuis l'extrémité d'une règle.

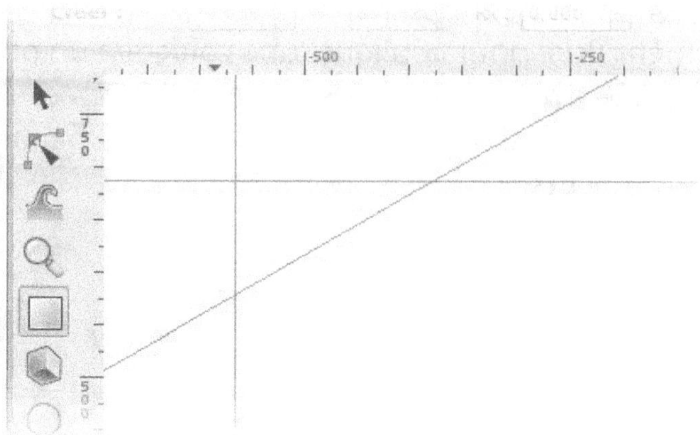

FIGURE 1–15 *Règles et guides en action*

Une fois que vous avez placé des guides sur votre dessin, vous pouvez bien entendu les modifier :

- Un double-clic sur un guide ouvre une boîte de dialogue permettant de modifier sa position et son angle.
- Pour supprimer un guide, cliquez dessus en maintenant la touche *Ctrl* enfoncée.
- Pour afficher ou masquer les guides, utilisez le menu *Affichage>Guides* (le raccourci correspondant est |).

AVANCÉ **Créer des guides depuis un objet**

Les guides peuvent être créés directement depuis un objet en sélectionnant celui-ci et en activant la commande *Objet>Objets en guides* (*Maj+G*). Attention toutefois, les guides n'épousent pas toujours la forme de l'objet. C'est le cas notamment pour les cercles, où les guides suivent le contour de la boîte englobante de l'objet.

Par défaut, l'objet sélectionné est détruit à la suite de la conversion en guides, mais ce comportement peut être modifié dans l'onglet *Guide* du menu *Fichier>Préférences d'Inkscape...* (*Maj+Ctrl+P*), rubrique *Outils*.

 Les barres de défilement

Il s'agit tout simplement des ascenseurs placés en bas et à droite en bordure du canevas. Lorsque la petite loupe en haut à droite est activée, tout redimensionnement de la fenêtre entraîne une modification du zoom. L'ajustement du zoom au dessin en cours est ainsi automatisé.

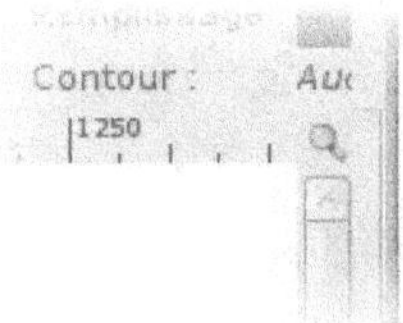

Figure 1–16 *Zoom automatique*

La barre de contrôle du magnétisme

Le magnétisme facilite le positionnement des objets en les aimantant à la grille, un guide, ou un autre objet. Avec cet accrochage, le calage des objets est plus rapide et plus précis, et il devient inutile de zoomer pour effectuer l'ajustement à la main. Il s'active et se désactive par le menu *Affichage>Magnétisme*, via le raccourci % ou avec l'icône placée tout en haut de la barre de contrôle du magnétisme.

Le choix des points sur lesquels appliquer le magnétisme (coin ou bord d'objet, nœud, grille, bord de page…) s'effectue directement sur la barre de contrôle.

Vous pouvez modifier la force d'attraction (c'est-à-dire la distance en pixels à partir de laquelle l'objet est aimanté) par rapport aux grilles, guides et autres objets dans l'onglet *Magnétisme* du menu *Fichier>Propriétés du document…* (*Maj+Ctrl+D*).

 Toujours aimanter

L'option *Toujours aimanter* empêche les objets de se positionner en dehors du type d'aimant paramétré. Ainsi, avec cette option activée pour les grilles, les objets se déplaceront exclusivement sur cette grille.

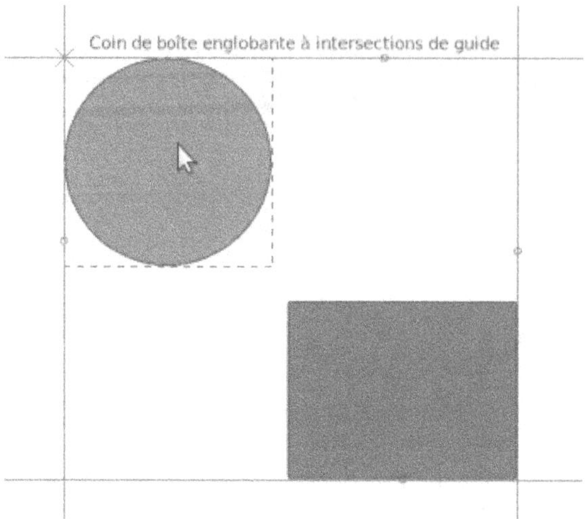

FIGURE 1–17 *Guide magnétique*

Paramétrage de l'espace de travail

Bien que défini pour satisfaire le plus grand nombre d'utilisateurs et s'adapter à la plupart des situations, le paramétrage par défaut d'Inkscape peut ne pas convenir à un travail particulier ou plus généralement à vos habitudes. Vous trouverez ici tout ce qu'il vous faut pour adapter l'interface à votre goût.

Personnaliser les barres de contrôle

Vous pouvez adapter la position des barres de contrôle en fonction du type d'écran à votre disposition ou de votre façon d'utiliser Inkscape avec les menus *Affichage>Large* (optimisé pour les écrans larges ou les ultra-portables) et *Affichage>Personnalisé* (favorisant l'encombrement vertical). Pour revenir à un paramétrage intermédiaire, convenant à la plupart des usages, utilisez le menu *Affichage>Défaut*.

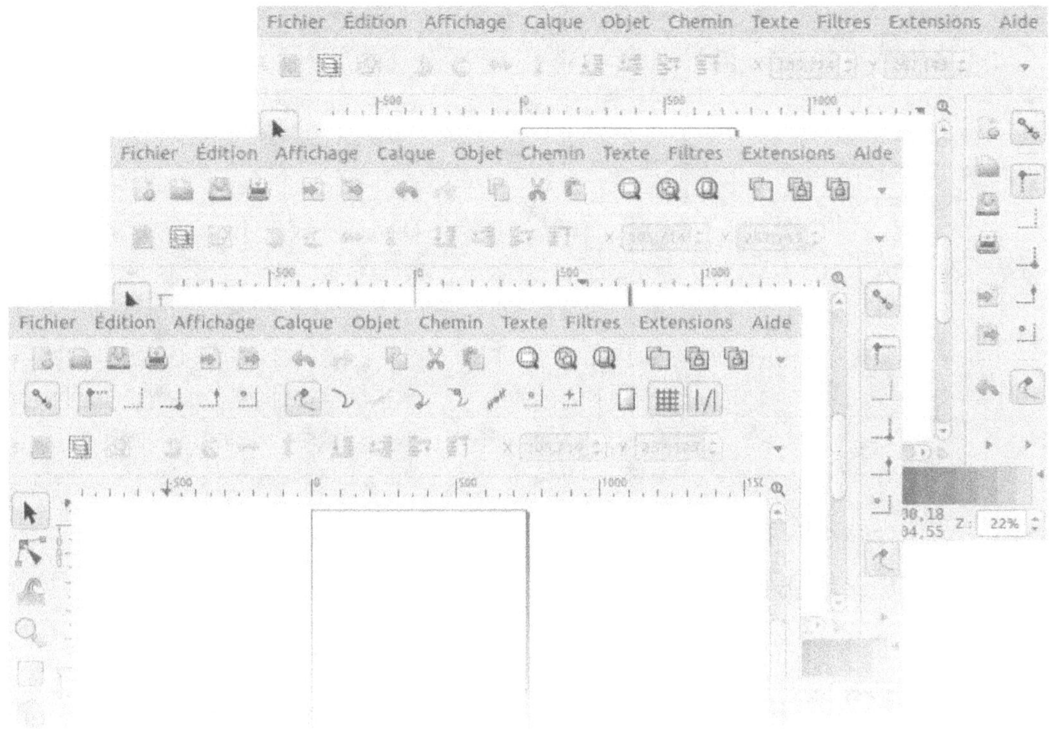

FIGURE 1–18 *Affichage personnalisé*

Afficher une grille

Lorsque vous utilisez de nombreux guides, il est judicieux de les remplacer par une grille. Pour afficher ou masquer la grille, utilisez le menu *Affichage>Grille* (ou passez par le raccourci #).

La grille affichée dépend du modèle utilisé, mais ses paramètres (origine, espacements, couleurs, unité de mesure) peuvent être modifiés pour le document en cours, grâce à l'onglet *Grille* du menu *Fichier>Propriétés du document...* (*Maj+Ctrl+D*).

En plus de la traditionnelle grille rectangulaire, la version 0.46 d'Inkscape propose une grille axonométrique. Cette grille autorise dans son paramétrage le réglage des angles.

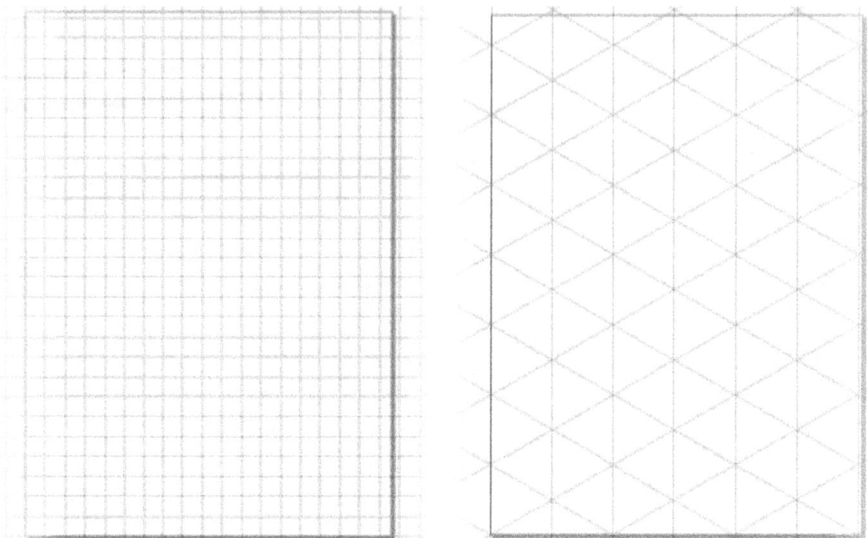

FIGURE 1–19 *Deux types de grille*

JARGON **Axonométrie**

L'axonométrie est une technique de dessin en perspective consistant à conserver le parallélisme (pas de point de fuite). Elle est particulièrement adaptée au dessin technique ou architectural.

Les boîtes de dialogue

Depuis la version 0.46 d'Inkscape, les boîtes de dialogue, auparavant flottantes, peuvent être rattachées à l'interface. Avec cette fonctionnalité, les boîtes s'ouvrent dans l'espace situé à droite et à l'intérieur de la fenêtre, et peuvent être redimensionnées, empilées, réorganisés, puis fermées ou encore transformées en icônes.

Les boîtes peuvent être individuellement sorties de la fenêtre principale pour retrouver leur autonomie dans une fenêtre particulière. Il est possible de les regrouper dans une ou plusieurs fenêtres flottantes. Pour extraire une boîte de la zone d'entrepôt, cliquez-déplacez en partant de la barre de titre de la boîte. Pour réintégrer une boîte flottante dans l'entrepôt ou dans une autre fenêtre, utilisez cette même barre (et non pas la barre de la fenêtre) pour déposer la boîte à l'endroit désiré.

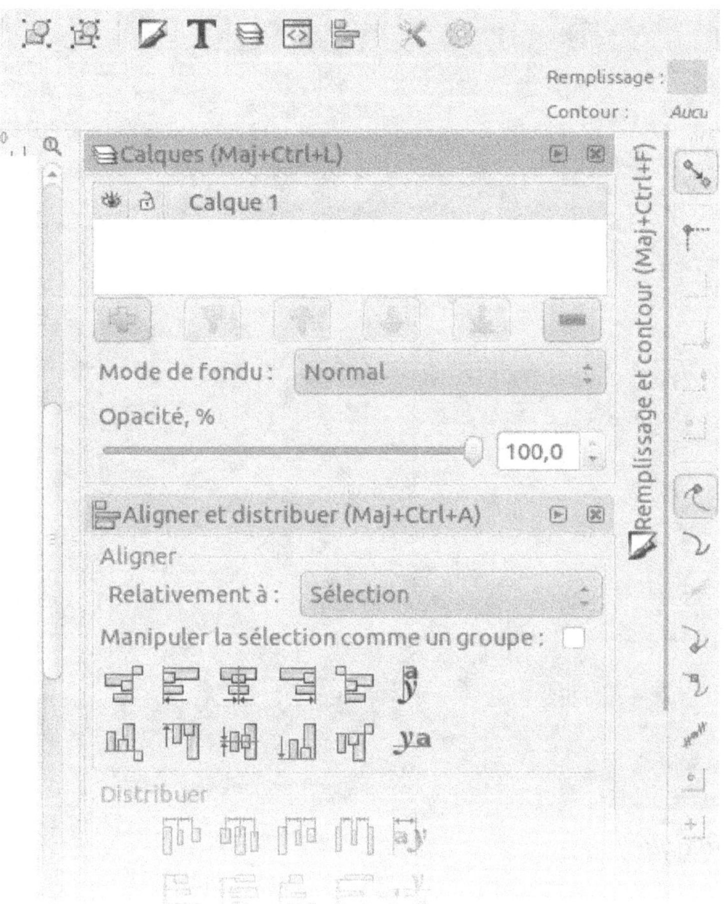

FIGURE 1–20 *Empilement de boîtes*

Si vous préférez travailler « à l'ancienne » et ne conserver que des boîtes flottantes, paramétrez ce comportement dans *Fichier>Préférences d'Inkscape… (Maj+Ctrl+P)*, rubrique *Fenêtres*.

Pour les petites résolutions

Par souci de compatibilité avec les systèmes limités en résolution d'écran, (les tablettes ou ultra-portables par exemple), la taille minimale d'Inkscape a été descendue à partir de la version 0.47 à 652 × 443 pixels.

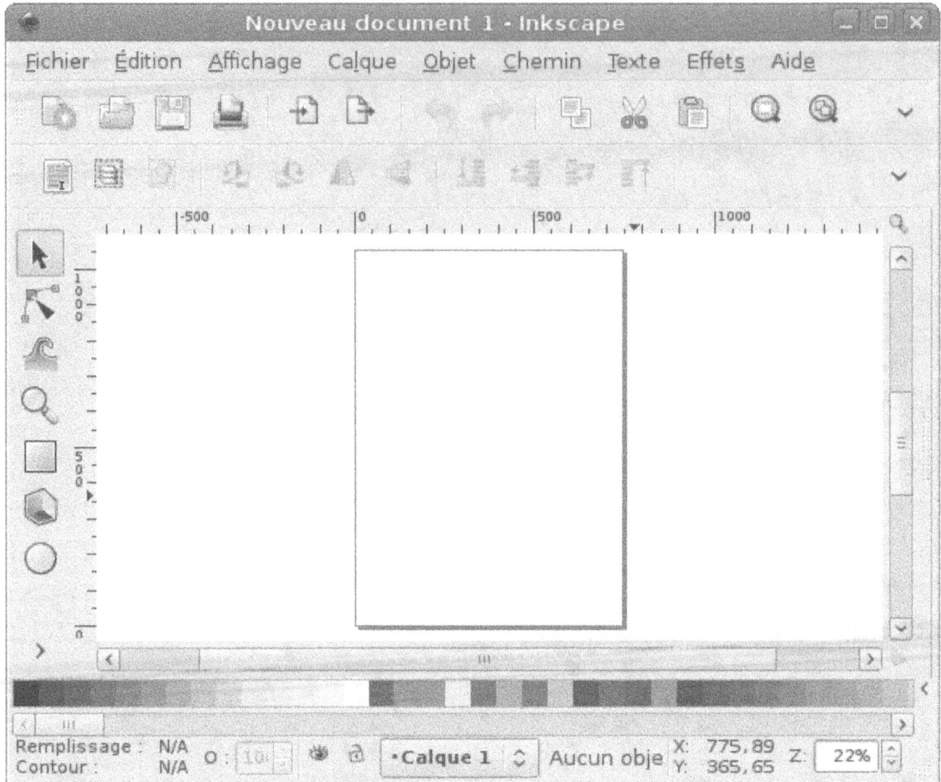

FIGURE 1–21 *Inkscape tout riquiqui !*

Pour récupérer un peu de place pour dessiner (c'est tout de même le but d'Inkscape), vous pouvez réduire la taille des barres. Pour cela, ouvrez le menu *Ficher>Préférences d'Inkscape...* puis sélectionnez l'entrée *Interface*. La boîte à outils et les barres de contrôle et de commande sont alors disponibles en trois tailles : petit, moyen ou grand.

Cacher un élément de l'interface

Pour laisser encore plus de place au canevas, certains éléments de l'interface peuvent être masqués. Les barres de défilement et les règles bénéficient de raccourcis clavier :

- *Ctrl+B* pour les barres de défilement ;
- et *Ctrl+R* pour les règles.

Pour les autres éléments (la palette, la boîte à outil et les autres barres), il faudra passer par le menu *Affichage>Afficher/cacher*.

De même, le menu *Affichage>Afficher/cacher les boîtes de dialogue* (F12) masque ou affiche d'un coup l'intégralité des boîtes de dialogue ouvertes.

FIGURE 1–22 *Inkscape (presque) tout nu !*

À SAVOIR **Pour ne rien vous cacher**
Masquer l'intégralité des éléments proposés par le menu rend l'utilisation d'Inkscape assez périlleuse car vous vous priveriez d'un accès rapide et direct aux commandes les plus courantes. Une telle configuration ne se justifie que si vous avez une parfaite maîtrise des raccourcis clavier.

Modifier la couleur du canevas

Le canevas semble être blanc, mais, dans les faits, il est bien transparent. Si vous voulez exporter ou imprimer votre dessin avec un fond, n'oubliez pas de le rendre opaque. Ce paramètre se situe dans la fenêtre *Propriétés du document* (*Maj+Ctrl+D*) accessible via le menu *Fichier*. Cliquez sur le rectangle présentant la couleur de fond. Une boîte de dialogue vous invitera alors à modifier la couleur.

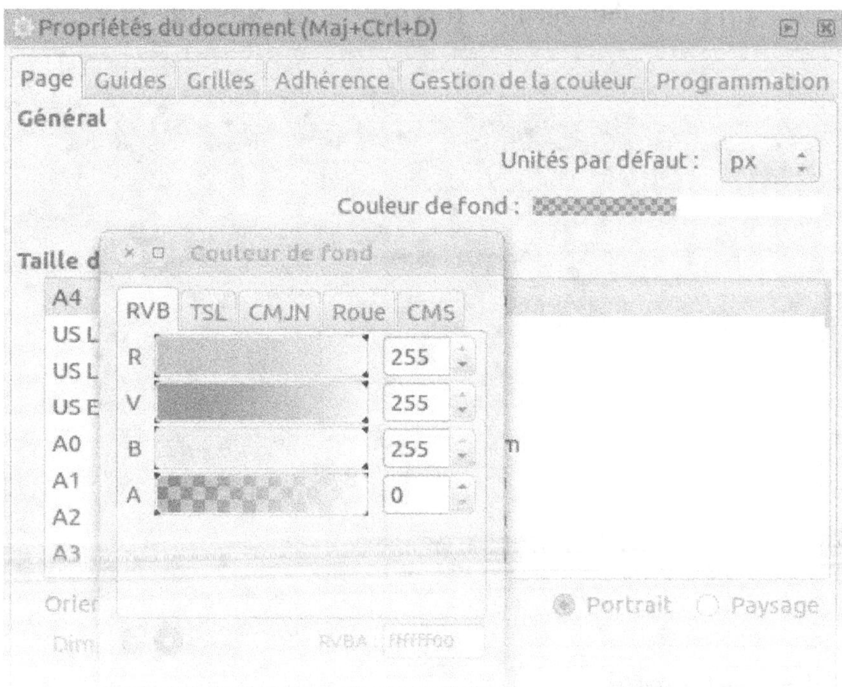

Figure 1-23 *Modifiez la couleur du fond*

Idée **Pour les objets blancs**

Pensez à modifier la couleur par défaut du canevas lorsque vous avez de nombreux objets blancs à réaliser. Vous risqueriez sinon d'avoir des difficultés pour les retrouver sur un canevas de la même couleur que la couleur dominante de votre dessin.

En résumé

Inkscape est parfaitement installé et configuré, et vous vous êtes familiarisé avec son interface. Découvrons maintenant quelques commandes essentielles à la prise en main du logiciel.

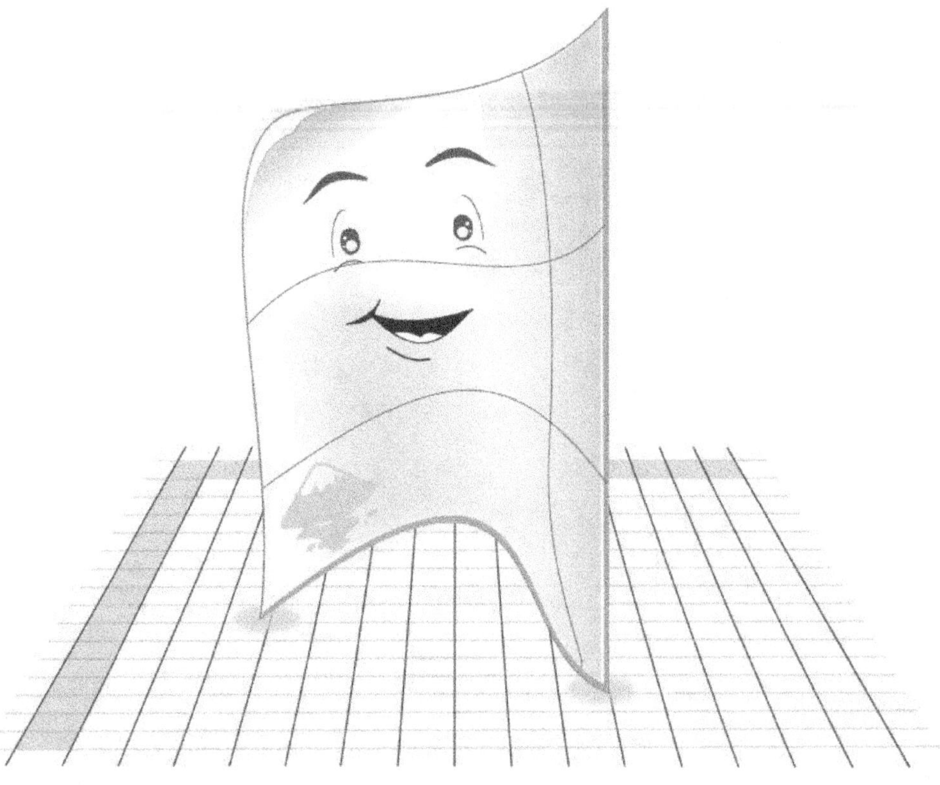

Prise en main rapide

Si Inkscape est intuitif, prendre tout de suite les bons réflexes nous épargnera par la suite bien des soucis. Avant de nous lancer dans la réalisation de nos premiers dessins, découvrons comment ouvrir un fichier, l'enregistrer, importer une image, sauvegarder nos créations, imprimer ou encore exporter nos œuvres. Ce chapitre abordera également l'outil Sélecteur, indispensable pour naviguer sur le canevas et déplacer les éléments de notre réalisation.

Fichiers et modèles

Avant de commencer à dessiner, vous devez ouvrir un document existant ou en créer un nouveau à partir d'un modèle. Nous allons étudier comment réaliser ces opérations, puis sauvegarder notre travail sur le disque dur, en fonction du format choisi.

Ouvrir un nouveau fichier

Lorsque vous ouvrez un nouveau document, que ce soit au lancement d'Inkscape ou avec le raccourci clavier *Ctrl + N*, le modèle appliqué correspond à une page A4 en portrait. Il possède également une ombre portée, son unité de mesure est le pixel (px) et son canevas est transparent. Il s'agit du modèle par défaut sur lequel le logiciel est réglé.

> À SAVOIR **Opacité du canevas**
>
> Lors de l'exportation, l'opacité du canevas a son importance. Si le canevas est blanc opaque, l'image exportée aura un fond blanc. Autrement, son fond sera transparent.

Pour ouvrir un autre modèle, utilisez le menu *Fichier>Nouveau...* Se présente alors une liste des modèles prêts à l'emploi, présentant chacun des propriétés différentes optimisées pour une utilisation spécifique. Le tableau 2-1 liste les modèles disponibles.

TABLEAU 2–1 **Différents modèles disponibles**

Utilisation	Modèle
Caractère de fonte	fontforge glyph
Jaquette de CD et DVD	CD cover 300 dpi, DVD cover slim, DVD cover ultra slim, DVD cover regular 300 dpi
Formats vidéo	PAL, HDTV, NTSC
Fonds d'écran	1600 × 1200, 1024 × 768, 800 × 600, 640 × 480
Icônes	64 × 64, 48 × 48, 32 × 32, 16 × 16

TABLEAU 2-1 **Différents modèles disponibles (suite)**

Utilisation	Modèle
Formats standards	A4 portrait, A4 paysage, Letter portrait, Letter paysage
Bannières web	468 × 60, 728 × 90
Présentation LaTeX	Classe Beamer
Cartes de visite	85 × 54, 90 × 50
Apparence, calque et unités	Sans bordures, sans calques, en millimètres (mm), en points (pt), canevas blanc opaque, canevas noir opaque

AVANCÉ **Encore plus de modèles**

D'autres modèles standards sont disponibles dans l'onglet *Page* de la fenêtre *Propriétés du document* (*Maj + Ctrl + D*). L'option *Format* propose une liste de plus de cinquante modèles.

Ouvrir un fichier existant

Dans la fenêtre de navigation, accessible via le menu *Fichier>Ouvrir...* (*Ctrl + O*), vous pouvez sélectionner le fichier à ouvrir. Généralement (mais cela dépend du paramétrage du système d'exploitation), un double-clic sur le fichier l'ouvre directement dans une nouvelle fenêtre d'Inkscape.

Pour poursuivre votre travail sur l'un de vos documents, pensez à passer par le menu *Fichier>Documents récents*, où vous retrouvez tous les fichiers dernièrement ouverts, sans plus de navigation.

Importer un fichier

Inkscape importe les fichiers bitmap ou SVG à l'aide du menu *Fichier>Importer* (*Ctrl + I*). S'il s'agit d'un fichier bitmap, n'oubliez pas que tout redimensionnement du document entraînera une dégradation lors de l'exportation ou de l'impression. Souvenez-vous : le bitmap ne doit pas être traité comme un objet vectoriel !

Pour importer rapidement un fichier dans votre document courant, glissez-déposez le nom du fichier sur le canevas.

> PIÈGE **Les couleurs ont été modifiées !**
>
> Vous avez importé un fichier sur votre canevas et ses couleurs ne sont pas celles prévues. L'explication est simple : il contenait un dégradé dont l'identifiant est également utilisé par le document cible. Pour résoudre ce conflit en douceur, annulez tout et suivez une de ces deux méthodes :
> - Le plus simple est de sélectionner le dégradé en question puis de le dupliquer. Un nouvel identifiant lui est alors automatiquement attribué et vous pouvez recommencer en toute sécurité.
> - Modifiez le champ `id` du dégradé dans le code XML (le fonctionnement de l'éditeur XML est détaillé en annexes) et recommencez l'importation.

Si le bitmap que vous importez doit faire partie intégrante du dessin, pensez à l'incorporer à votre fichier. Ainsi, tout déplacement dans votre arborescence et toute modification du fichier d'origine n'affecteront pas votre dessin ; seule contrepartie, la taille du fichier SVG augmente. Pour lancer l'incorporation, ouvrez le menu *Effets>Images>Incorporer toutes les images*. Si vous oubliez cette procédure, et que le chemin initial entre les deux fichiers est rompu, une croix rouge apparaîtra à la place de l'image importée.

> CYBERCULTURE **Open Clip Art**
>
> La bibliothèque Open Clip Art est un projet lancé en 2004 par Jon Phillips et Bryce Harrington (tous deux développeurs pour Inkscape) pour centraliser des dessins en SVG. Intégralement sous licence Domaine Public, les fichiers ainsi offerts peuvent être utilisés pour vos projets personnels et commerciaux.
>
> ▸ **http://openclipart.org/**
>
> Une fonctionnalité, pour l'instant seulement disponible pour Linux et Mac OS X, permet la recherche et l'import des images de cette bibliothèque (pour l'instant au format PNG) directement depuis Inkscape. Pour l'utiliser, ouvrez le menu *Fichier>Importer depuis la bibliothèque Open Clip Art*.

Paramétrer les modèles

Inkscape propose déjà, nous l'avons vu au début du chapitre, une grande quantité de modèles prédéfinis. Cependant, vous pouvez avoir besoin pour un travail spécifique (en raison de son format ou des guides et grilles associés) d'un modèle différent. Vous devez alors en créer un nouveau, et le déposer dans un dossier dédié. Si l'installation a été effectuée avec les paramètres par défaut, le dossier des modèles est le suivant :

- pour Windows :
  `C:\Program Files\Inkscape\share\template`
- pour Ubuntu (installé avec Synaptic) :
  `/usr/share/inkscape/templates`
- pour les autres distributions de Linux, ou si vous avez utilisé une autre méthode d'installation, utilisez la commande `which inkscape` pour récupérer le préfixe de l'installation, et ajoutez `/share/inkscape/templates/`
- pour Mac OS X :
  `/Applications/Inkscape/Content/Ressources/templates`

Personnaliser un modèle

Le menu *Fichier>Nouveau* propose une liste comprenant l'intégralité des modèles disponibles. Mais comme vous êtes d'un naturel créatif et qu'aucun de ces modèles ne convient parfaitement, vous pouvez ajouter à cette liste votre propre création. Cette opération est assez simple :

1 Ouvrez un nouveau document avec un des modèles proposés.

2 Modifiez ses paramètres avec le menu *Nouveau>Propriétés du document*. La boîte de dialogue propose de nombreux paramètres. Les plus utiles, dans un premier temps, seront sans doute ceux de l'onglet *Page* : la taille de la page, sa couleur de fond, sa bordure et l'unité de mesure. Vous pouvez aussi ajouter une grille (onglet *Grille*) et jouer un peu avec le magnétisme.

3 Sauvegardez le nouveau document dans le dossier des modèles.

4 Relancez Inkscape pour prendre en compte les modifications.

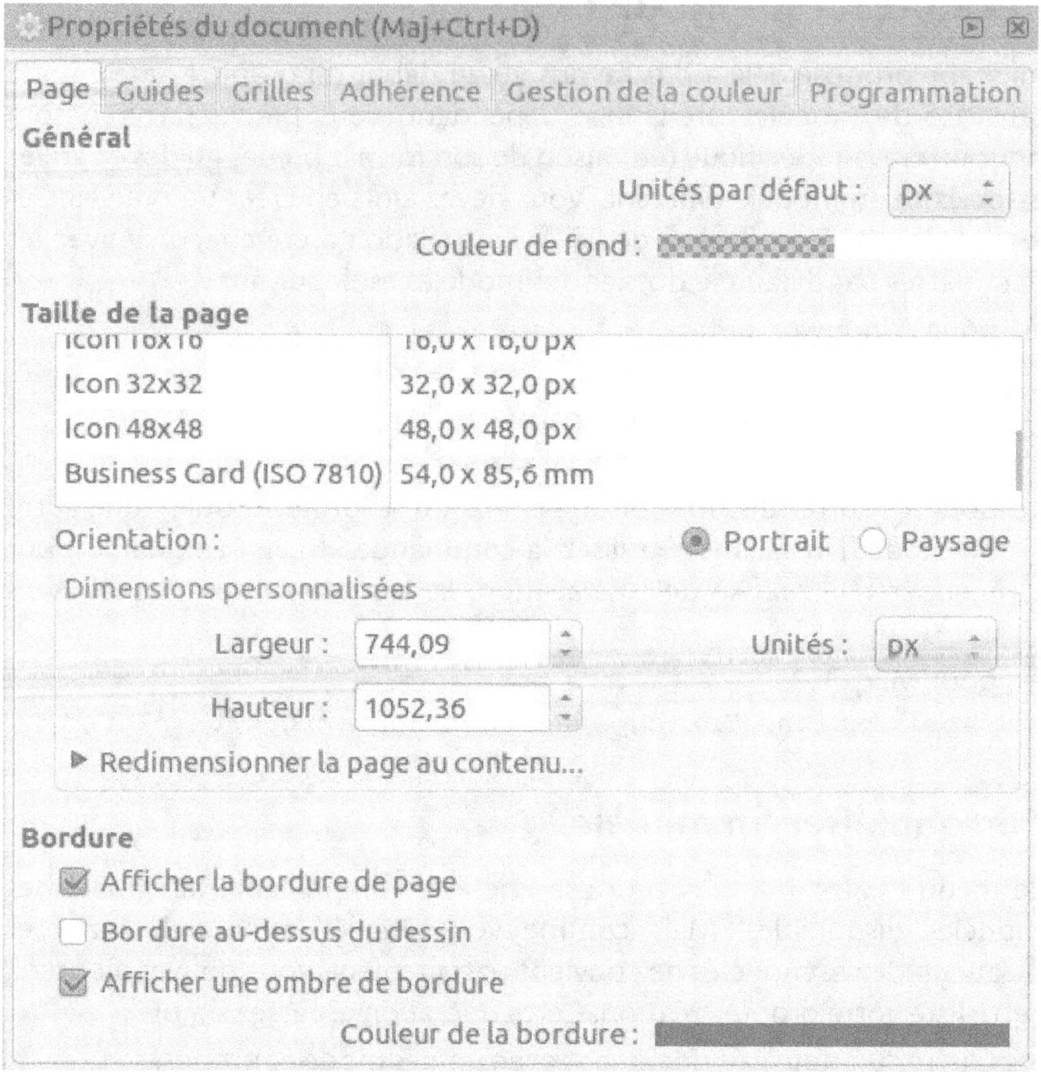

FIGURE 2–1 *Créer un nouveau modèle*

AVANCÉ **Modèle élaboré**

Un modèle ne se résume pas nécessairement à quelques options de mise en page et de paramétrage d'interface. Un dessin complet peut être utilisé à cet effet, lorsqu'il est conçu pour être réutilisé, comme ce peut être le cas d'une affiche de spectacle dont seule la date change à chaque édition.

Changer de modèle par défaut

Rappelons que le modèle par défaut est celui qui s'ouvre automatiquement lorsque vous utilisez le menu *Fichier>Nouveau…>Défaut*, ou la combinaison de touches *Ctrl+N*. C'est un format standard (A4 en portrait), sans grilles ni guides et polyvalent puisque vous pouvez commencer à peu près n'importe quel projet avec lui.

Cependant, si par exemple vous n'utilisez Inkscape que pour réaliser des bannières pour des sites web, ce modèle ne vous convient pas. Vous avez la possibilité d'en changer en suivant la procédure suivante :

1 Dans le répertoire d'installation des modèles, renommez l'ancien modèle par défaut (`default.fr.svg`). Donnez-lui un nom explicite qui vous permette, en cas de besoin, de le retrouver facilement. En général, ajouter une extension `.old` (ou `.sav`) à la fin du nom est suffisamment clair.

2 Ouvrez un nouveau document avec le menu *Fichier>Nouveau* en sélectionnant le modèle que vous désirez voir apparaître par défaut.

3 Sauvegardez le document dans le répertoire d'installation des modèles, sous le nom `default.fr.svg`.

> À SAVOIR **Modèles et traduction**
>
> Le modèle par défaut est le seul à avoir été traduit. Pour cette raison, une déclinaison par langue apparaît dans le répertoire des modèles. Dans ce chapitre, nous avons supposé que vous utilisez Inkscape en français. Si ce n'était pas le cas, remplacez le `fr`, dans les explications, par le code correspondant à la langue choisie lors de l'installation.

Enregistrer un fichier

Le format natif du logiciel est le SVG Inkscape. Pour enregistrer un document dans ce format, utilisez le menu *Fichier>Enregistrer (Ctrl + S)*.

Vous pouvez également enregistrer votre travail en SVGZ, un format compressé du SVG, pour gagner de la place sur votre disque dur, et en de nombreux autres formats : SVG simple (pour partager le document avec un autre logiciel vectoriel), PS, EPS, EPSI, PDF, POV, ODG, TEX, XCF, ZIP, DXF, GPL, AI, XAML. Pour cela, utilisez le menu *Fichier>Enregistrer sous...* (*Maj + Ctrl + S*).

> En détail **Formats d'importation et d'exportation**
> Vous trouverez en annexe une liste exhaustive des formats de fichier supportés par Inkscape à l'ouverture et à l'enregistrement.

La commande *Fichier>Enregistrer une copie* (*Maj + Ctrl + Alt + S*) permet la sauvegarde du fichier courant sous un nom (et éventuellement un format) différent tout en continuant son édition à l'issue de l'opération.

Les versions officielles d'Inkscape sont relativement stables pour la création de documents simples, mais peuvent se révéler plus fragiles avec des fichiers plus gros ou l'utilisation de fonctionnalités avancées. Il est donc fortement recommandé, en particulier si vous testez une version de développement, d'activer l'enregistrement automatique avec la procédure suivante :

1 Ouvrez le menu *Fichier>Préférences d'Inkscape...*
2 Sélectionnez l'entrée *Enregistrement automatique*.
3 Cochez la case *Activer l'enregistrement automatique*.
4 Paramétrez l'intervalle, le nombre d'enregistrements à conserver et le répertoire où effectuer la sauvegarde. Par défaut, cet emplacement est laissé vide, mais vous devez impérativement le renseigner pour activer la fonction.
5 Relancez Inkscape.

En cas de problème, les fichiers sauvegardés sont récupérables dans le répertoire défini lors du paramétrage. Tous les fichiers ont un format de la forme `inkscape-autosave`, suivi de la date et d'un numéro de fichier lorsque vous éditez plusieurs documents simultanément.

Déplacement et zoom

Les commandes de zoom sont particulièrement utiles pour travailler sur un détail avec la plus grande précision. Plus vous grossirez l'image sur l'écran, plus les déplacements devront être précis. Voyons comment utiliser avec efficacité ces deux fonctions.

Se déplacer dans le canevas

Pour vous déplacer sur le canevas, les raccourcis sont plus efficaces que les barres de défilement de la fenêtre :

- La *molette de la souris* fait défiler le canevas de bas en haut.
- *Maj + molette de la souris* fait défiler le canevas de la droite vers la gauche.
- *Ctrl + bouton du milieu* déplace le canevas.

À présent, vous pouvez supprimer les ascenseurs de la fenêtre pour gagner de l'espace (*Ctrl + B*).

Zoomer sur un élément

Bien entendu, il existe un outil Zoom, mais les trois icônes présentes sur la barre des commandes sont d'un accès plus simple et plus rapide. Ne les négligez donc pas ! La première icône centre la sélection par rapport à la fenêtre. La deuxième ajuste tout le dessin et la troisième le contenu de la page.

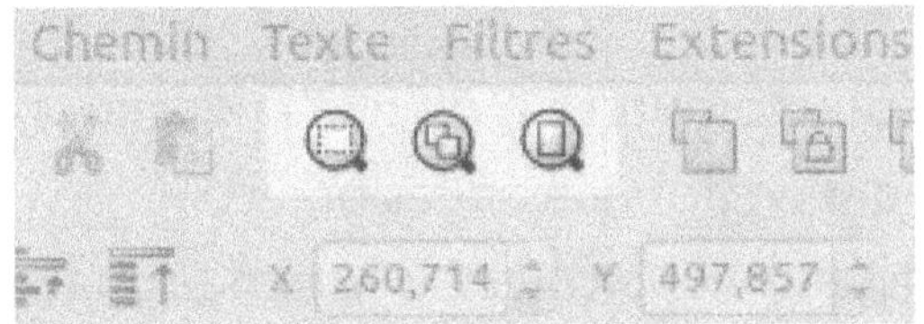

FIGURE 2-2   *Les icônes du zoom sont toujours accessibles.*

Ces actions et de nombreuses autres sont disponibles dans le menu *Affichage>Zoom* et accessibles par des raccourcis clavier (en particulier le bien pratique Zoom sur la page avec la touche 5 du clavier numérique). Dans le feu de l'action, *Ctrl + molette de la souris* (ou + et – sur le clavier numérique) offre un zoom extrêmement rapide.

Avec l'outil Zoom, toutes les fonctions sont placées dans la barre de contrôle de l'outil. Vous pilotez le zoom directement par les boutons de la souris. Tracez une zone par cliquer-glisser pour effectuer un zoom rapide sur celle-ci.

Un outil incontournable : le Sélecteur

L'outil Sélection, aussi appelé Sélecteur, est un outil essentiel, d'utilisation simple et intuitive. En sa compagnie, vous pouvez sélectionner, redimensionner, pivoter et déplacer un ou plusieurs objets. Inkscape appelle toutes ces manipulations des transformations. Plus encore, vous allez également gérer le placement des objets sur différents plans.

AVANCÉ **Tellement incontournable**

Pour revenir à tout moment à l'outil Sélection, appuyez sur la barre d'espace. Appuyez de nouveau : vous êtes de retour à l'outil utilisé précédemment. Attention, cette bascule est désactivée lorsque l'outil Texte est actif.

Sélectionner et désélectionner les objets

Il existe trois approches pour sélectionner un ou plusieurs objets sur le canevas :

- Un clic gauche sur l'objet (+ *Maj* pour ajouter un objet à la sélection).
- Un cliquer-glisser trace un cadre qui englobe le ou les objets.
- Avec *Alt* enfoncé, en cliquant-glissant, vous tracez une ligne rouge qui sélectionne tout objet avec lequel votre curseur entre en contact. Ce dernier mode de sélection a été poétiquement nommé « sélection par le toucher » par les développeurs. Cette méthode est particulièrement indiquée pour travailler sur un dessin complexe.

JARGON **Boîte englobante**

Lorsqu'un objet est sélectionné, il est entouré par une boîte dessinée en pointillés : la boîte englobante. Plus qu'une simple aide visuelle, elle est le support de nombreuses opérations sur l'objet (la rotation ou le redimensionnement, par exemple).

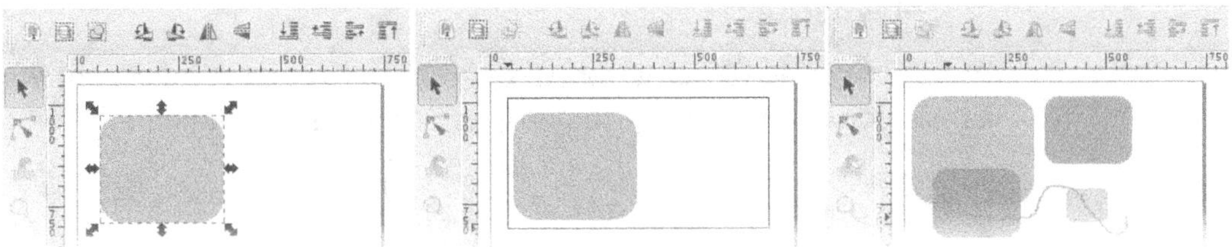

FIGURE 2–3   *Les différentes façons de sélectionner :
clic gauche, boîte englobante, par le toucher.*

Pour sélectionner tous les objets ou tous les nœuds lorsqu'il s'agit de chemins, utilisez la combinaison *Ctrl + A* ou l'icône *Sélectionner tous les objets ou tous les nœuds*, tout à gauche dans la barre de contrôle du sélecteur. L'icône suivante sélectionne tous les objets des calques visibles et non verrouillés.

IDÉE **Sélectionner un objet caché**

Alt + clic sélectionne l'objet en dessous. Cette commande est accessible avec de nombreux outils.

Plusieurs méthodes sont à votre disposition pour désélectionner un objet :

- Presser la touche *Échap.*
- Cliquer sur la troisième icône de la barre de contrôle de l'outil Sélection.
- Cliquer sur un autre objet, qui sera du coup sélectionné à son tour.
- Cliquer sur le fond du canevas.

Déplacer les objets

La méthode la plus simple et la plus évidente pour commencer : saisissez l'objet avec un clic gauche et déposez-le ailleurs.

Si ce n'est pas assez précis, vous pouvez également utiliser les touches fléchées (par défaut, chaque pression entraîne un déplacement de deux pixels) ou encore saisir la position de l'objet directement dans les champs *Position X* (position de la bordure gauche de l'objet) et *Position Y* (bordure inférieure de l'objet) de la barre de commande.

IDÉE **Magnétisez !**

Vous essayez de placer un objet à un endroit précis et il ne tombe jamais comme il faut ? N'oubliez-pas que vous pouvez rendre les grilles, les guides ou même les autres objets magnétiques. Ainsi, tous vos objets seront ajustés au pixel près.

Redimensionner les objets

Lors de la sélection d'un objet, des doubles flèches apparaissent. Saisissez ces flèches pour agrandir ou rétrécir l'objet. Pour préserver les proportions de l'objet, appuyez sur *Ctrl* tout en déplaçant les doubles flèches.

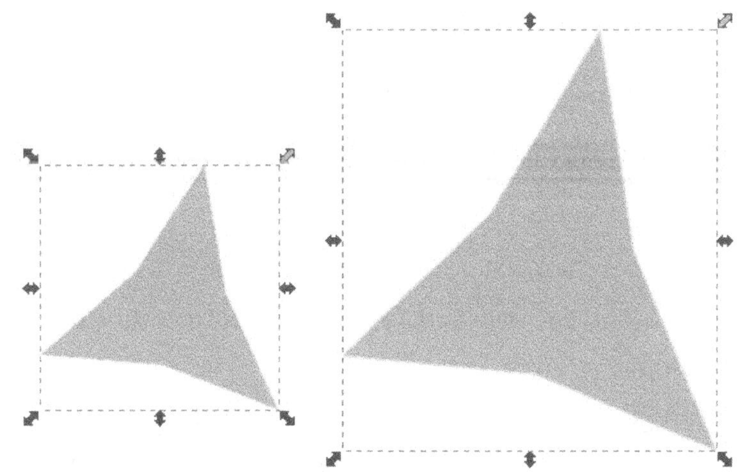

FIGURE 2-4   *Flèches de redimensionnement*

Pour redimensionner précisément un objet vectoriel, entrez vos données dans les champs *L* (largeur de l'objet) et *H* (hauteur de l'objet) accessibles dans la barre d'options. Le cadenas préserve les proportions de l'objet. Si vous maintenez la touche *Ctrl* enfoncée, toute modification sur une des deux dimensions aura une répercussion sur l'autre. Choisissez l'unité de mesure de votre objet (si vous préférez, par exemple, les millimètres aux pixels) dans le menu déroulant à droite du champ *H*.

> AVANCÉ **Incrément**
>
> Les actions de déplacement, redimensionnement, rotation et zoom peuvent se réaliser directement avec les touches du clavier (ces raccourcis sont détaillés en annexe). L'incrément correspond à la quantité de modification apportée par la pression d'une touche. Il se paramètre dans le menu *Fichier>Préférences d'Inkscape...*, à l'onglet *Incréments*.

Vous pouvez déterminer, lors d'un redimensionnement, quelles parties de l'objet doivent être modifiées en intervenant sur les quatre dernières icônes de la barre de contrôle de l'outil Sélection :

- préserver les proportions de l'épaisseur du contour d'un objet ;
- préserver les proportions des arrondis des coins d'un rectangle ;
- transformer les dégradés avec les objets ;
- transformer les motifs avec les objets.

> À SAVOIR **Transformer les dégradés et les motifs avec les objets**
>
> Lorsque cette option est activée, les modifications apportées aux objets sont transposées aux dégradés ou aux motifs. Cette option désactivée, les dégradés ou les motifs conservent leur forme et leur taille initiales, quelles que soient les modifications apportées aux objets.

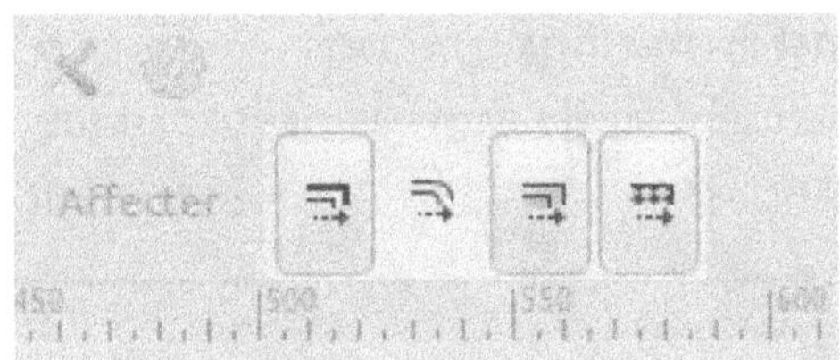

FIGURE 2-5 *Icônes de maintien de proportions*

Par défaut, ces icônes sont activées. Ainsi, l'objet redimensionné conservera la même apparence. Si vous constatez un comportement étrange au niveau du contour, des motifs ou du dégradé, pensez à vérifier le statut de ces icônes.

Rotation des objets

Double-cliquez sur l'objet à sélectionner, les doubles flèches se positionnent à l'horizontal. Saisissez-les pour incliner ou pivoter votre objet. Le + noir central indique l'axe de rotation. Par défaut, il se situe au centre de l'objet, mais vous pouvez le déplacer où bon vous semble.

Dans la barre d'options, quatre icônes pivotent automatiquement les objets de 90 ° à gauche ou à droite, et en miroir horizontal ou vertical. Ces commandes sont également disponibles dans le menu *Objet*, ou avec les raccourcis *H* (miroir horizontal) et *V* (miroir vertical).

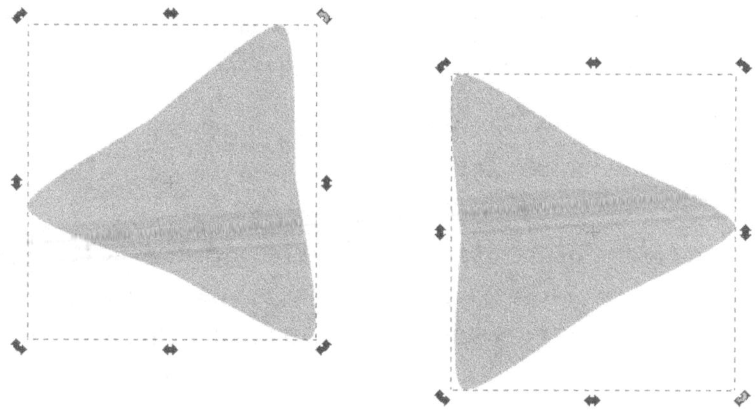

FIGURE 2–6   *Un triangle avant et après pivotement*

ALTERNATIVE   **Pour des transformations précises**

Transformer un objet directement sur le canevas peut manquer de précision. Préférez la fenêtre *Transformer* (*Maj + Ctrl + M*) pour entrer des données précises.

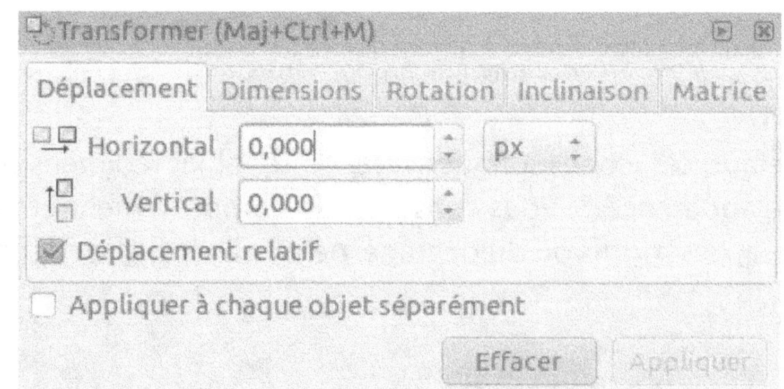

FIGURE 2–7   *La fenêtre Transformer*

Manipuler les plans

Vous aurez certainement remarqué que, lorsque vous ajoutez des objets sur votre dessin, ceux-ci ont une fâcheuse tendance à se superposer n'importe comment, et bien souvent pas du tout comme il faudrait pour que la réalisation soit harmonieuse.

FIGURE 2–8   *Trois objets superposés, numérotés par ordre de création*

En fait, cette organisation n'est pas aussi désordonnée qu'il y paraît. En y regardant de plus près, les objets les plus récents sont sur le dessus de la pile. C'est un bon début, mais il y a mieux : vous pouvez modifier la super-position des objets entre eux avec les commandes de déplacement dans les plans. Elles sont regroupées dans le menu *Objet*, ainsi que sur la barre de contrôle de l'outil Sélection pour en simplifier l'utilisation. Vous pourrez ainsi monter (raccourci *Page suivante*) et descendre (*Page précédente*) la sélection d'un cran, ou encore la positionner au premier (*Début*) ou à l'arrière-plan (*Fin*).

JARGON **Les plans**

Ils aident à organiser le dessin dans la profondeur. Avec les plans, vous décidez de la position de chaque objet vis-à-vis d'un autre.

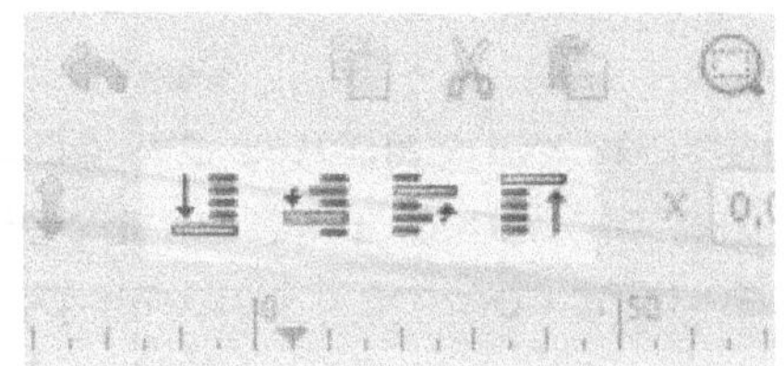

FIGURE 2–9 *Icônes de déplacement entre les plans*

Imprimer

Pour matérialiser votre œuvre, ou tester le rendu d'un document avant de le diffuser, vous aurez besoin de l'imprimer, à moins de travailler exclusivement sur des dessins destinés à l'écran. Soyons francs, ce n'est pas le point fort d'Inkscape et vous devrez tenir compte de ses limitations.

Paramétrer l'impression

Pour profiter de vos réalisations sur papier, vous aurez besoin d'accéder aux options d'impression.

1 Sous Inkscape, ouvrez le menu *Fichier>Imprimer* ; ou bien utilisez le raccourci *Ctrl + P* ; ou encore cliquez sur l'icône placée à cet effet sur la barre de commande. La boîte de dialogue d'impression apparaît.

2 Indiquez dans l'onglet *Général* l'imprimante à utiliser et les pages à imprimer. Pour l'instant, le canevas d'Inkscape n'étant pas multipage, il n'est pas encore possible d'imprimer un dessin sur plusieurs pages (cette fonctionnalité est cependant prévue pour une version future). Gardez l'option *Toutes* sélectionnée. Avec Windows, cet onglet donne accès aux paramètres de l'imprimante (nombre de pages par feuille, zoom, type de papier, etc.) ; sous Linux, ces paramètres sont rassemblés dans l'onglet intitulé *Mise en page*.

3 Dans l'onglet *Rendu*, choisissez entre un rendu vectoriel et un rendu bitmap (dans ce dernier cas, spécifiez une résolution d'impression).

4 Lancez l'impression avec le bouton *Imprimer*.

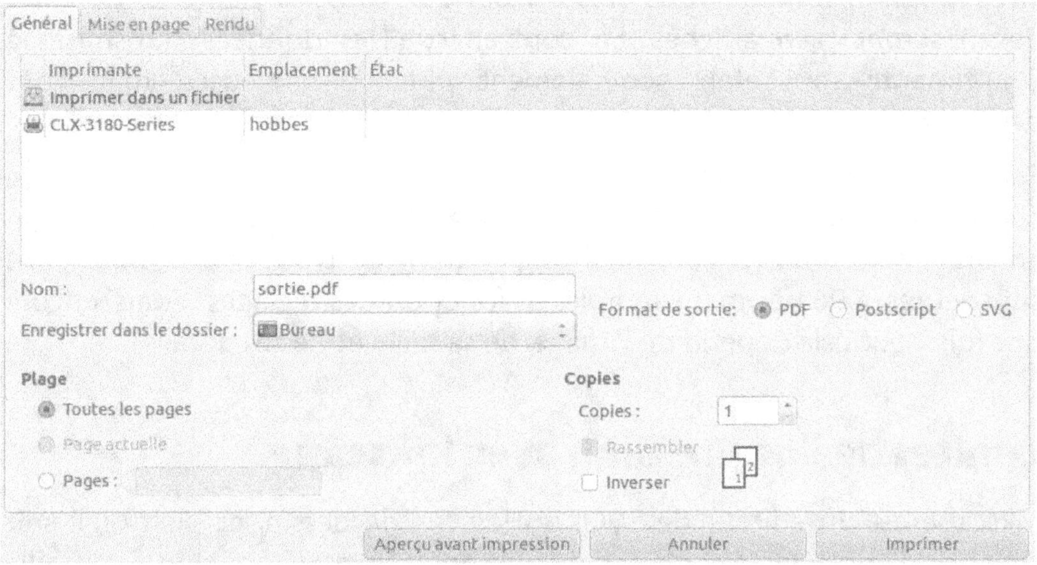

FIGURE 2–10 *L'onglet Général de la fenêtre Imprimer*

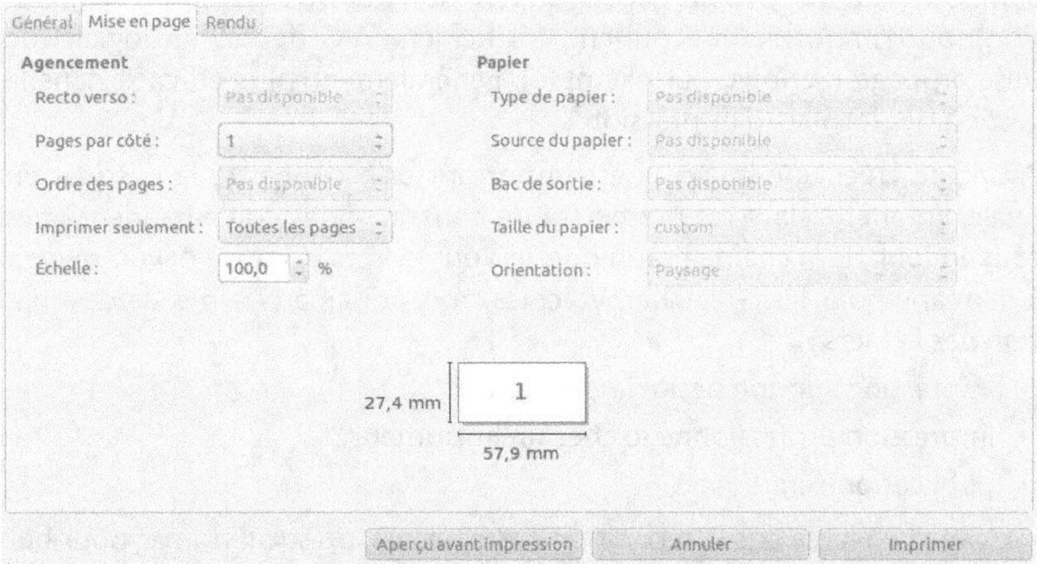

FIGURE 2–11 *L'onglet Mise en page de la fenêtre Imprimer*

En choisissant le rendu vectoriel, vous obtiendrez un fichier moins volumineux qui sera traité plus facilement par l'imprimante. Mais attention : ce type d'impression supporte mal les dégradés, les motifs, les masques et les découpes. Si votre image en contient, ils ne seront tout simplement pas imprimés.

Avec le rendu bitmap, vous êtes certain que tous les éléments de votre dessin seront bien affichés. En contrepartie, les données transmises à l'imprimante sont alors généralement plus volumineuses, mais tout dépend de la complexité du dessin.

Pour une impression de bonne qualité, il est conseillé d'opter pour une résolution de 300 ppp. Par défaut, elle est à 72 ppp, ce qui correspond à un affichage sur écran (encore qu'il soit courant de trouver des résolutions supérieures, à 96 ppp par exemple, en fonction des réglages). Mais, encore une fois, tout cela dépend de l'image, de sa taille et de ses détails.

Limites de l'impression avec Inkscape

Inkscape est un éditeur de SVG, un logiciel de dessin, et bien qu'il soit capable d'imprimer, ce n'est pas son point fort. Il est donc conseillé d'exporter vos travaux en bitmap (PNG) ou en PDF (ou PS), puis d'imprimer le résultat avec un logiciel supportant ces formats (Evince, Sumatra, Skim ou Acrobat Reader, en fonction de votre système d'exploitation), ou d'importer directement vos fichiers SVG depuis un logiciel de mise en page (Scribus, par exemple), généralement plus efficace dans la gestion des formats d'impression.

Avant de créer une image, il est important d'en connaître la destination finale. En effet, cela vous permettra de conserver des couleurs identiques tout au long de la chaîne graphique, et vous évitera donc de devoir revenir à Inkscape pour les retoucher. Voici les trois principaux types de destination des fichiers :

- impression sur une petite imprimante ;
- impression professionnelle chez un imprimeur ;
- publication écran.

Inkscape ne réalise pas la séparation des couleurs, puisqu'il n'a pas pour but l'impression directe du SVG. Néanmoins, par souci d'interopérabilité, il accepte les profils colorimétriques qui sont des fichiers utilisés pour l'adaptation des couleurs à un matériel donné. Ce point est à prendre en compte si votre document doit être imprimé chez un imprimeur professionnel qui exige une séparation quadrichromique. Dans les autres cas, ne vous préoccupez pas de ce détail, le logiciel est en mode RGB, qui est le profil de couleur compris par votre imprimante et par votre écran. Nous approfondirons la question des profils colorimétriques dans le chapitre 4 consacré aux couleurs.

Exporter

Cette commande exporte votre dessin (ou une partie de celui-ci) en bitmap au format PNG. Ainsi, vous pourrez l'insérer directement dans une page HTML, le retravailler avec un logiciel de traitement d'image bitmap, ou encore l'intégrer dans un projet de mise en page.

Voici comment paramétrer et effectuer l'exportation :

1 Ouvrez la boîte de dialogue d'exportation, accessible depuis le menu *Fichier>Exporter en bitmap...* (*Maj + Ctrl + E*) ou en cliquant sur l'icône prévue à cet effet dans la barre de commande.

2 Choisissez la zone à exporter :

   - Pour exporter le dessin compris dans le cadre, sélectionnez *Page.*

   - Pour exporter tout ce qu'il y a sur le canevas, y compris ce qui est en dehors du cadre, choisissez *Dessin.*

   - Pour exporter uniquement ce qui est sélectionné, appuyez sur *Sélection.*

   - Pour choisir vous-même la zone d'exportation finement, sélectionnez *Personnalisée.* Paramétrez ensuite les dimensions de votre exportation (x0, y0, x1, y1), son épaisseur et sa hauteur. Dans tous les autres cas, ces données s'intègrent automatiquement.

3 Choisissez ensuite la dimension du bitmap. Avec une résolution de 90 ppp vous obtenez un fichier PNG sans flou ou crénelage, optimisé pour le Web et l'écran. Un dessin destiné à l'impression nécessite une résolution plus importante : 150 ppp, 300 ppp, ou même parfois beaucoup plus. La résolution de l'image étant liée à sa taille, tout changement sur un de ces trois champs agit sur les deux autres.

4 Cochez l'option *Exporter les objets sélectionnés en lot* pour exporter chaque objet sélectionné dans un fichier séparé. L'option *Cacher les objets non sélectionnés* permet de ne pas prendre en compte les objets non sélectionnés dans le fichier PNG.

5 Entrez le nom de votre fichier ainsi que sa destination.

6 Cliquez sur *Exporter* pour terminer l'opération.

Zone à exporter

| Page | Dessin | Sélection | Personnalisée |

x0 : 0,000   x1 : 205,000   Largeur : 205,000

y0 : 0,000   y1 : 97,000   Hauteur : 97,000

Unités : px

Dimensions du bitmap

Largeur : 205   pixels à 90,00   ppp

Hauteur : 97   pixels à 90,00   ppp

Nom de fichier

/export/dessin.png   Parcourir...

☐ Exporter les objets sélectionnés en un lot

☐ Cacher tout sauf la sélection

Exporter

FIGURE 2–12 *La fenêtre Exporter*

Travailler avec les raccourcis clavier

Comme la plupart des logiciels de graphisme, Inkscape regorge de raccourcis clavier. Vous retrouverez la liste des plus utiles en annexes. Cette profusion nécessite l'utilisation de la plupart des touches spéciales du clavier et les combinaisons ainsi obtenues entrent parfois en conflit avec d'autres applications, comme les gestionnaires de fenêtres et d'autres outils associés au système d'exploitation.

Ainsi, les combinaisons *Alt + clic* et *Alt + glisser* sont en général associées, sous Linux, au déplacement des fenêtres. Or, ces combinaisons correspondent, dans Inkscape, respectivement aux commandes *Sélectionner en dessous* et *Déplacer la sélection* (avec le Sélecteur). Pour passer outre ces limitations, il est souvent plus simple de modifier le comportement du système d'exploitation (ou de ses sur-couches) que celui d'Inkscape. Une astuce courante, sous Linux, consiste à remplacer la touche *Alt*, dans les applications concernées, par une autre touche moins utilisée, comme la touche *Windows*, par exemple. Voici comme faire :

- Avec Gnome, ouvrez le menu *Système>Préférences>Fenêtres*, modifiez l'option de déplacement des fenêtres (choisissez *Super*, qui correspond à la touche *Windows*).
- Avec KDE, tout se joue dans le menu *Système>Préférences>Fenêtres*.

De plus, certains raccourcis ne sont pas aussi faciles à utiliser avec un clavier AZERTY qu'avec un clavier QWERTY. C'est le cas en particulier de ceux impliquant la touche > (*Alt + >*, par exemple, pour augmenter l'interlettrage d'un texte). Dans ce cas, vous devrez, en fonction de votre système d'exploitation, utiliser la combinaison *Maj + <*, ou activer *Verr.Maj* au préalable.

En résumé

Nous avons vu dans ce chapitre comment apprivoiser le canevas et les diverses commandes nécessaires à la gestion des fichiers et des modèles. Passons maintenant au vif du sujet : les outils de dessin.

Le dessin

Il est temps de réaliser un premier dessin. Par où commencer ? Quel outil choisir ? Comment faire ? Pas de panique, pour chaque besoin, vous trouverez un outil approprié.

Dessiner avec les outils de forme

Dans la plupart des cas, il y a fort à parier que vos dessins sont décomposables en sous-objets reposant chacun sur une forme géométrique simple. Imaginons un personnage : un cercle pour la tête, une ellipse pour le corps, des rectangles pour les bras et les jambes, et des spirales pour les yeux (disons qu'il est resté trop longtemps devant son écran…). Certes, cela lui donne un air bizarre et un peu schématique, mais nous verrons plus tard comment retoucher les formes pour les ajuster exactement à nos besoins.

Avec les outils disponibles dans la palette sur le bord gauche du canevas, vous pouvez dessiner très facilement ces différentes formes. Elles partagent plusieurs caractéristiques qu'il est important de connaître :

- Lors de l'activation de chaque outil, des options spécifiques apparaissent sur la barre de contrôle située en haut du canevas (la contextualité est l'un des points forts du logiciel). Toute modification des données sur cette barre a un impact instantané sur les objets actifs.
- Les paramètres et propriétés d'un objet (barre de contrôle, poignées) sont toujours accessibles lorsque l'outil correspondant est sélectionné, et tant qu'il n'a pas été transformé en chemin.

Rectangles et carrés

Ce premier outil est le compagnon idéal pour tracer aisément des carrés ou des rectangles dont les coins pourront être perpendiculaires ou arrondis. Pour l'utiliser, cliquez sur son icône dans la barre d'outils (ou appuyez sur la touche *R*), puis cliquez-glissez sur le canevas pour dessiner la forme désirée.

À savoir **Centrer sur le pointeur**

Par défaut, la position initiale de la souris définit un des angles de sa boîte englobante. Pour modifier ce comportement et centrer l'objet sur le pointeur, maintenez la touche *Maj* pendant sa création.

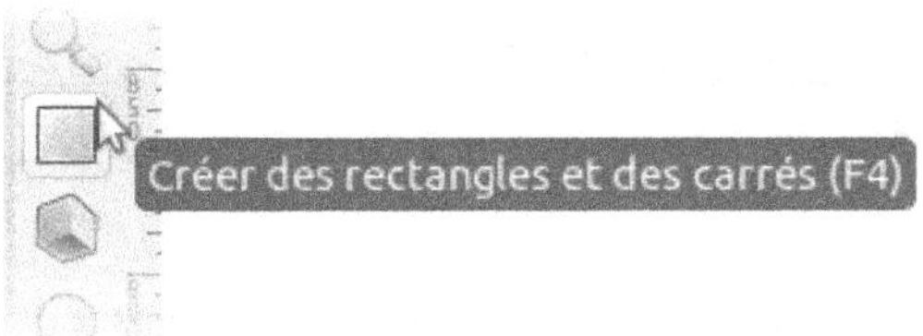

FIGURE 3–1 *L'outil Rectangle*

> À SAVOIR **Un rectangle parfaitement carré**
>
> Pour dessiner un rectangle dont la hauteur et la largeur sont parfaitement équivalentes (ce qui donnera alors un carré), maintenez la touche *Ctrl* pendant son tracé. En fait, il s'agit là d'un cas spécial correspondant à un rapport de 1:1 entre la hauteur et la largeur. Avec la même méthode, mais en étirant le dessin dans une direction, vous pourrez tracer des objets dont les proportions seront contraintes successivement par des rapports de 1,618:1 (le fameux nombre d'or), 2:1, 3:1, 4:1, etc. Ceci vaut également pour obtenir un cercle à partir de l'outil Ellipse.

Au besoin, ajustez ensuite votre forme avec la barre de contrôle juste au-dessus du canevas :

- Précisez les dimensions avec les champs *L* (pour largeur) et *H* (pour hauteur).
- Arrondissez les angles du rectangle en spécifiant la valeur du rayon horizontal et vertical à appliquer avec les champs *Rx* et *Ry*.
- Pour retrouver un rectangle anguleux, effacez les arrondis avec l'icône *Rendre les coins pointus* (ce qui revient à positionner les valeurs *Rx* et *Ry* à 0).

Modifiez si nécessaire l'unité de mesure de ces quatre paramètres grâce au menu déroulant spécifique.

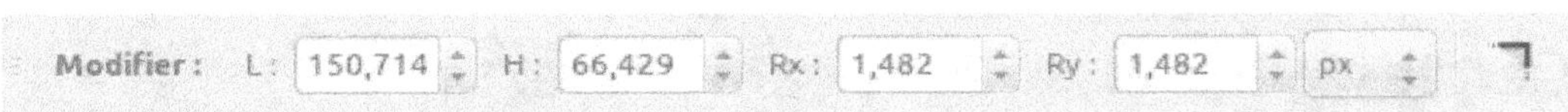

FIGURE 3–2 *La barre de contrôle de l'outil Rectangle*

Il faut bien l'avouer, entrer des données chiffrées pour réaliser un dessin non technique ne favorise pas la créativité ! Heureusement, toutes ces modifications peuvent s'effectuer directement sur le canevas, et ce, sans changer d'outil.

Observez le rectangle que vous venez de tracer. Les poignées carrées contrôlent la largeur et la hauteur du rectangle, même s'il est incliné. Les poignées rondes contrôlent le rayon des arrondis horizontaux et verticaux. Saisissez l'une des poignées avec l'outil Rectangle et cliquez-glissez pour expérimenter à votre guise. En maintenant la touche *Ctrl* pendant le déplacement des poignées rondes, les deux rayons (vertical et horizontal) seront identiques.

À SAVOIR **Deux poignées arrondies**

Il y a bien deux poignées arrondies, mais pour l'instant elles ne se distinguent pas, car elles sont superposées.

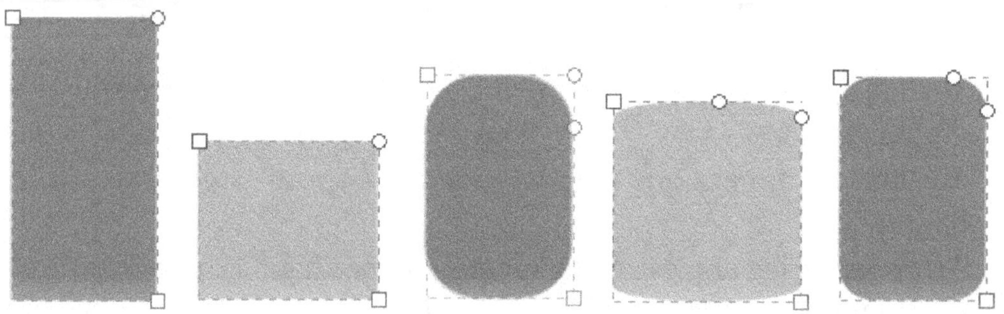

FIGURE 3-3 *Divers rectangles et carrés et leurs poignées carrées et arrondies*

AVANCÉ **Action asymétrique**

Toute modification des poignées rondes a un impact sur les trois autres angles du rectangle.

Cercles, ellipses, arcs et camemberts

L'outil Ellipse trace, comme son nom l'indique, des ellipses, mais également des cercles, des arcs de cercle et des camemberts. Pour l'utiliser, cliquez sur son icône dans la barre d'outils ou appuyez sur la touche *E*, puis cliquez-glissez sur le canevas pour tracer la forme désirée.

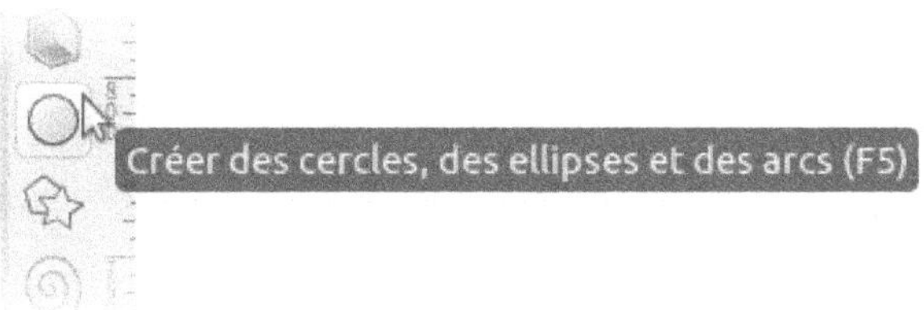

FIGURE 3-4   *L'outil Ellipse*

Comme avec les rectangles, vous pouvez centrer l'objet sur la position initiale de la souris en maintenant la touche *Maj* enfoncée, et créer un cercle parfait (ou une ellipse aux proportions contrôlées) en appuyant sur la touche *Ctrl*.

Intéressons-nous aux options disponibles pour cet outil. *Début* et *Fin* définissent l'angle entre l'axe horizontal et, respectivement, le début et la fin de l'arc ou du camembert. Pour accéder aux trois icônes de la barre de contrôle, il faut que vous ayez déplacé auparavant une poignée ronde. Grâce aux deux premières icônes, vous définissez dynamiquement la nature de la forme (camembert ou arc). Avec la dernière, vous réinitialisez les valeurs d'angle de l'ellipse de départ.

FIGURE 3-5   *La barre de contrôle de l'outil Ellipse*

Mais si vous préférez éditer votre objet directement sur le canevas, utilisez les poignées. Ajustez la hauteur et la largeur de votre ellipses avec les poignées carrées. Avec les poignées rondes placez les points finaux des arcs. Pour cela, saisissez une des poignées et cliquez-glissez. Si votre curseur est à l'extérieur de l'ellipse, vous créez un camembert, sinon, vous dessinez un arc.

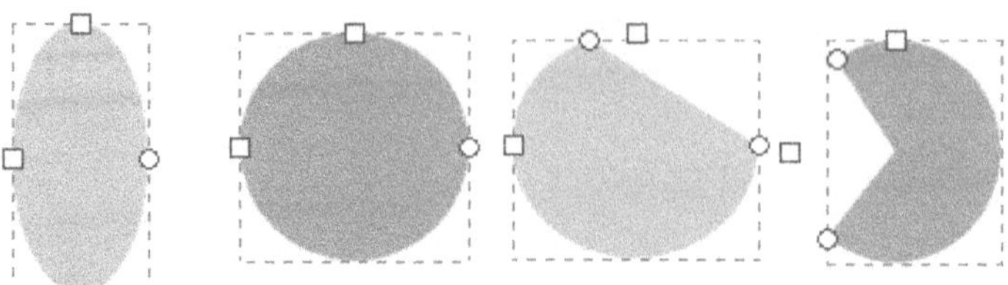

FIGURE 3–6   *Différents types d'ellipses*

Si vous aviez tracé une ellipse et que vous désirez maintenant un cercle, cliquez sur une des poignées carrées tout en maintenant la touche *Ctrl* enfoncée. En abaissant ensuite les poignées rondes, l'arc s'ajuste par incrément.

Étoiles et polygones

L'outil Étoile trace bien entendu des étoiles, mais aussi des polygones. Pour l'utiliser, cliquez sur son icône dans la barre d'outils ou appuyez sur la touche *, puis cliquez-glissez sur le canevas pour tracer votre forme.

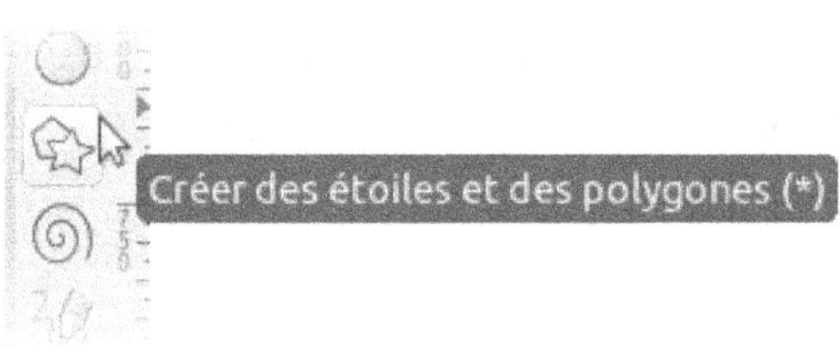

FIGURE 3–7   *L'outil Étoile*

Les deux premières icônes de la barre de contrôle sont des commandes rapides pour réaliser un polygone ou une étoile. Dans la case *Sommets* vous déterminez du nombre de branches. Le *Ratio des rayons* détermine le rapport du rayon intérieur au rayon extérieur. Plus il sera élevé, plus l'étoile aura des branches courtes.

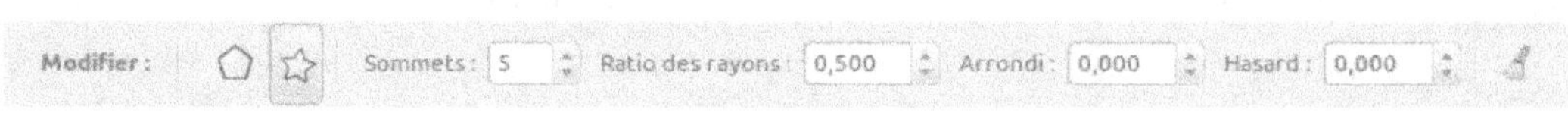

FIGURE 3–8   *La barre de contrôle de l'outil Étoile*

Le paramètre *Arrondi* concerne l'angle des sommets des branches (à 0, le sommet est pointu). *Hasard* disperse aléatoirement les sommets et les angles, cassant la régularité de la distribution des branches. La dernière icône réinitialise l'objet avec les données par défaut.

> À SAVOIR **Seulement aux sommets !**
>
> L'arrondi ne s'applique qu'aux sommets, et pas à l'intégralité des branches. Du coup, si vous forcez un peu sur cette valeur, les chemins vont se croiser. Quoique, finalement, ça peut aussi faire un joli effet…

Ces descriptions ont peu de sens, et l'idéal est encore de tester cet outil sur le canevas. Tracez une étoile, modifiez ses paramètres, poussez-les dans tous leurs excès (n'oubliez pas la dernière icône pour tout défaire rapidement) !

Pour l'exemple suivant, nous avons tracé une première étoile simple, avec les paramètres par défaut (cinq sommets, un ratio des rayons à 0,5, et tout le reste à zéro). Puis, pour réaliser le second objet, nous avons utilisé les paramètres suivants :

- *Sommets* à 31, pour donner à l'étoile l'apparence d'un oursin ;
- *Ratio des rayons* à 0,45, pour allonger légèrement les branches ;
- *Arrondi* à 0,7, pour terminer chaque branche par une boucle et non un sommet pointu ;
- *Hasard*, enfin, à 0,03, pour ajouter une petite touche aléatoire au tracé.

 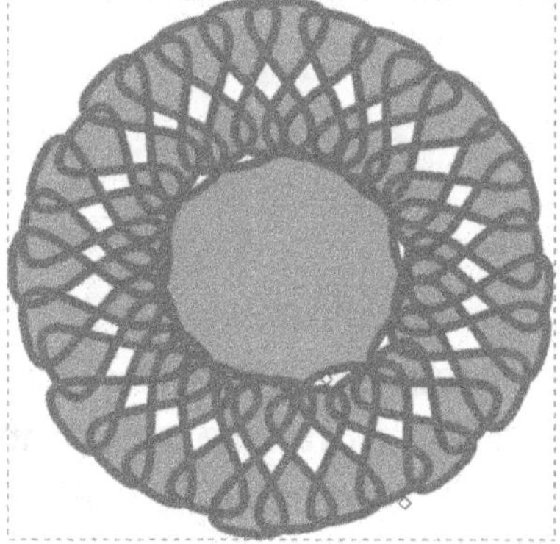

FIGURE 3-9 *Une étoile avec les paramètres par défaut (à gauche) ; une autre avec des paramètres modifiés (à droite)*

Tous les paramètres peuvent être modifiés directement sur le canevas. Le losange blanc situé sur un sommet détermine la position et le rayon des sommets ; celui placé entre deux branches détermine l'orientation de l'étoile et son rayon de base. Déplacez-les directement pour agir sur ces données. Trois touches spéciales du clavier modifient le comportement des losanges :

- *Ctrl* guide le déplacement du losange de façon à ce que la modification n'affecte que les rayons ;
- *Alt*, limite la modification au seul hasard ;
- *Maj*, pour sa part, influe uniquement sur le niveau d'arrondi.

En déplaçant ces losanges, il est possible de réaliser une multitude d'étoiles et de polygones différents.

Spirales

L'outil Spirale trace simplement des spirales (et c'est tout !). Pour l'utiliser, cliquez sur son icône dans la barre d'outils ou appuyez sur la touche *I*, puis cliquez-glissez sur le canevas comme vous en avez désormais l'habitude.

FIGURE 3–10 *L'outil Spirale*

Pour transformer votre forme de façon régulière, passez par la barre de contrôle. Avec l'option *Tours*, vous agissez sur le nombre de révolutions. Avec la *Divergence* vous modifiez la densité des tours. À *1*, l'espacement entre chaque tour est uniforme ; plus la divergence augmente, plus l'écartement entre les tours s'accroît vite. Le paramètre *Rayon intérieur* sert à régler le rayon de la révolution intérieure. Plus il est élevé, plus le début de la spirale est tardif. Cliquez sur l'icône en fin de ligne pour réinitialiser ces options avec leurs valeurs par défaut.

FIGURE 3-11 *La barre de contrôle de l'outil Spirale*

Vous pouvez agir directement sur la spirale par le biais des deux poignées, en forme de losange blanc, situées sur le canevas. Elles permettent de dérouler et d'enrouler la spirale. Les touches suivantes altèrent leur action :

- En maintenant la touche *Alt* lors du déplacement de la poignée extérieure, vous ajoutez des tours sans modifier la taille de l'objet ; sur la poignée intérieure, vous modifiez la divergence.

- En appuyant sur la touche *Ctrl* (quelle que soit la poignée), vous augmentez les tours par incrément.

- Pour faire tourner votre objet ou le redimensionner, enfoncez *Maj* et agissez sur la poignée extérieure.

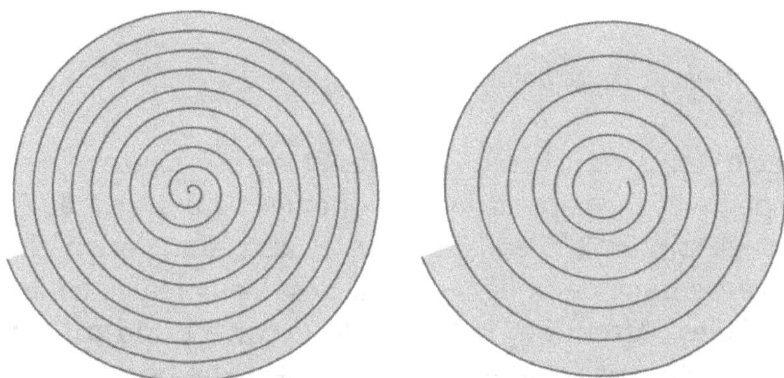

FIGURE 3-12 *La spirale de gauche utilise le paramétrage par défaut ; celle de droite une divergence de 2 et un rayon intérieur de 0,35*

Dessiner dans l'espace : l'outil Boîte 3D

Bien que destiné au dessin en deux dimensions, Inkscape permet également de tracer des objets d'aspect tri-dimensionnel. L'outil Boîte 3D automatise le dessin d'une des formes les plus courantes, le parallélépipède, en s'assurant de la cohérence de ses perspectives. Pour l'utiliser, cliquez sur son icône dans la barre d'outils (ou *Maj + F4*), puis cliquez-glissez sur le canevas.

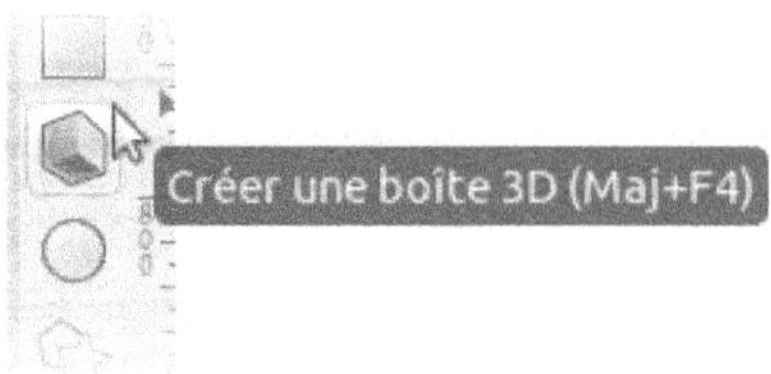

FIGURE 3–13 *L'outil Boîte 3D*

> JARGON **Dessin en 3D**
>
> Pour dessiner en 3D, Inkscape utilise des axes (X, Y, et Z), des plans (les faces de la boîte en quelque sorte), des lignes de convergence (pour chaque axe présentant une perspective), des points de fuite (au croisement des lignes de convergence) et des lignes parallèles (pour les axes n'ayant pas de perspective).

FIGURE 3–14 *La barre de contrôle de l'outil Boîte 3D*

Par défaut, le paramètre *Angle Y* est le seul à ne pas être grisé. Cette représentation, où les perspectives sont appliquées uniquement aux axes X et Z, est habituelle pour un dessin en 3D. Vous activez les autres angles en cliquant sur les icônes présentant deux lignes parallèles. Vous réglez ici les angles des lignes parallèles. Attention, la référence *0* correspond à l'axe horizontal du canevas (et non pas à la douzième heure d'une horloge), et les angles varient dans le sens anti-horaire.

> À SAVOIR **Couleur des axes**
>
> Pour rendre l'édition des boîtes plus claire, les axes ont reçu chacun une couleur distinctive. L'axe X est dessiné en rouge, Y en bleu, et Z en jaune.

Sur le canevas, vous agissez sur les points de fuite et la profondeur de la boîte dans l'axe correspondant en déplaçant les poignées carrées. Leur déplacement réoriente le cube. Un point de fuite n'est visible sur le canevas

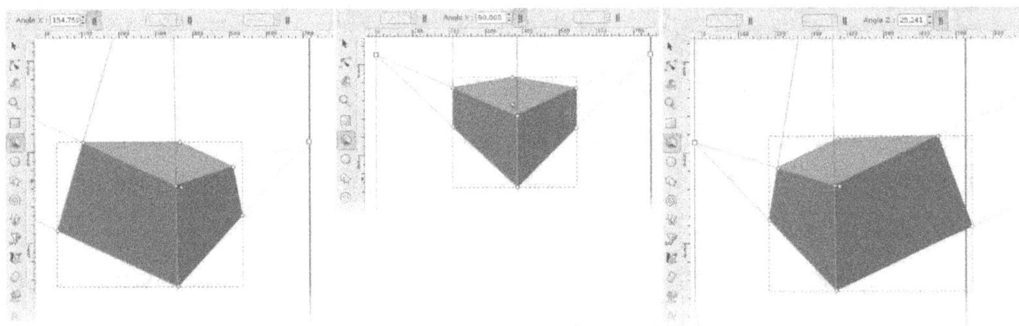

FIGURE 3–15 *Des exemples de boîtes avec des points de fuite infinis et finis*

que lorsqu'il est positionné, sur la barre de contrôle de l'outil, à la valeur *Fini* (l'icône en forme de parallèles est décochée).

Afin de mieux simuler la 3D, le déplacement des diamants se réalise par face. Pour nous faciliter ce redimensionnement par axe (X, Y et Z) les diamants réagissent comme s'ils étaient groupés. La boîte se modifie alors aisément tout en conservant sa perspective.

En maintenant enfoncée la touche *Ctrl* lors de l'action sur ces diamants, vous limitez le redimensionnement du cube à un axe donné. La touche *Maj* inverse l'action des diamants (ceux de la face avant modifient alors la profondeur). Même si la boîte est inclinée ou pivotée, ces diamants seront toujours accessibles.

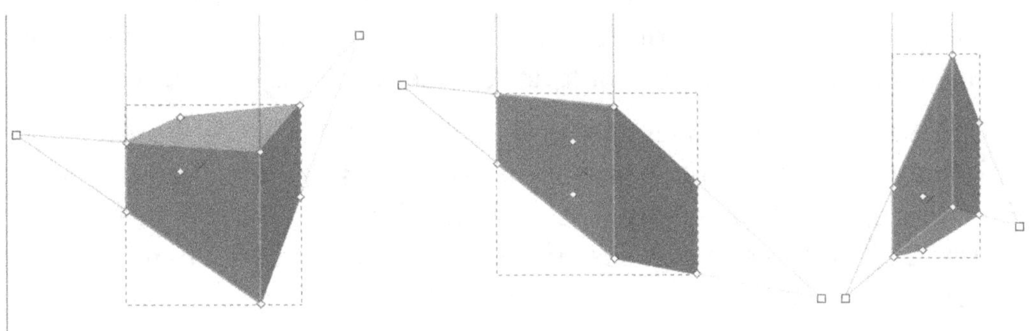

FIGURE 3–16 *Des exemples de boîtes avec un déplacement de leurs points de fuite*

Pour déplacer votre boîte sur les axes X et Y sans bouger les points de fuites, déplacez son centre (symbolisé par le *X* noir). Si c'est l'axe Z qui vous intéresse, recommencez en enfonçant la touche *Maj*.

Pour déplacer la boîte sur le canevas avec les points de fuite, basculez momentanément sur le Sélecteur. Vous pourrez ainsi pivoter ou incliner la boîte tout en conservant ses proportions et ses perspectives.

Vous pouvez sélectionner un seul côté de la boîte en cliquant sur la face désirée tout en maintenant la touche *Ctrl*. Il sera alors possible de le déplacer ou de le redimensionner (avec le Sélecteur), le supprimer (avec la touche *Suppr*), ou encore d'en modifier les couleurs et contours.

Dessiner à main levée : les outils libres

Quittons les outils de forme pour entrer dans les outils dits libres. À partir de maintenant, vous pouvez dessinez ce que vous voulez !

Qu'est-ce qu'un chemin ?

En simplifiant un petit peu les choses, un chemin est une suite de segments ou de courbes comportant chacun un nœud à chaque extrémité. Certains objets, comme les formes, ne sont pas des chemins (mais ils peuvent le devenir !). Les formes ne sont modifiables que par l'intermédiaire de leurs poignées et de leur outil. Par contre, les objets dessinés avec les outils Crayon, Stylo ou Plume calligraphique sont des chemins dès leur création.

À la différence des formes, les chemins sont composés de nœuds visibles et manipulables uniquement avec l'outil Nœud. Les nœuds peuvent comporter une ou deux poignées dont l'orientation indique la courbure du chemin. C'est avec ces poignées que vous dompterez les chemins pour créer des formes complexes.

En même temps, toute forme, généralement pour profiter des innombrables possibilités que procurent les nœuds comparativement aux poignées, peut être convertie en chemin. Mais attention, elle perdra alors inévitablement toutes les spécificités qui en faisait une forme. Nous verrons au chapitre 7 comment convertir un objet ou un contour en chemin ainsi que la manipulation des nœuds.

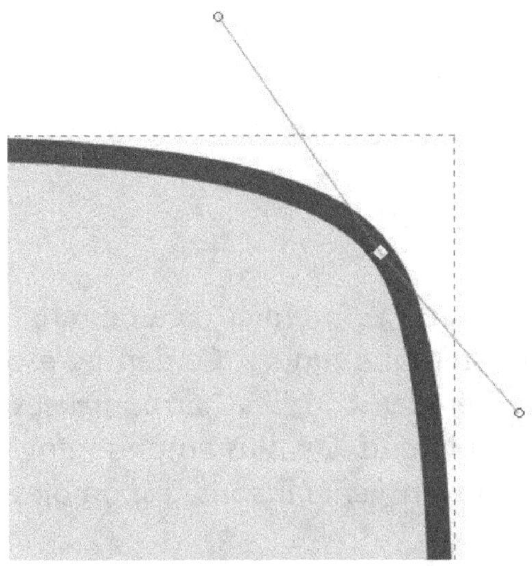

FIGURE 3–17   *Un nœud et ses deux poignées*

Tracer des lignes à main levée

L'outil Crayon comporte peu d'options en apparence mais combinées entre elles, celles-ci offrent des fonctionnalités riches et pleines d'intérêt. Pour l'utiliser, cliquez sur son icône dans la barre d'outils ou appuyez sur la touche *P*.

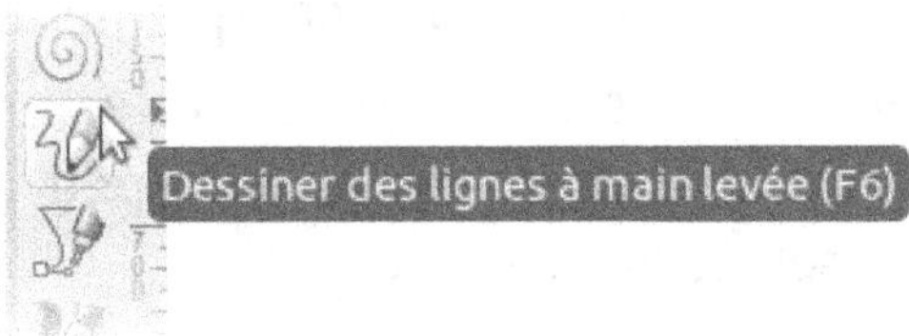

FIGURE 3–18   *L'outil Crayon*

Voyons de plus près comment paramétrer notre outil.

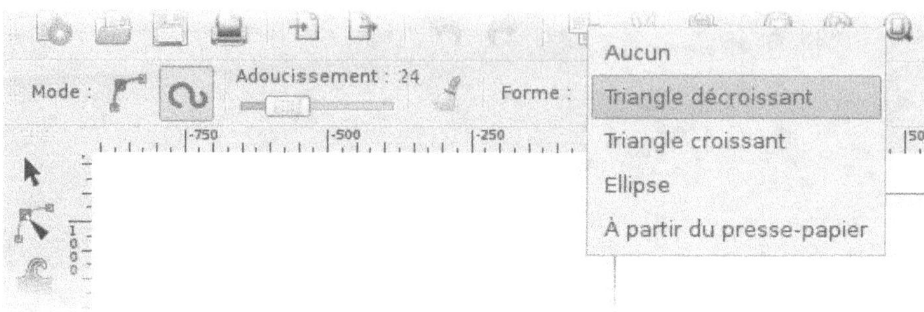

FIGURE 3–19 *La barre de contrôle de l'outil Crayon*

1 Sélectionnez tout d'abord le mode de tracé. Le premier crée des chemins réguliers ; le second des chemins spirographiques. Ce dernier est particulièrement pratique pour dessiner des courbes harmonieuses modifiables très simplement avec l'outil Nœud. De plus amples informations sur cet outil et sur les chemins en général sont disponibles dans le chapitre 7.

> À SAVOIR **Quand utiliser Spiro ?**
>
> À l'origine, Spiro est utilisé en typographie pour créer des polices de caractères. Avec Inkscape, vous pouvez non seulement créer des polices de caractères mais aussi réaliser très facilement des ornementations.

2 Paramétrez ensuite la glissière *Adoucissement*, pour déterminer l'intensité du lissage (ou aplanissement) appliqué au dessin. À 1, votre tracé est fidèle au déplacement du curseur ; à 100, un lissage, et par conséquent une simplification du chemin, est effectué automatiquement.

3 Pour finir, choisissez un type de brosse dans la liste déroulante *Forme*. Nous étudierons les quatre types de brosses proposées un peu plus loin. Par défaut, aucune brosse n'est sélectionnée.

En cas d'erreur, l'icône en forme de balai positionne la glissière à son paramétrage par défaut.

FIGURE 3–20 *Quelques tracés au crayon*

IDÉE **Coup de crayon**

Lorsque vous levez le crayon du canevas, l'objet se termine. Pour réaliser plusieurs lignes dans un même objet, appuyez sur *Maj* en traçant la seconde ligne. Ce comportement est valable pour la création de tous les chemins.

Une fois tous ces paramètres réglés, plusieurs méthodes de tracé s'offrent à vous :

- Pour utiliser cet outil comme un crayon, maintenez le clic tant que vous voulez dessiner.
- Pour créer des segments de droite, posez un point avec un clic gauche, déplacez la souris et cliquez à nouveau pour poser le dernier point du segment.
- Pour dessiner un point isolé, appuyez sur *Ctrl* en cliquant. Même si vous cliquez-glissez, vous n'obtiendrez qu'un point, à l'emplacement du clic initial. Si vous appuyez simultanément sur *Alt*, vous obtenez un diamètre différent pour chaque point.

Travailler avec les courbes de Bézier et les segments de droite

L'outil Stylo se présente de la même façon que l'outil Crayon. La différence évidente entre ces deux outils est que Stylo trace des segments et des courbes de Bézier en un minimum de nœuds.

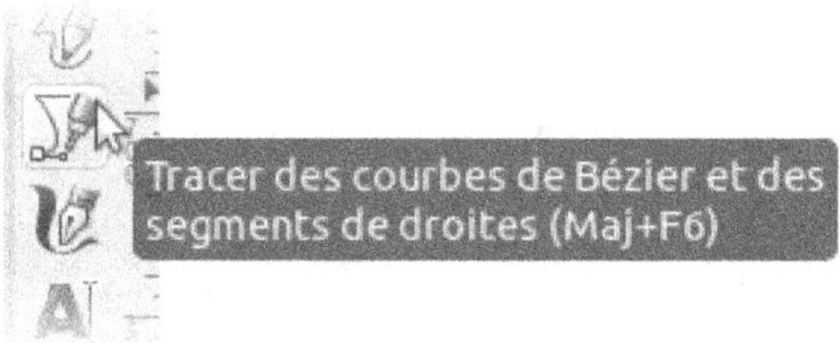

FIGURE 3–21 *L'outil Stylo*

Avancé **Poids plume**

Moins un dessin comporte de nœuds, plus il sera léger en nombre d'octets et rapide à s'afficher.

Quand utiliser l'outil Stylo ?

L'outil Stylo est l'outil vectoriel par excellence, avec lequel tout est permis. C'est le compagnon idéal pour détourer un objet de son fond ou dessiner la silhouette d'un objet complexe de façon grossière. Dans un second temps, l'outil Nœud vous aidera à affiner, améliorer et transformer le chemin créé. Il est également parfait pour tracer des lignes et des segments, en particulier si vous souhaitez réaliser des dessins techniques ou des plans.

Cependant, la réalisation de dessins complexes avec Stylo exige une maîtrise totale de cet outil, souvent longue à acquérir. Aussi, si vous peinez à l'utilisez, souvenez-vous qu'Inkscape est doté de nombreux autres outils qui possèdent des fonctionnalités équivalentes tout en étant plus simples à manier.

Comment ça marche ?

Cet outil est extrêmement utile mais un peu difficile à prendre en main. Voyons pas à pas comment l'utiliser. Pour commencer, voici une procédure simple pour réaliser des segments :

1 Activez le stylo en cliquant sur son icône dans la barre d'outils ou avec la touche *B*.

2 Posez le premier point en cliquant sur le canevas. Le tracé devient vert : il est en cours d'édition.

3 Déplacez le curseur.

4 Placez un point supplémentaire en cliquant de nouveau sur le canevas. La première partie du tracé devient alors rouge, ce qui signifie que vous n'agissez plus sur cette portion.

5 Pour terminer le tracé, la méthode la plus rapide consiste à ajouter un dernier point en cliquant avec le bouton droit de la souris. Si vous ne souhaitez pas ajouter de point, appuyez sur la touche *Entrée* : le dessin se termine tel quel.

Une des forces du vectoriel, et des courbes de Bézier en particulier, est sa capacité à tordre les objets et les chemins à volonté. C'est ainsi qu'à partir de simples segments, et sans trop d'efforts, nous allons réaliser une série de courbes parfaites :

1 Cliquez-glissez sur le canevas pour poser un premier point et orienter les poignées de contrôle du nœud.

2 Relâchez le clic et déplacez le curseur.

3 Cliquez de nouveau pour positionner le second nœud. Observez sur le canevas la courbure de la ligne rouge.

4 Recommencez l'opération de manière à ajouter des courbes les unes à la suite des autres.

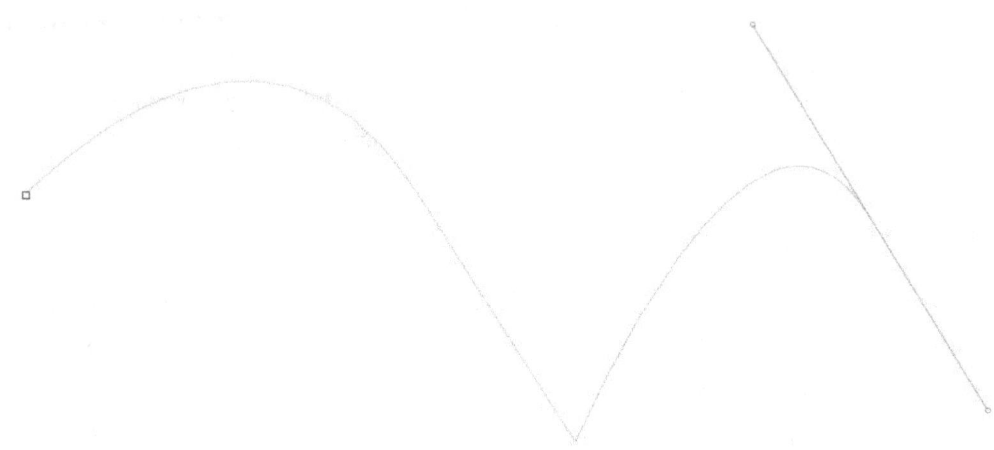

FIGURE 3–22 *Un premier essai de courbe*

5 Terminez votre tracé en cliquant avec le bouton droit ou en appuyant
   sur la touche *Entrée*. N'hésitez pas à combiner les courbes et les segments dans un même chemin.

Si vous avez du mal à contrôler la courbe, c'est normal : ce comportement est
dû à la symétrie des poignées. En maintenant la touche *Maj* enfoncée, elles se
désolidariseront, rendant ainsi les courbes plus libres. Malgré cela, il reste
encore difficile de contrôler la courbe car l'outil agit sur une seule des poignées.

Si le résultat n'est pas exactement celui que vous attendiez, vous pouvez
toujours modifier la courbe en utilisant l'outil Nœud. Cet outil présente
l'avantage non négligeable d'être bien plus facile à prendre en main, et
vous pourrez ainsi maîtriser chaque courbure avec toute la précision
nécessaire, puisque vous agirez indépendamment sur chaque nœud.

> À SAVOIR **Annuler un tracé**
>
> Appuyez sur *Échap* pour annuler le tracé en cours (c'est-à-dire avant
> d'avoir dessiné le dernier point). Ce raccourci est valable pour tous
> les outils libres (Crayon, Stylo et Plume calligraphique).

Lorsque votre tracé n'est pas fermé (le point final ne rejoint pas le point
d'arrivée), deux petits carrés blancs apparaissent à chaque extrémité. En

cliquant sur l'un d'eux avec le crayon ou le stylo, vous continuez le tracé comme si vous ne l'aviez jamais arrêté.

Vous pouvez faire en sorte qu'un nouveau tracé soit uni à un tracé précédent, sans pour autant les rejoindre. Pour cela, sélectionnez le premier chemin, puis maintenez la touche *Maj* enfoncée tout en dessinant le second.

Paramétrer le stylo

L'outil Stylo propose une sympathique série d'options, qui facilite son utilisation et enrichit ses possibilités.

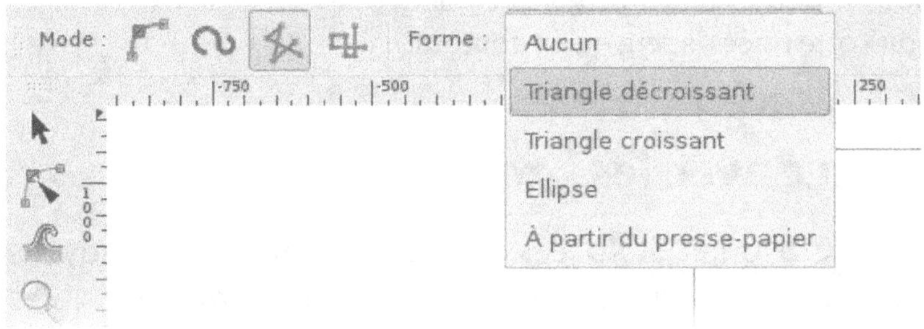

FIGURE 3–23 *La barre de contrôle de l'outil Stylo*

La barre d'options présente quelques similitudes avec celle de l'outil Crayon, tout en ajoutant quelques paramètres spécifiques. Pour commencer, vous devez choisir un mode (et seulement un) parmi les quatre présentés :

- Le premier, *Chemin de Bézier*, trace des courbes de Bézier et des segments de droite simples. C'est l'utilisation basique de l'outil. Encore une fois, ces manipulations demandent de l'entraînement ! Ne cherchez pas à réaliser l'effet recherché d'emblée et finissez de poser tous les points avant de transformer le chemin.

- Le mode *Spiro*, comme pour l'outil Crayon, trace des courbes arrondies et régulières. Attention, seules les courbes seront affectées par ce mode. Les segments de droite, déjà lissés, restent rectilignes. Une fois le tracé terminé, les courbes semblent très arrondies.

- Le mode *Lignes droites* est à privilégier pour la réalisation de plans, car il autorise la création de segments de droite successifs. Avec ce mode, impossible de créer des courbes.

- Le dernier mode, *Lignes paraxiales,* convient également au dessin technique. Comme pour le mode précédent, il n'autorise que des segments de droite, mais ajoute une contrainte supplémentaire : les segments ne peuvent être dessinés qu'en suivant l'axe X ou l'axe Y.

Dans un même tracé, vous pouvez alterner entre les différents modes. Cependant, comme les jolies courbures du mode Spiro ne s'appliquent au tracé que lorsque celui-ci est achevé, elles ne seront conservées que si vous terminez votre ligne avec ce mode. Dans ce cas, toutes les courbes seront affectées, y compris celles créées avec un mode différent.

Modifier un tracé avec les brosses

Communes aux outils Crayon et Stylo, ces brosses sont autant de moyens élégants pour modifier l'aspect général d'un tracé. Elles sont accessibles dans le barre de contrôle de chaque outil, sous la forme d'un menu déroulant :

- Si vous conservez *Aucun* comme option par défaut, aucune forme n'agira sur le tracé de l'outil. La ligne sera régulière et fine.
- Si vous sélectionnez *Triangle décroissant* ou *Triangle croissant*, le tracé réagit comme si vous utilisiez un triangle étiré : une extrémité du tracé sera large et l'autre fine, comme la base et le sommet d'un triangle. Ces deux brosses orientent le triangle : dans le premier cas il commencera large et finira très fin, dans le second, ce sera l'inverse.
- La brosse *Ellipse* est certainement la plus naturelle car elle commence et se termine par un tracé fin, et présente entre les deux un tracé plus épais, comme s'il était dessiné au pinceau.
- La dernière brosse laisse libre cours à vos envies, car c'est à vous de la créer.

FIGURE 3-24 *Dessin à la brosse Triangle (à gauche) et Ellipse (à droite)*

Voici la procédure à suivre pour créer cette brosse personnalisée :

1   Dessinez une forme correspondant à la brosse désirée.

2   Copiez-la (*Ctrl + C*) dans le presse-papier.

3   Sélectionnez l'entrée *Presse-papier* dans la liste des brosses. Le contenu du presse-papier devient alors une brosse que vous pourrez appliquer à tout nouveau tracé.

FIGURE 3-25 *Exemples de brosse personnalisées. À gauche la brosse créée pour l'occasion ; au centre, la taille réelle de celle-ci ; à droite, le résultat.*

AVANCÉ **Modifier la brosse une fois le tracé dessiné**

Ce n'est déjà plus du ressort de l'outil de Bézier, mais sachez que la brosse peut être éditée après-coup. Le tracé sera modifié instantanément. Pour cela, il faut activer l'icône *Afficher le paramètre d'effet de chemin suivant pour le modifier* dans la barre de contrôle de l'outil Nœud. La brosse apparaît alors dans l'angle supérieur gauche du canevas et peut être édité comme un simple chemin.

L'outil Plume calligraphique

L'outil Plume calligraphique est idéal pour réaliser de belles calligraphies. Ses nombreuses options autorisent quantité de raffinements et de choix de plumes. Les possibilités de retour en arrière et les modifications a posteriori rendent cet outil bien plus pratique (et moins exigeant) que son équivalent papier. Plus encore, vous pouvez obtenir des effets audacieux, comme de la pseudo gravure.

Paramétrer une plume

Voyons comment utiliser et paramétrer votre plume calligraphique :

1 Cliquez sur son icône dans la barre d'outils ou appuyez sur la touche C. Cet outil fonctionne par simple cliquer-glisser. Il est particulièrement souple et agréable à utiliser avec le stylet d'une tablette graphique ou un écran tactile.

FIGURE 3–26 *L'outil Plume calligraphique*

AVANCÉ **Utiliser une tablette graphique**

Même si le tracé calligraphique est possible avec votre souris, l'emploi d'une tablette graphique est conseillé si vous souhaitez vous y exercer sérieusement.

FIGURE 3-27 *La barre de contrôle de l'outil Plume calligraphique*

2 Paramétrez l'*Épaisseur* en fonction de la largeur de la plume qui vous intéresse et relativement à l'espace de travail. Vous pouvez également la régler avec la pression du stylet sur la tablette. Il faut pour cela que votre tablette accepte la pression, que le stylet ait une mine rétractable et que l'icône à droite de la glissière soit enfoncée.

FIGURE 3-28 *Deux traits avec une épaisseur de 15 puis de 74.*

3 Avec le paramètre *Mincissement*, dilatez ou contractez le tracé selon la vélocité de l'exécution du tracé. Plus le mincissement est élevé plus le trait s'affine avec l'accélération du tracé. Vous obtenez l'effet inverse en utilisant une valeur négative.

FIGURE 3-29 *Trois traits réalisés avec l'option Mincissement à 0, 80 et -50*

4 Déterminez l'orientation de votre plume avec le paramètre *Angle*. Il n'est utilisé que lorsque l'icône située à sa droite est activée. À défaut, l'angle sera défini par la position du stylet sur la tablette.

5 Le paramètre *Fixité* reproduit la position du stylo plume dans la main. À *0*, la plume reste perpendiculaire au tracé. À *100 %*, l'angle de la plume est constant, et sa valeur correspond à celle définie pour le paramètre *Angle*.

6 Si vous recherchez un tracé réaliste, intéressez-vous aux options *Tremblement* qui ajoute des irrégularités dans le tracé, *Agitation* qui produit des vaguelettes et *Inertie*, qui simule le poids de l'outil.

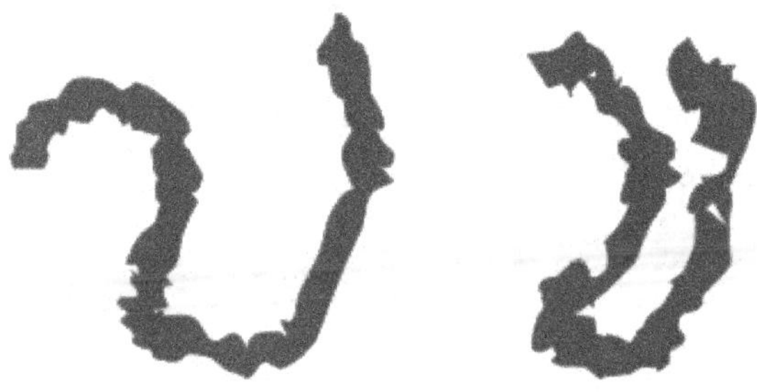

FIGURE 3–30 *À gauche, un v réalisé avec le Tremblement à 50 ; à droite avec une Agitation à 50*

Une fois votre tracé terminé, vous pouvez affiner les terminaisons avec l'option du même nom. Vous rajoutez ainsi des demi-ellipses, plus ou moins allongées, en début et en fin de tracé. À *0* cette option est inactive, à *1* les ellipses sont bien arrondies, et à *5* elles sont allongées à leur maximum.

FIGURE 3–31 *Trois traits réalisés avec l'option Terminaisons à 0, 1 et 5*

Les plumes prédéfinies

Tout à gauche de la barre de contrôle de l'outil, un menu déroulant présente des types de plume pré-réglés : une plume, un feutre, un pinceau, un calame, un pinceau fou et un outil de gravure sont ici à votre disposition.

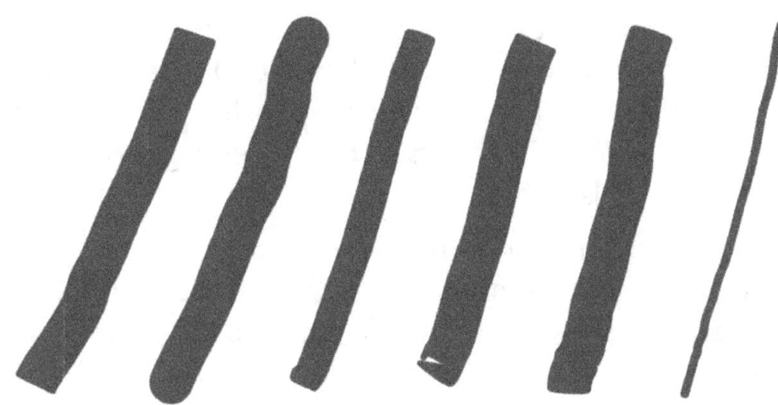

FIGURE 3–32 *Exemple de plumes prédéfinies*

Votre choix a un impact sur l'ensemble des paramètres présents dans la barre de contrôle. À l'inverse, si vous modifiez un des paramètres, le menu de présélection se positionne automatiquement sur *Aucune présélection* tout en conservant les autres réglages en l'état. Imaginons que l'utilisation du feutre vous tente, mais que vous le trouviez trop fin. Augmentez son épaisseur : le menu bascule sur *Aucune présélection* et l'épaisseur est modifiée ; les autres options conservent le réglage prédéfini pour le feutre. Lorsqu'après de nombreux essais le paramétrage convient parfaitement à votre main, vous avez la possibilité de le conserver en sélectionnant l'entrée *Enregistrer...* dans la liste des présélections. Donnez-lui un nom, et le tour est joué. La brosse ainsi créée sera réutilisable, y compris dans de nouveaux documents.

Le mode gravure

Avant de découvrir tous les secret du mode gravure, vous devez en comprendre l'utilisation courante. Bien souvent, les gravures anciennes présentent des dessins réalisés par des traits réguliers alignés. Seule leur épaisseur varie pour laisser apparaître des ombres et des lumières. Le dessin révèle tous ses détails lorsque l'observateur s'en éloigne un peu. Ici, le principe est le même : vous êtes invité à réaliser des traits alignés et réguliers, dont l'épaisseur varie en fonction de la luminosité.

Voici comment faire. En activant l'icône placée juste à gauche du paramètre *Mincissement*, vous passez en mode gravure. Vous tracez ensuite des lignes parallèles et à distances égales. Le trait s'épaissira de lui-même à chaque fois qu'il croisera un objet sur le canevas :

> À SAVOIR **Épaisseur du trait**
>
> Votre trait dépend alors des objets situés sur le canevas : lorsqu'il passe au-dessus d'un objet foncé, il s'épaissit ; si l'objet est clair, le trait s'affine.

1 Tracez la première ligne de la gravure.

2 Avant de tracer la deuxième ligne, appuyez sur *Ctrl*. Un cercle s'appuyant sur la première ligne apparaît. Il s'agit d'un guide qui assure une distribution égale entre chacune des lignes que vous tracerez. Décidez de son diamètre avec votre curseur.

3 Une fois le diamètre du cercle satisfaisant, cliquez-glissez pour tracer la deuxième ligne. Son diamètre se bloque automatiquement et la ligne se trace exactement en son centre. Le cercle roule à votre vitesse sur la première ligne pour garantir le parallélisme du tracé par rapport au premier.

4 Relâchez le bouton de la souris pour achever la ligne.

5 Recommencez à l'étape 3 autant de fois que de lignes nécessaires, tout en maintenant la touche *Ctrl* aussi longtemps que vous souhaitez conserver la distance précédemment définie.

> À SAVOIR **Couleur du guide**
>
> Lorsqu'un cercle guide est activé, il peut prendre plusieurs couleurs :
> - vert si le tracé suit le guide ;
> - rouge si vous en sortez ;
> - noir si le guide est actif, mais qu'aucun tracé n'est en cours.

Vous pouvez relâcher la touche *Ctrl* durant le tracé, pour dessiner un décalage par rapport à la ligne précédente, puis la réactiver pour récupérer le guide. Dans ce cas, vous devez impérativement repasser en mode guidé avant d'en avoir terminé avec la ligne. Sans cela, vous pourrez retrouver un guide par rapport à la ligne précédente, mais son diamètre sera réinitialisé.

FIGURE 3-33 *Exemple de gravure*

> IDÉE **Un dessin contrasté**
>
> Le mode gravure de l'outil Calligraphie réalise les ombres et les lumières à partir des différences de couleur du canevas. Aussi, pour réussir une illustration en pseudo gravure et profiter pleinement des effets d'épaississement et d'affinement automatiques, il est préférable de réaliser votre tracé sur un fond bien contrasté.

L'outil Aérographe

Avec l'outil Aérographe, vous pourrez peindre des motifs répétitifs sur votre espace de travail. Particulièrement riche en options, il peut être adapté à de nombreuses situations, et simuler par exemple une pistolet à peinture ou une bombe aérosol. Voici comment l'utiliser et le paramétrer :

1 Sélectionnez ou dessinez l'objet qui servira de motif à la pulvérisation.

2 Activez l'outil en cliquant sur son icône dans la barre d'outils ou saisissez la combinaison *Maj + F3*.

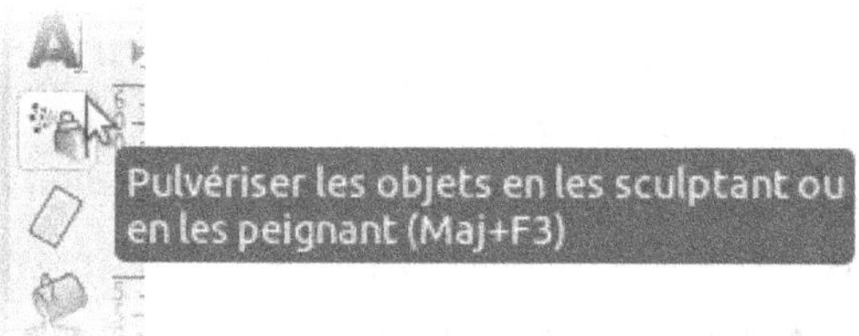

FIGURE 3–34 *L'outil Aérographe*

3 Choisissez un mode de pulvérisation, à gauche dans la barre d'options. Le premier mode pulvérise des copies de la sélection ; le deuxième pulvérise des clones ; le dernier fusionne l'ensemble des objets pulvérisés en un seul chemin.

FIGURE 3–35 *La barre de contrôle de l'outil Aérographe*

4 Paramétrez ensuite la glissière *Épaisseur* pour définir la largeur de la pulvérisation. Celle-ci est matérialisée sur l'espace de travail par un cercle orange correspondant à la zone dans laquelle seront dessinés les objets.

5 Déterminez le nombre d'éléments pulvérisés à chaque clic avec le paramètre *Quantité*.

6 Si vous souhaitez ajouter une variation aléatoire dans l'orientation et la taille, modifiez les paramètres *Rotation* et *Échelle*. La première valeur correspond à la rotation maximale des objets pulvérisés, en pourcents

(10, par exemple, autorise une rotation aléatoire comprise entre -36 ° et 36 °, alors que 0 conserve l'orientation de l'objet original), la seconde à la variation de taille maximale. Dans les deux cas, l'aléa introduit peut tout aussi bien être positif que négatif.

7 Avec le paramètre *Rayon*, choisissez la position moyenne de la projection (0 correspond au centre du cercle, 100 à sa périphérie), puis avec *Dispersion* l'écart possible des objets par rapport au rayon. L'illustration suivante montre le résultat obtenu avec quelques valeurs significatives.

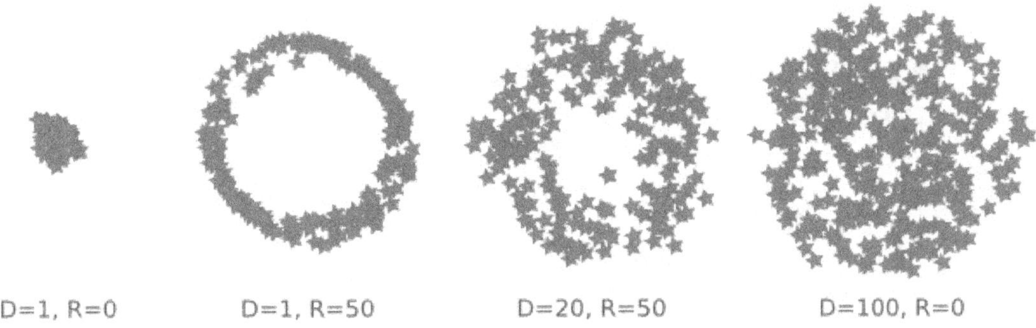

FIGURE 3-36 *Influence du rayon et de la dispersion*

8 Cliquez-glissez sur l'espace de travail pour projeter la sélection le long d'un tracé, ou, tout en maintenant le bouton de la souris, utilisez la molette pour ajouter de nouveaux objets dans une zone précise.

FIGURE 3-37 *Exemple de dessin à l'aérographe*

Gomme

L'outil gomme agit comme son nom l'indique : il efface des chemins. Pour être plus précis, il réalise l'opération booléenne différence entre un chemin tracé avec la gomme et l'objet sélectionné. Il ne s'agit donc pas d'un effacement au sens matriciel du terme et bien d'un retrait de chemin, mais visuellement, c'est tout comme.

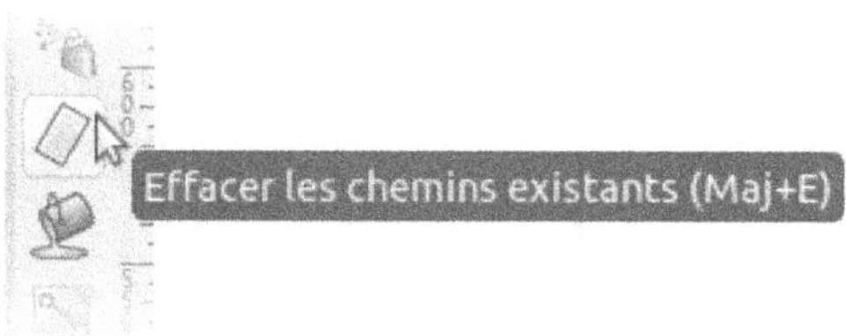

FIGURE 3–38 *L'outil Gomme*

FIGURE 3–39 *La barre de contrôle de l'outil Gomme*

L'outil Gomme est très simple d'utilisation :

1 Cliquez sur l'icône de la gomme dans la barre d'outils.

2 Définissez sa largeur dans le paramètre *Épaisseur*.

3 Paramétrez si vous souhaitez que la gomme efface intégralement l'objet qu'elle touche (première icône) ou uniquement la portion de l'objet avec laquelle elle entre en contact (seconde icône).

4 Sélectionnez l'objet à effacer.

5 Gommez !

Au-delà de son utilisation classique, la gomme s'avère fort utile pour retoucher ou pour affiner des effets. Lorsque vous importez un bitmap afin de le vectoriser, le processus génère parfois des chemins aux bords irréguliers. La gomme vous est ici d'une grande aide pour remédier à cela. Elle est également la bienvenue pour retoucher les chemins. Par exemple, si vous cherchez à imiter le style grunge, très à la mode actuellement, vous rompez ainsi la régularité d'un trait en en effaçant, avec parcimonie, de petites parties.

 En avez-vous vraiment besoin ?

> Si vous maîtrisez bien les chemins et les formes, vous n'aurez pas besoin de l'outil Gomme. En effet, si vous savez exactement ce que vous souhaitez tracer, il ne reste en général rien à effacer. Si vous avez souvent recours à cet outil, interrogez-vous : peut-être n'avez vous pas encore bien intégré la logique de création d'un dessin vectoriel ? Sans nier son utilité, la gomme ne devrait être utilisée que dans des cas un peu spécifiques, lorsqu'il n'y a pas moyen de faire autrement, ou si c'est vraiment plus pratique ainsi.

De la même façon, les motifs que vous réalisez et réutilisez avec l'outil Crayon, l'outil Stylo, ou les effets de chemin, sont facilement éditables avec l'outil Gomme. Nous en reparlerons dans le chapitre 7, relatif aux chemins.

 Mais où sont passées les poignées ?

> Tout objet partiellement effacé se convertit en chemin. Vous ne disposerez donc plus des poignées de forme ou de la possibilité d'éditer du texte dans le cas où vous avez commencé à effacer un rectangle, une ellipse, une spirale, une étoile ou un objet texte (sauf bien sûr en annulant l'action). Si vous désirez encore profiter des poignées rondes et carrés de transformation, attendez avant d'utiliser la gomme.

Connecteurs

Le champ d'application d'Inkscape ne se limite pas au dessin artistique : vous pouvez aussi compter sur lui pour réaliser des schémas hiérarchiquement organisés (organigrammes, grafcet ou arbre de défaillance par exemple). Pour ce type de tâche, l'outil Connecteurs est parfaitement adapté. En reliant deux objets par un ligne, il crée un lien fort qui résiste à leur déplacement sur le canevas.

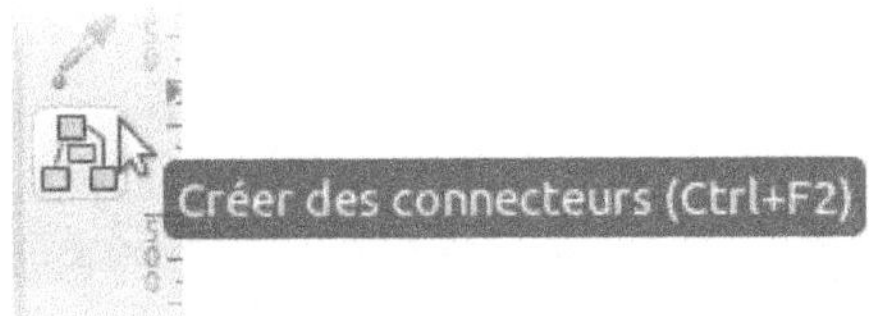

FIGURE 3–40 *L'outil Connecteur*

Voici comment lier deux objets :

1 Créez d'abord vos objets (par exemple des boîtes ou des losanges) sur le canevas.

2 Activez l'outil Connecteurs depuis la barre d'outils ou avec la touche *O*.

3 Survolez le premier objet pour faire apparaître un carré blanc en son centre. Cliquez sur ce carré pour attacher un connecteur à ce premier objet.

4 Survolez le second objet et cliquez sur son carré blanc pour le lier au premier. La connexion se matérialise alors par un trait noir qui suivra les objets à chacun de leurs mouvements.

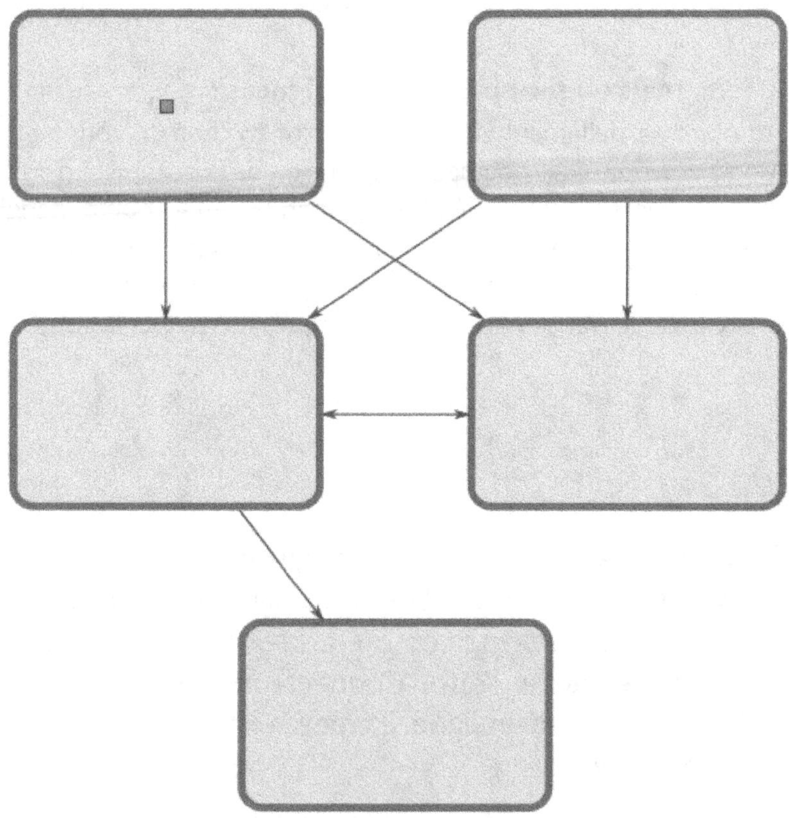

FIGURE 3-41 *Exemple de schéma connecté*

Soulignons toutefois quelques petites restrictions : les objets textes ne peuvent être connectés (seuls les chemins et les formes géométriques le peuvent), et les copies et clones ne conservent pas les connections liées à l'original. Par contre, un objet peut être connecté à plusieurs autres objets, et vous pourrez lui appliquer un style sans casser la connexion.

> JARGON **Style**
>
> Le style concerne la couleur de l'objet, la couleur et l'aspect de son contour. Ces paramètres se modifie avec la boîte de dialogue Remplissage et contour (*Maj + Ctrl + F*). C'est à cet endroit que vous pourrez ajouter des flèches (ou tout autre marqueur) à vos connecteurs. Nous en reparlerons dans le chapitre 4.

Les options de l'outil Connecteur sont peu nombreuses mais bien pensées.

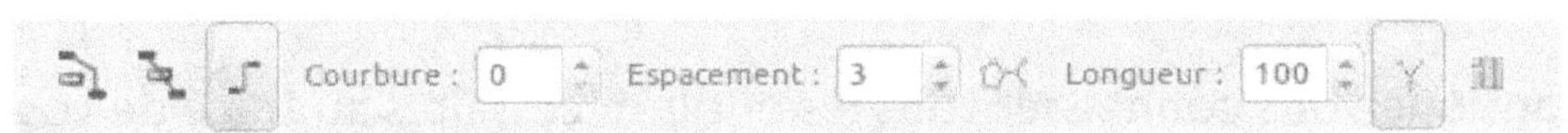

FIGURE 3-42 *La barre de contrôle de l'outil Connecteur*

La première icône fait en sorte que les connecteurs ne chevauchent pas les objets sélectionnés. Les liaisons concernées feront alors un détour pour les éviter.

L'icône suivante, au contraire, laisse les liaisons ignorer les objets sélectionnés et en autorise de fait le chevauchement (comportement par défaut des connecteurs).

La dernière icône force les connecteurs à prendre une forme orthogonale (perpendiculaire à un des côtés de la page).

L'option *Espacement* indique, en pixels, la distance à laisser entre les objets et les connecteurs passant à proximité.

L'icône suivante, représentée par un schéma de routage (elle ressemble aussi fortement à un neurone), réorganise de façon hiérarchique les objets connectés. La nouvelle disposition sera relative à l'espacement et au paramètre *Longueur*, qui spécifie une longueur optimale pour les connecteurs après routage.

ALTERNATIVE **Sélection rapide**

> Plutôt que de basculer sans cesse vers l'outil Sélection pour sélectionner les objets connectés et leurs connecteurs, utilisez des raccourcis spécifiques comme *Ctrl + A*, qui sélectionne tous les objets du canevas.

L'avant-dernière icône pointe les flèches des connecteurs sélectionnés vers le bas. La dernière fait en sorte que les objets ne se chevauchent jamais. Ces deux icônes agissent comme des options au routage des connecteurs et n'ont pas un effet immédiat. Vous devez, à chaque changement d'état, activer l'icône de routage pour apercevoir les déplacements apportés aux chemins et aux connecteurs.

En résumé

Maintenant que vous connaissez tous les outils nécessaires au tracé de vos dessins, voyons comment leur donner un peu de couleur et de style.

chapitre
4

Mise en couleur et attributs

Vos dessins font grise mine ? Vous broyez du noir ? Ce ne sont pourtant pas les couleurs qui manquent : grâce aux palettes et au seau, vous pouvez colorer vos créations. Ainsi vos objets ne manqueront pas de style !

Notions fondamentales sur les couleurs

Inkscape respecte les recommandations du W3C à l'égard du SVG, et privilégie son espace colorimétrique RVB. Si vous souhaitez imprimer sur votre imprimante personnelle, n'ayez aucune crainte, c'est exactement ce dont elle a besoin !

Avant d'appréhender les différentes méthodes disponibles pour appliquer une couleur à un objet, voyons un peu comment, en théorie, votre ordinateur et ses périphériques d'affichage et d'impression manipulent ces concepts.

Les modèles colorimétriques

Les modèles de couleur sont des méthodes permettant la modélisation des couleurs au travers d'un codage particulier. Nous vous proposons d'examiner quelques-uns des modèles les plus connus : RVB, CMJN et TSL.

RVB

RVB est un modèle de colorimétrie dit additif, dans lequel les couleurs sont définies en additionnant des niveaux de rouge, de vert et de bleu (d'où son nom).

JARGON **RGB**

Sur l'Internet et dans les ouvrages techniques, vous rencontrerez fréquemment sa notation anglaise RGB (*red, green, blue*).

Les écrans LCD ainsi que nos bons vieux CRT et les écrans plasma l'utilisent pour afficher les couleurs ; les scanners, les appareils photo ou encore l'œil humain pour les capter.

EN DÉTAIL **L'œil humain**

Notre œil possède trois types de cônes, sensibles chacun à une couleur différente : le rouge, le vert, et le bleu.

Sur l'ordinateur, les trois couleurs sont représentées chacune sur un octet, ce qui donne 256 niveaux pour chaque couleur. Lorsque toutes les valeurs sont fixées à 0, nous obtenons du noir ; à l'inverse, en positionnant 255 partout, nous affichons du blanc. Entre les deux, il ne nous reste que 16 777 216 combinaisons (256^3) à essayer !

Détail amusant, en additionnant le rouge, le vert et le bleu deux à deux, nous obtenons :

- du cyan (avec vert et bleu) ;
- du magenta (avec rouge et bleu) ;
- du jaune (avec rouge et vert).

Vous l'avez deviné, nous avons là les couleurs primaires utilisées en peinture et, plus généralement, en modèle soustractif (dont nous allons étudier un spécimen juste après).

CMJN

CMJN (cyan, magenta, jaune, noir), également nommé quadrichromie, est un procédé utilisé en imprimerie pour reproduire, à partir des trois primaires et du noir, un large spectre de couleurs.

> JARGON **CMYK**
>
> La notation anglaise CMYK – *cyan, magenta, yellow, key* – est également ment très courante.

À l'inverse du RVB, nous avons ici un modèle utilisant une synthèse soustractive. L'absence de couleur donnera du blanc, alors que l'addition de ces trois couleurs produira du noir. Entre les deux, comme pour le RVB (mais pas dans le même sens), toutes les couleurs possibles et imaginables.

Vous êtes en droit de vous interroger : pourquoi diable avoir ajouté du noir au modèle alors que celui-ci peut être obtenu par combinaison des trois autres couleurs ? En théorie, vous avez raison, mais en pratique, les équipements utilisés pour l'impression n'étant pas parfaits, le noir n'est jamais vraiment aussi neutre et profond que nous le souhaiterions, pour des raisons de pigments et de superposition. Utiliser un noir à part permet non seulement de réussir le noir parfait (et non un marron sale), mais aussi de réaliser des économies, l'encre noire étant moins coûteuse à fabriquer. De plus, on obtient ainsi un contraste plus élevé et des détails plus nets.

> **En détail Séparation des couleurs**
>
> En utilisant un noir séparé, vous avez la possibilité d'extraire tout ou partie du niveau de gris contenu dans les composantes CMJ vers la composante N. Imaginons un joli mauve, exprimé en CMJ par 65 % de cyan et de magenta et par 25 % de jaune. La séparation peut être effectuée de deux façons :
>
> - reporter l'intégralité du gris vers le noir, ce qui nous donne un équilibre, 53 % de cyan et de magenta, 0 % de jaune, et 25 % de noir ;
> - ne transférer qu'une partie du gris dans la composante noire, ce qui peut donner, par exemple 60 % de cyan et de magenta, 15 % de jaune, et 12 % de noir.
>
> Grâce à ce système, le mélange peut être adapté aussi finement que possible au périphérique d'impression et au type de papier utilisé.

Sur votre ordinateur, chaque composante reçoit une valeur comprise entre 0 et 100 %. Encore plus troublant, en combinant les couleurs primaires deux à deux, nos obtenons :

- du rouge (avec jaune et magenta)
- du vert (avec cyan et jaune) ;
- du bleu (avec cyan et magenta).

Ce qui ressemble à s'y méprendre aux couleurs primaires utilisées par le modèle RVB…

TSL

TSL (teinte, saturation, luminance) est un modèle très intuitif, basé sur la perception de la couleur par l'humain. C'est ce que l'on appelle un modèle perceptuel. Les trois critères qui le caractérisent sont :

- la teinte, correspondant à la couleur pure (rouge, jaune, bleu…) ;
- la saturation, qui définit le taux de pureté de la couleur (plus la saturation est basse, plus la couleur est délayée) ;
- la luminance, soit la quantité de lumière contenue dans la couleur (ce qui lui donne un aspect clair ou foncé).

Contrairement aux modèles précédents, vous pourrez avec ce mode ajuster simplement une couleur en ne manipulant qu'un seul critère à la fois.

Sur nos ordinateurs, l'interface de ce modèle est souvent matérialisée, en plus du classique trio de sélecteurs, par un plan à deux dimensions pour la teinte et la saturation auquel est ajouté un sélecteur pour la luminance.

> PIÈGE **TSL et TSV**
>
> Les modèles TSL et TSV (teinte, saturation, valeur) sont assez proches, mais ils diffèrent par leur conception de la clarté :
> - TSL utilise la luminance. Lorsque ce paramètre est au maximum le résultat est toujours blanc, quelles que soient la teinte et la saturation.
> - TSV a adopté la brillance. Le blanc ne pourra être obtenu qu'avec une saturation minimale et une brillance maximale. Le modèle TSV est souvent présenté sous la forme d'un cercle de couleurs.

Les espaces colorimétriques

Un espace colorimétrique (ou espace de couleurs) est une représentation géométrique d'un ensemble de couleurs disponibles dans un modèle de couleur donné.

D'un même modèle de couleur peuvent découler plusieurs espaces colorimétriques. C'est le cas en particulier avec les espaces sRGB et Adobe RGB, tous deux basés sur le modèle RVB. Les espaces utilisant CMJN sont très nombreux et varient en fonction de caractéristiques telles que le type d'encre ou le procédé d'impression.

À l'inverse, il est possible dans certains cas de décrire un même espace colorimétrique à l'aide de modèles différents. C'est le cas par exemple de l'espace sRGB (basé sur RVB), qui peut également être décrit dans le modèle TSL.

Lorsqu'une conversion entre plusieurs espaces est requise (pour passer d'un écran à l'impression, par exemple), il est nécessaire de faire appel à un système de gestion des couleurs, qui optimisera le rendu en effectuant, entre autres, une correspondance entre les couleurs des deux espaces.

Les profils ICC et la chaîne graphique

Les profils ICC sont des fichiers normalisés permettant la traduction d'espaces de couleurs liés à un matériel en un espace de couleurs de référence, indépendant.

Le principal avantage des profils ICC est d'harmoniser le rendu colorimétrique tout au long de la chaîne graphique, grâce à un profil adapté à chaque étape de la production d'un document.

Autre fonction très pratique, ils peuvent être utilisés pour réaliser une épreuve sur un périphérique (un traceur par exemple) afin de simuler le rendu qui sera obtenu sur un dispositif disposant d'une gamme de couleurs plus restreinte, comme une presse. Cette technique est particulièrement adaptée à la production d'un bon à tirer, qui, du fait de son aspect contractuel, exige une bonne fiabilité par rapport au rendu final.

JARGON **ICC**

L'ICC (*International Color Consortium*) a été fondé en 1993 par plusieurs acteurs de l'industrie (Adobe, Agfa, Apple, Kodak, Microsoft, Silicon Graphics, Sun Microsystems et Taligent), pour mettre en place un système de gestion des couleurs indépendant des logiciels et systèmes utilisés. La spécification issue de leurs travaux décrit en particulier le format des profils éponymes.

▸ http://www.color.org/index.xalter

Les profils utilisés pour caractériser des périphériques d'acquisition d'image (scanners, appareils photo numériques) ou des écrans sont appelés profils RVB. Ceux dédiés aux appareils d'impression (traceurs, imprimantes ou systèmes utilisés en presse) sont nommées profils CMJN.

Canal alpha : la transparence

Le canal alpha n'est pas strictement une notion liée aux couleurs, mais plutôt à la façon dont celles-ci laissent transparaître le plan sur lequel elles sont posées.

En pratique, il définit un taux d'opacité. Lorsqu'il est maximal, tout ce qui est derrière la couleur est masqué. À l'inverse, un canal alpha nul rend la couleur transparente. Entre les deux, l'opacité est proportionnelle à la valeur du canal et est exprimée en pourcentage.

Appliqué au RVB, le canal alpha se matérialise par l'ajout d'une valeur supplémentaire, pour former un modèle dérivé connu sous le nom de RVBA (et plus rarement ARVB), pris en charge en particulier par les formats SVG et PNG.

Remplissage et contour

En dessin vectoriel, les objets sont un peu particuliers. Vous avez la possibilité de leur attribuer deux couleurs : une pour le remplissage (ce qui est à l'intérieur du chemin), et une seconde pour le contour (le chemin lui-même). Mais vous pouvez aussi préférer à cette couleur simple un dégradé ou un motif, ou encore donner un style à votre contour. Avec Inkscape, ces paramètres de remplissage et de contour sont regroupés sous le terme d'attributs. Nous allons les étudier en détail dans ce chapitre.

> À SAVOIR **SVG et RVBA**
>
> Inkscape utilise le seul modèle de couleur compatible avec la norme SVG : RVBA. Ainsi, même lorsque l'interface vous propose un autre modèle (CMJN, TSL), ce n'est que pour vous laisser le choix de l'outil le plus adapté à vos méthodes de travail. En réalité, c'est bien l'équivalent RVBA de la couleur qui sera enregistré.

La méthode la plus complète pour gérer les attributs des objets déjà dessinés consiste à utiliser la boîte de dialogue *Remplissage et contour*. Pour y accéder, ouvrez le menu *Objet>Remplissage et contour… (Maj + Ctrl + F)*.

Les deux premiers onglets concernent le remplissage de l'intérieur de l'objet et de son contour. Il sont pratiquement identiques et, à une petite exception près (les deux icônes complètement en haut à droite, correspondant aux règles de remplissage), ce qui sera expliqué pour l'un fonctionnera pour l'autre. Le dernier onglet est spécifique aux styles appliqués au contour. Nous l'aborderons un peu plus loin.

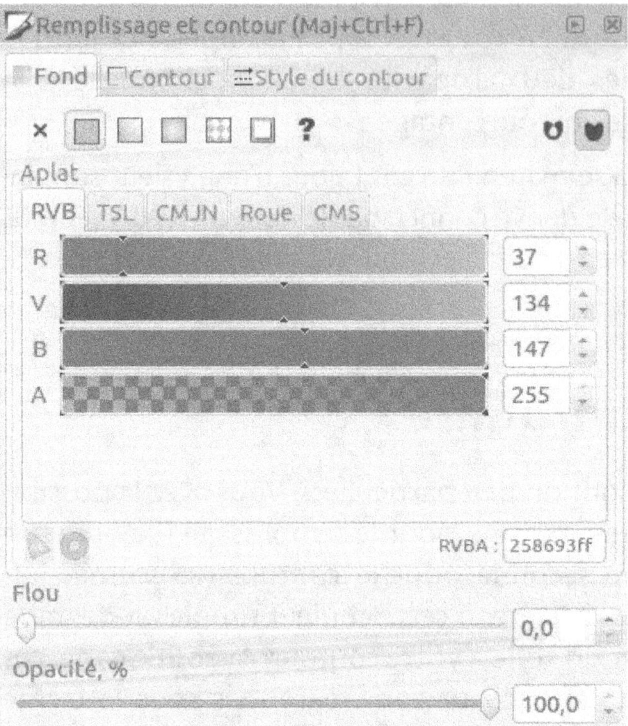

FIGURE 4–1   *La boîte de dialogue Remplissage et contour*

À SAVOIR **Couleurs par défaut**

Les outils de forme, l'outil texte et le remplissage au seau utilisent, lors de leur activation, une couleur par défaut. Il peut s'agir soit de la dernière couleur utilisée, soit d'une couleur définie spécifiquement pour chaque outil. Vous pouvez accéder à ces paramètres en ouvrant le menu *Fichier>Paramètres d'Inkscape...* (*Maj + Ctrl + P*) ou en cliquant sur la zone de rappel des couleurs en cours, tout à droite dans la barre de contrôle de l'outil.

Deux paramètres apparaissent tout en bas de la boîte de dialogue, quel que soit l'onglet choisi, pour appliquer un niveau de flou et un niveau d'opacité qui s'appliquent à l'objet dans son intégralité. Si l'opacité est indépendante du canal alpha de la couleur de remplissage de l'objet (les deux transparences se multiplient), il n'en est pas de même pour le flou, qui est fortement lié aux effets appliqués par ailleurs.

Remplissage vide et indéfini

Cela pourrait sembler saugrenu pour débuter un chapitre sur les couleurs, mais nous allons commencer par deux fonctionnalités qui, bien que relatives au remplissage, n'en appliquent réellement aucun : les fonctions *Pas de remplissage* et *Remplissage indéfini*. Pour les utiliser, sélectionnez l'onglet *Fond* ou *Contour* dans la boîte de dialogue *Remplissage et contour*. Accédez ensuite à la fonctionnalité voulue en activant l'icône prévue à cet effet.

FIGURE 4-2   *Icône Pas de remplissage (à gauche) et Remplissage indéfini (à droite)*

Si vous souhaitez que votre objet n'ait aucune couleur, cliquez sur l'icône en forme de X : le remplissage de l'objet ou de son contour est alors complètement transparent (vous pourrez utiliser cette possibilité pour dessiner un cadre, pour entourer un autre objet, par exemple). Cependant, même si le rendu est identique, cette option n'est pas du tout équivalente à celle consistant à ajouter une couleur transparente : ici, nous n'avons vraiment aucune couleur.

L'icône en forme de point d'interrogation enclenche le mode de remplissage indéfini. Cette option remplace le remplissage par une couleur par défaut (le noir), tout en conservant le niveau d'opacité de la couleur précédemment utilisée sur l'objet. Avec un remplissage orange et transparent à 50 %, l'objet devient noir et son opacité reste identique.

Le principal intérêt du remplissage indéfini est qu'il permet la modification d'attributs sur des clones (sans cela, tous les clones héritent des attributs de l'objet cloné). Nous reviendrons sur ce sujet dans le chapitre consacré à la manipulation des objets et à celle des clones en particulier.

Appliquer une couleur unie

À présent, nous allons vraiment appliquer des couleurs. Pour commencer, contentons-nous d'une couleur unie :

1 Sélectionnez l'onglet *Fond* ou *Contour*.

2 Cliquez sur la deuxième icône en partant de la gauche (aplat).

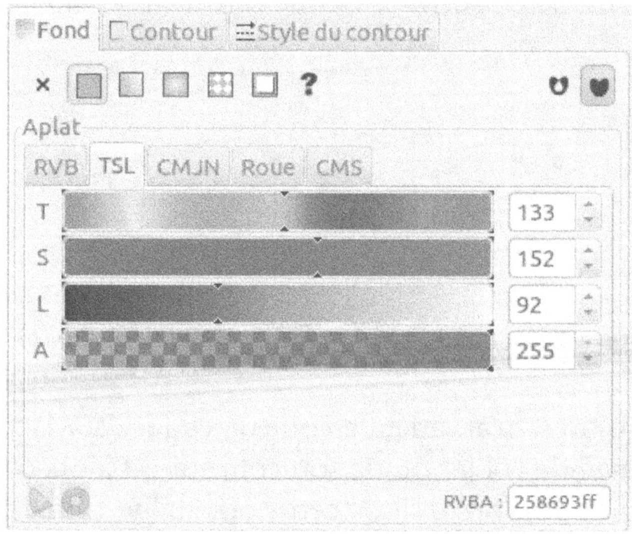

FIGURE 4–3 *Sélection d'un remplissage par aplat*

3 À partir de là, choisissez, dans le modèle que vous préférez (RVB, TSL ou CMJN), la couleur à appliquer en sélectionnant l'onglet approprié. Quel que soit l'onglet que vous utilisez, la couleur s'applique dynamiquement à l'objet sélectionné.

4 Si besoin, réglez le canal alpha de votre couleur grâce à la dernière ligne.

> RAPPEL **Canal alpha**
>
> Il définit le taux d'opacité. S'il vaut 1, l'objet est opaque, 0, l'objet est transparent.

Une petite boîte, en bas à droite, rappelle la valeur RVBA de la couleur en cours d'utilisation. Vous pouvez utiliser ce code pour transmettre la couleur de votre objet à d'autres logiciels, avec un copier-coller, ou l'insérer dans vos feuilles de styles CSS.

La roue est une autre technique de sélection travaillant dans un modèle TSV. La sélection de la teinte se fait par le sommet du triangle sur le cercle, la saturation diminue dans le sens sommet-angle gauche, et la valeur (brillance) diminue dans le sens sommet-angle droit. Vous pouvez ainsi utiliser la base pour choisir un niveau de gris.

AVANCÉ **Gestion de la couleur**

L'onglet *CMS* est réservé au choix d'un profil ICC. Le choix de profil et les paramètres de gestion de la couleur sont disponibles dans l'entrée *Gestion des couleurs* du menu *Fichier>Préférences d'Inkscape...* (*Maj + Ctrl + P*). Cette fonctionnalité dépassant le cadre de cet ouvrage, elle ne sera pas détaillée ici.

EN DÉTAIL **Équilibre des couleurs CMJN**

CMJN n'est pas encore bien supporté par Inkscape. Pour l'instant, la représentation CMJN de la couleur correspond à une approximation, en RVB, de cette couleur. Ainsi, il n'est pas possible d'obtenir un équilibre manuel des couleurs sous l'onglet *CMJN* et, quelles que soient les valeurs saisies, le gris résultant des trois couleurs primaires est toujours intégralement reporté sur le noir.

Prélever une couleur avec l'outil Pipette

Un autre moyen bien pratique pour assigner une couleur du canevas à un objet consiste à la prélever avec l'outil Pipette. Cet outil offre une autre façon d'assigner les couleurs aux objets, sans obligatoirement passer par la boîte de dialogue *Remplissage et contour*.

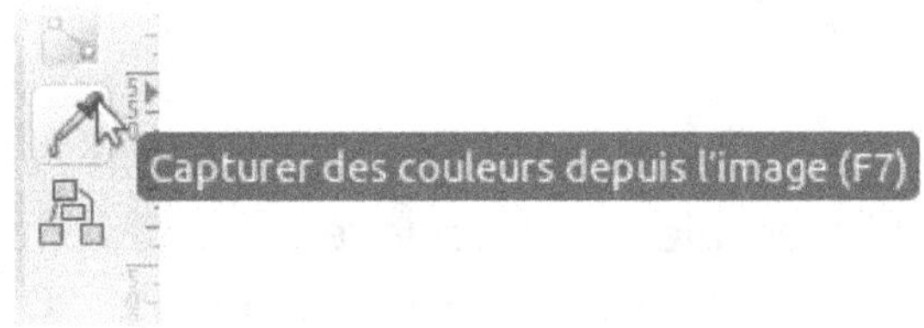

FIGURE 4–4 *L'outil Pipette*

Voici comment mettre en place notre propre laboratoire :

1 Sélectionnez tout d'abord l'objet auquel appliquer la couleur.

2 Saisissez-vous de la pipette dans la barre d'outils (ou appuyez sur la touche *D*).

3 Cliquez sur la zone du canevas contenant la couleur à prélever pour la transvaser vers le remplissage de l'objet sélectionné. Si vous maintenez la touche *Maj* durant l'opération, la couleur s'applique au contour.

La touche *Alt* ajoute un peu d'alchimie en inversant la couleur (chaque composante RVB est soustraite de la valeur maximale). Ainsi, le bleu (0, 0, 255) sera transformé en jaune (255, 255, 0).

Vous pouvez également agrandir la zone source de la pipette en cliquant-glissant la souris sur le canevas. La zone de sélection du prélèvement se matérialise alors par un cercle centré sur le clic initial. La solution obtenue est élaborée en faisant la moyenne des couleurs de la zone visée.

> IDÉE **Récupérez vos codes RVBA**
>
> Lorsque la pipette est activée, le raccourci *Ctrl + C* copie dans le presse-papier les huit chiffres du code RVBA correspondant à la couleur survolée.

Mais nous pouvons aller encore plus loin avec notre pipette : en plus de prélever la couleur, elle peut aussi nous permettre de réaliser une ponction d'opacité. Pour cela, nous devrons nous servir de la barre de contrôle. Une fois n'est pas coutume, la barre de contrôle de la Pipette est vraiment très simple, et ne propose qu'une paire de boutons.

FIGURE 4–5 *La barre de contrôle de l'outil Pipette*

Si vous souhaitez prélever uniquement la couleur affichée sur le canevas, désactivez les deux options. L'opacité n'est alors pas prélevée. Si vous effectuez un prélèvement sur une zone gris foncé dont l'opacité est de 50 %, vous obtenez un gris plus clair, mais d'opacité maximale. Comment cela se fait-il ? L'outil Pipette réalise une multiplication du niveau d'opacité par la couleur afin de conserver la couleur de l'objet semi-transparent et d'appliquer une couleur identique à un autre objet opaque.

Pour prélever l'alpha, sans pour autant l'appliquer, sélectionnez juste le premier bouton. La couleur résultante est équivalente à celle de l'objet prélevé lorsqu'on lui enlève l'opacité. Dans ce cas, notre objet gris foncé, même avec de la transparence, ne donnerait que du gris foncé.

Enfin, avec tous les boutons actifs, vous prélevez et appliquez le canal alpha. Vous obtenez une couleur et une opacité en tout point identiques à celles de la zone à la source du prélèvement.

> À SAVOIR **Canevas opaque**
>
> Lorsque vous utilisez la pipette sur une partie du canevas complètement opaque, ces options restent sans effet.

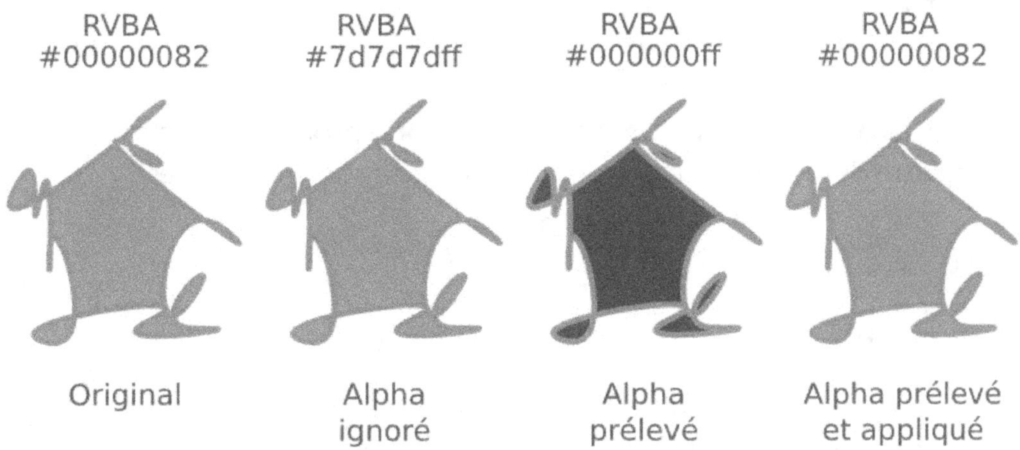

FIGURE 4-6 *Exemples de prélèvements de l'opacité*

> À SAVOIR **Opacité générale**
>
> La transparence prélevée par la pipette ne s'applique qu'au canal alpha de la couleur de remplissage ou de contour, et n'affecte en aucun cas l'opacité générale de l'objet.

Appliquer un dégradé

Un dégradé est une transition progressive entre deux couleurs. Selon la forme donnée à cette transition, le dégradé peut être linéaire (droit d'un point vers un autre) ou radial (en forme de disque).

FIGURE 4–7 *Deux types de dégradés : linéaire (à gauche) et radial (à droite)*

Voici comment appliquer un dégradé sur un objet :

1 Sélectionnez l'onglet *Fond* ou *Contour* dans la boîte de dialogue *Remplissage et contour*.

2 Cliquez sur la troisième icône pour appliquer un dégradé linéaire, ou sur la quatrième pour un dégradé radial.

3 Dans la boîte de dialogue qui s'ouvre alors, procédez au paramétrage de votre dégradé comme indiqué dans les sections suivantes.

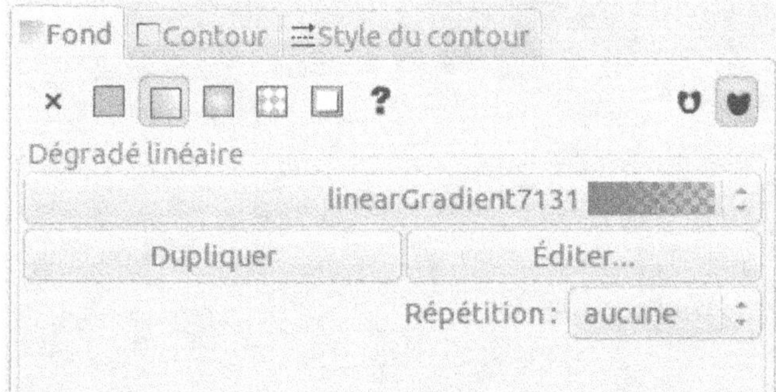

FIGURE 4–8 *Sélection d'un remplissage par dégradé linéaire*

Pour un débutant, modifier les couleurs d'un dégradé semble contraignant. Ne tâtonnez pas, et réalisons ensemble le dégradé.

Choix des couleurs

Par défaut, le dégradé proposé par Inkscape comprend deux stops correspondant aux couleurs disposées aux extrémités du remplissage. Ces stops utilisent la même couleur, qui est celle du remplissage de l'objet, mais avec un niveau d'opacité maximum pour le premier et une transparence complète pour le second. Même s'il est assez standard, il est fort possible que ce dégradé ne convienne pas à tous vos projets. Heureusement, vous pouvez choisir vous-même vos couleurs. Voici comment procéder :

1 Sélectionnez tout d'abord l'objet auquel appliquer la couleur.

2 Sélectionnez un dégradé dans la liste proposée par le menu déroulant *Dégradés* présent dans la boîte de dialogue *Remplissage et contour*. Cette liste contient l'ensemble des dégradés définis sur le dessin en cours d'édition.

3 Modifiez le dégradé en cliquant sur le bouton *Éditer*. Cette action ouvre l'éditeur de dégradés. Pour conserver le dégradé original, effectuez préalablement une copie en choisissant le bouton *Dupliquer*.

4 Modifiez vos couleurs stop par stop dans l'éditeur de dégradé. Ajoutez éventuellement des stops supplémentaires pour obtenir des effets plus complexes en cliquant sur *Ajouter un stop*.

Les options de l'éditeur de dégradé sont assez proches de celles du remplissage par aplat. Vous y reconnaissez l'ensemble des onglets relatifs aux modèles de couleur qui, sans surprise, fonctionnent de façon similaire à ce que nous avons déjà vu précédemment.

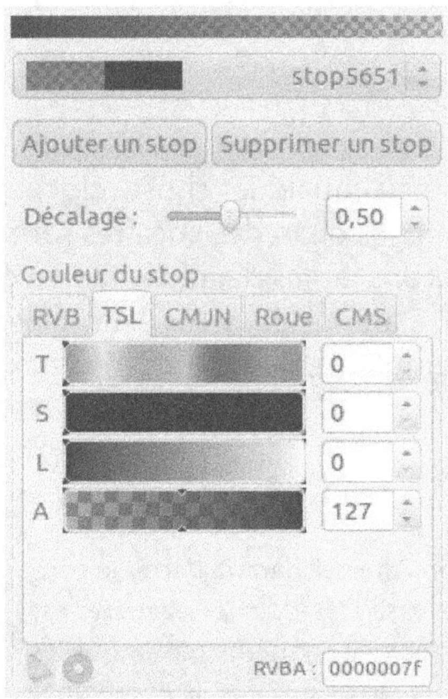

FIGURE 4–9   *L'éditeur de dégradé*

Tout en haut de l'éditeur, une barre affiche un aperçu du dégradé en cours d'édition. Comme pour le remplissage par aplat, toute modification est prise en compte immédiatement sur le canevas.

Juste en dessous, l'éditeur présente une liste déroulante contenant les stops du dégradé. C'est avec celle-ci que vous pourrez sélectionner le stop à éditer. Les deux boutons suivants permettent :

- l'ajout d'un stop, directement après le stop courant, sauf si ce stop est le dernier, auquel cas l'ajout est effectué juste avant ; par défaut, la couleur du nouveau stop est à mi-chemin entre les deux stops adjacents ;
- la suppression du stop courant.

Le décalage correspond, pour un stop intermédiaire, à sa position vis-à-vis des stops situés à l'extrémité du remplissage. À 0.5, le stop est situé exactement au milieu.

À SAVOIR **Stop au croisement !**

Choisissez bien l'ordre de vos couleurs dès le début : une fois positionné, un stop conserve son ordre et ne peut pas être positionné au-delà des stops adjacents. Ainsi, si un premier stop est ajouté avec un décalage de 0.5, le décalage d'un nouveau stop supérieur ne pourra être compris qu'entre 0.5 et 1.

Ajustement du dégradé

Nous avons maintenant un joli dégradé, mais quelque chose cloche encore : sa forme et son orientation. Par défaut, les dégradés linéaires sont dessinés de gauche à droite, dans l'ordre des stops, et les dégradés radiaux sous forme de cercle du centre vers l'extérieur. Dans les deux cas, leur taille est parfaitement adaptée à celle de l'objet à remplir. Seulement ce n'est pas toujours ce dont nous avons besoin…

RAPPEL **Échelle des dégradés**

N'oubliez pas de paramétrer l'option *Affecter* dans la barre de contrôle de l'outil Sélection. Lorsque la case *Déplacer les dégradés* est cochée, l'échelle des dégradés est modifiée en même temps que les objets auxquels elle s'applique. Dans le cas inverse, ils conservent l'échelle qui leur a été assignée initialement.

Pour aller plus loin, il nous faut double-cliquer sur l'objet sélectionné. De nouveaux symboles apparaissent :

- Une (linéaire) ou deux (radial) lignes bleues dessinées le long du dégradé. En dégradé radial, ces lignes sont disposées à 90 degrés l'une de l'autre, délimitant son rayonnement.
- Une poignée en forme de carré, représentant le stop initial du dégradé. Elle sert à déplacer le dégradé par rapport à l'objet.
- Une poignée ronde pour le dernier stop du dégradé. Elle vous permet d'une part de redimensionner le dégradé et, d'autre part, de lui appliquer une rotation. Dans le cas d'un dégradé radial, ces poignées sont au nombre de deux, une par ligne bleue, et interviennent dans la création d'un dégradé en forme d'ellipse.
- Éventuellement, des poignées en forme de losange. Elles matérialisent les stops intermédiaires. Vous pouvez déplacer ces stops avec la souris, et si besoin les supprimer en les sélectionnant et en appuyant sur la touche *Suppr*.

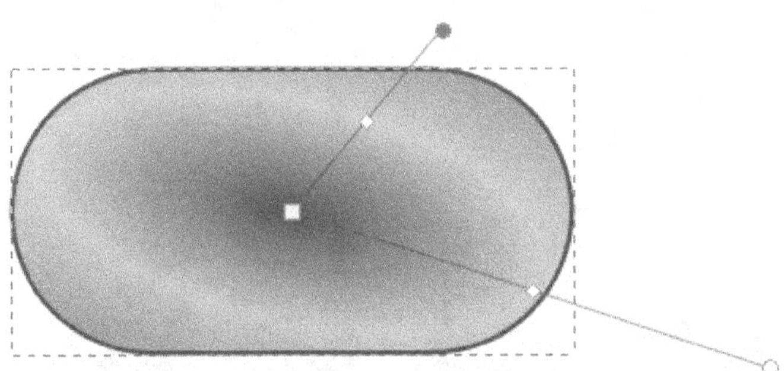

FIGURE 4-10 *Édition du dégradé sur le canevas*

IDÉE **Utilisez la palette**

Un moyen rapide pour ajouter un stop d'une couleur donnée consiste à cliquer sur une couleur puis de la faire glisser depuis une palette vers l'endroit, sur le chemin du dégradé, où vous souhaitez voir un stop apparaître.

Répétition

Si vous souhaitez modifier la façon dont le dégradé est répété à l'intérieur de l'objet, une dernière option, *Répétition*, est disponible dans la boîte de dialogue *Remplissage et contour*. Ce paramètre n'a d'effet que lorsque la taille du dégradé est inférieure à celle de l'objet auquel il s'applique (ce qui est le cas si vous avez, par exemple, déplacé le stop ou celui du début vers l'intérieur de l'objet). Trois choix sont possibles :

- *Aucune.* Le dégradé est appliqué tel quel. Les zones non couvertes par celui-ci prennent la couleur du stop le plus proche.
- *Réflexion.* Le dégradé se répète autant de fois que nécessaire pour remplir intégralement l'objet, en repartant en sens inverse (comme un reflet sur un lac) à chaque extrémité.
- *Directe.* Le dégradé se répète en repartant du début à chaque itération.

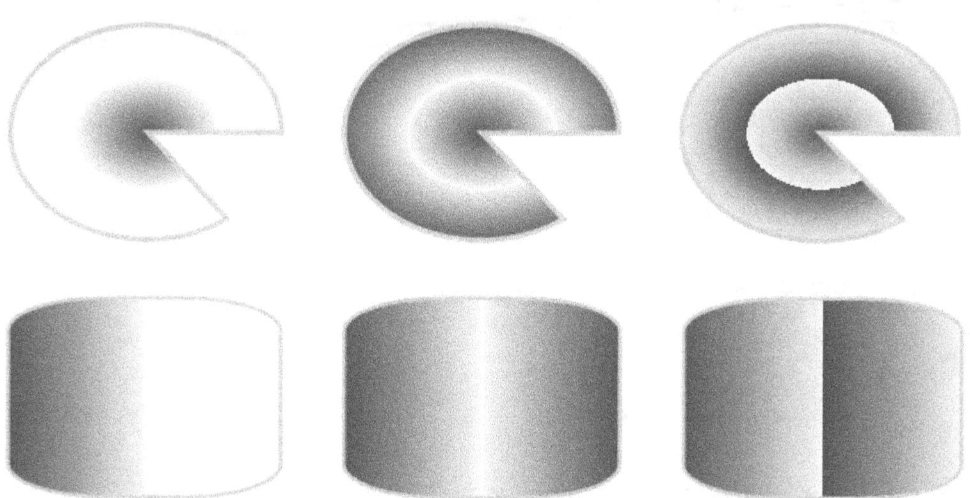

FIGURE 4–11 *Répétition du dégradé : de gauche à droite, aucune, réflexion et directe*

L'outil Dégradé

Inkscape propose une alternative intuitive à la boîte de dialogue *Remplissage et contour* : l'outil Dégradé. Celui-ci reprend la plupart des options déjà présentées mais propose, c'est là son grand avantage, de tracer le dégradé directement sur l'objet auquel il est destiné.

Son utilisation est simple :

1. Sélectionnez l'objet, puis activez l'outil Dégradé dans la barre d'outils ou via la touche *G*.

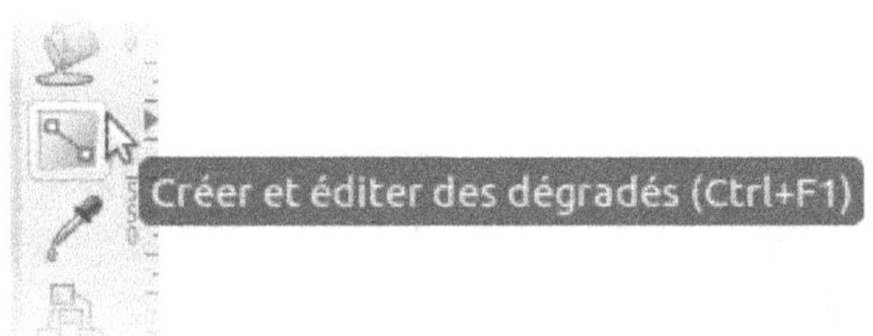

Figure 4–12 *L'outil Dégradé*

2. Tracez le dégradé en cliquant-glissant sur l'objet. Quel que soit le remplissage initial de l'objet, il est alors remplacé par le dégradé ainsi dessiné.

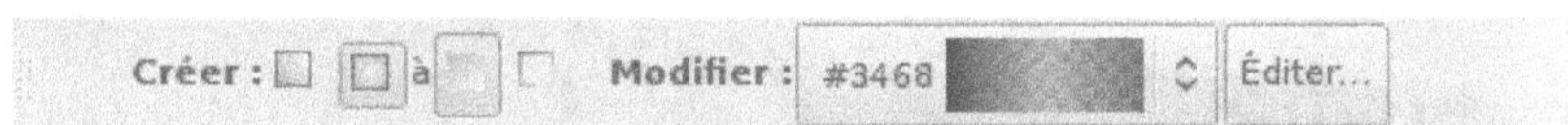

Figure 4–13 *La barre de contrôle de l'outil est assez simple : elle propose deux groupes de deux icônes pour choisir le type de dégradé et son champ d'application (contour ou remplissage), ainsi que la liste des dégradés définis et un bouton pour ouvrir l'éditeur de dégradé.*

3. L'activation de l'outil Dégradé a fait apparaître les poignées de l'objet sélectionné. Vous pouvez donc l'utiliser également pour modifier un dégradé existant, même s'il a été crée avec la boîte de dialogue *Remplissage et contour*. Toutes les actions d'ajustement présentées précédemment fonctionnent ici à l'identique.

4. Pour ajouter un stop rapidement depuis l'outil Dégradé, double-cliquez sur le chemin du dégradé à l'emplacement désiré.

Idée **Dégradé de groupe**

Sélectionnez un groupe avant d'utiliser l'outil Dégradé. Surprise ! Il s'applique alors à l'ensemble des objets qui le compose.

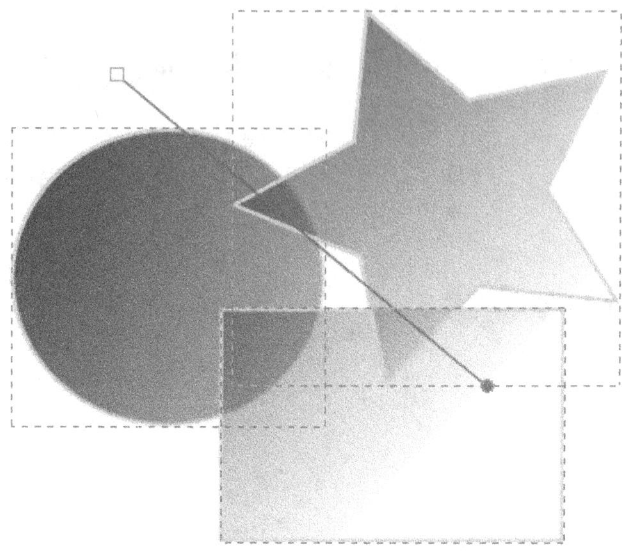

FIGURE 4–14 *Dégradé sur un groupe*

Remplir avec un motif

Pour changer un peu, Inkscape nous propose de remplir nos objets non pas avec des couleurs, mais avec des motifs. Pour cela, sélectionnez l'onglet *Fond* ou *Contour* puis cliquez sur la cinquième icône en partant de la gauche.

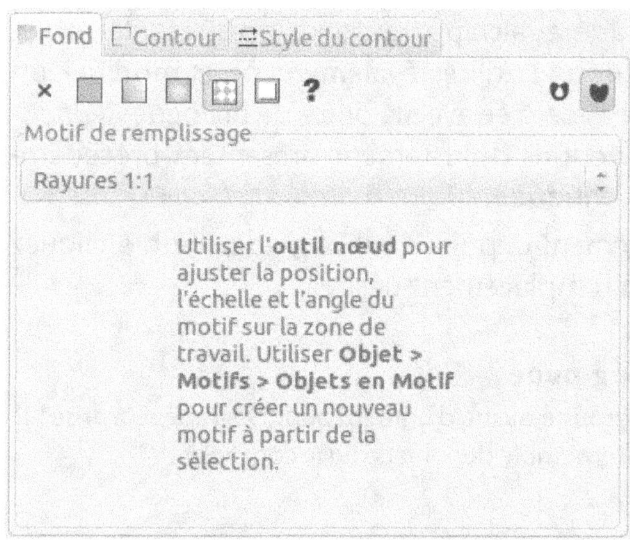

FIGURE 4–15 *Sélection d'un remplissage par motif*

La boîte de dialogue est très simple et ne propose qu'une liste de motifs prédéfinis (principalement des bandes, des points et quelques textures matricielles). Si aucun de ces motifs ne vous convient, vous pouvez créer le vôtre :

1 Dessinez un objet ou un groupe d'objet sur le canevas, puis sélectionnez le résultat.

2 Lancez la commande *Objet>Motif>Objet en motif* (ou *Alt + I*).

3 Le nouveau motif apparaît dans la liste des motifs disponibles.

> Avancé **Renommer un motif**
>
> Par défaut, un motif créé à partir d'un objet se voit attribuer un nom ayant pour forme `pattern` suivi d'un numéro. Si vous avez plusieurs motifs sur votre dessin et que vous trouvez ces noms peu explicites, vous pouvez les renommer directement dans le code, avec l'éditeur SVG. Vous trouverez de plus amples informations sur cet éditeur dans l'annexe C.

À l'inverse, si un motif vous plaît, vous pouvez le transformer en objet pour le réutiliser en l'appliquant à un objet puis en exécutant la commande *Objet>Motif>Motif en Objet* (ou *Alt + Maj + I*).

Comme pour les dégradés, un motif peut être ajusté en double-cliquant sur l'objet sur lequel il est appliqué ou en activant l'outil Nœud à partir de l'objet sélectionné. Trois poignées apparaissent alors sur le canevas :

- une croix, pour déplacer le motif ;
- un carré, pour le redimensionner (conservez les proportions en maintenant la touche *Ctrl*) ;
- et un cercle, pour l'orienter.

> Rappel **Échelle des motifs**
>
> Comme pour les dégradés, paramétrez l'option *Affecter* dans la barre de contrôle de l'outil Sélection. La case *Déplacer les motifs* vous permet de choisir si l'échelle du motif doit suivre celle de l'objet ou pas.

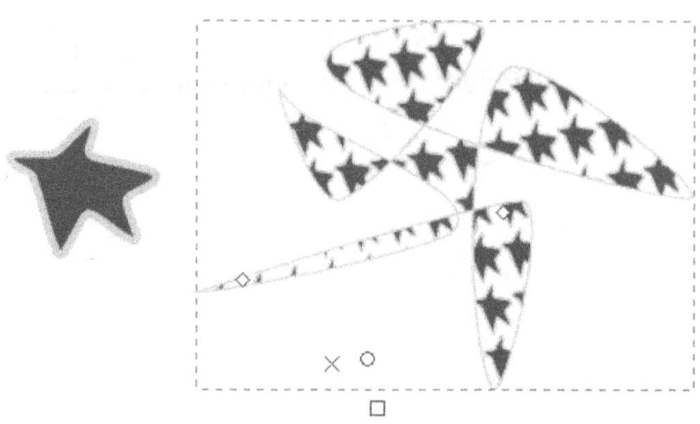

FIGURE 4–16 *Un motif et ses poignées (à gauche, le motif original)*

Règle de remplissage

À la création d'un chemin présentant des intersections avec lui-même, Inkscape nous laisse le choix entre deux règles de remplissage. L'intersection peut être pleine ou vide. Vous déterminez ce choix par le biais des deux icônes de la boîte de dialogue *Remplissage et contour* présentes dans l'onglet *Fond*, en haut à droite de l'interface.

FIGURE 4–17 *Les icônes de règle de remplissage*

Lorsque l'icône de gauche est activée, toute intersection d'un chemin avec lui-même ou avec un des ses sous-chemins engendre des lacunes dans le remplissage. La règle est dite « pair-impair ».

Avec l'icône de droite, le remplissage ne crée pas de vides. Nous utilisons alors une règle de « non nul ».

Ces deux choix sont mutuellement exclusifs : cliquer sur l'une des icônes désactive l'autre.

FIGURE 4–18 *À gauche une étoile et une spirale avec intersection « pair-impair ». À droite les mêmes figures avec une règle de « non nul »*

En détail **Pair-impair et non nul**

Ces deux règles correspondent à des algorithmes implémentés dans les logiciels vectoriels pour déterminer le comportement d'un objet lorsqu'il contient plusieurs contours imbriqués.

Avec la règle pair-impair, le remplissage en un point est déterminé en comptant le nombre de contours rencontrés entre le point et l'extérieur de l'objet. Si ce nombre est impair, le point est à l'intérieur de l'objet et est donc rempli. S'il est pair, le point est à l'extérieur et reste vide.

La règle de non nul est un peu différente. Comme dans le cas précédent, il faut compter les contours, sauf que la règle est ici d'ajouter une unité lorsque le chemin rencontré est dans le sens horaire et de la retrancher dans le cas inverse. Si le nombre obtenu est nul, le point est à l'extérieur de l'objet. Dans tous les autres cas, le point est à l'intérieur et le remplissage effectif.

Styles de contour

Vous désirez entourer tous vos chemins d'une fine ligne noire bien lisse ? Le secret des contours des chemins se situe dans le dernier onglet de la boîte de dialogue *Remplissage et contour*.

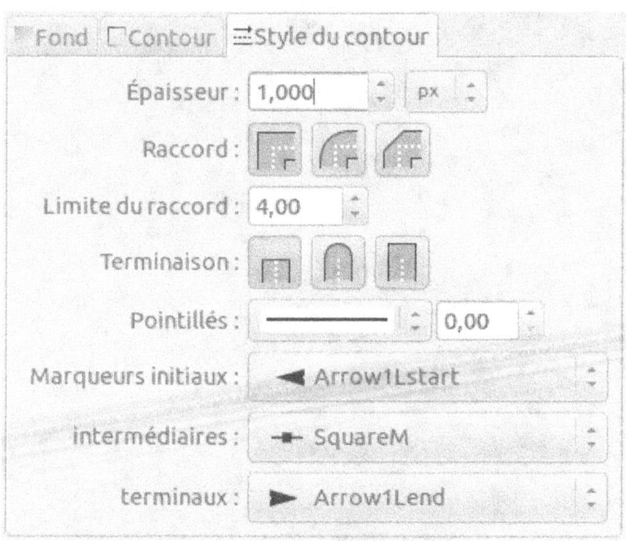

FIGURE 4–19 *Onglet Style de contour*

Sélectionnez votre chemin afin de lui appliquer un contour. La valeur *Épaisseur* définit la largeur du contour. Une liste déroulante propose tout un assortiment d'unités de mesure. Par défaut, nous utilisons des pixels.

> RAPPEL **Échelle des contours**
>
> L'option *Affecter*, dans la barre de contrôle de l'outil Sélection, propose une case *Redimensionner l'épaisseur des contours*. Si cette dernière est activée, l'épaisseur des contours est modifiée proportionnellement lorsqu'un objet est redimensionné. Sinon, ce paramètre reste fixe quelle que soit la taille de l'objet.

Raccord spécifie la forme des angles du chemin. Trois options sont possibles : droit, arrondi, ou biseauté. Si vous sélectionnez l'angle droit, vous avez accès au paramètre *Limite de raccord*, qui définit la longueur maximale du raccord, exprimé dans l'unité choisie pour l'épaisseur du contour. Si la longueur du raccord dépasse cette valeur, celui-ci est automatiquement biseauté.

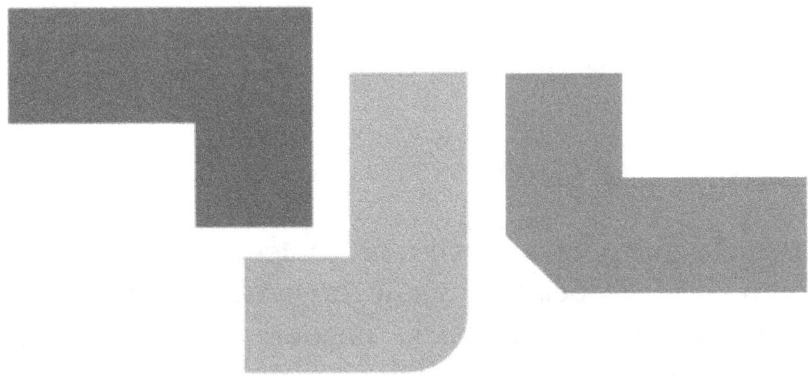

Figure 4-20 *Types de raccords : droit, arrondi et biseauté*

Le paramètre *Terminaison* permet de fignoler l'apparence du nœud final. Il peut avoir une forme arrondie (dont le centre est le nœud final et le rayon l'épaisseur du contour) ou carrée (le chemin dépasse le nœud final de l'épaisseur du contour).

Le menu déroulant *Pointillés* offre un vaste choix de motifs en pointillés qu'il est possible de décaler en saisissant une valeur dans la case adjacente.

Trois menus, *Marqueurs de début*, *Marqueurs intermédiaires* et *Marqueurs de fin*, permettent d'ajouter des marqueurs respectivement en début de chemin, sur les nœuds intermédiaires et en fin de chemin. Les marqueurs disponibles par défaut sont principalement des flèches, des carrés, des losanges, des points et des cercles.

Si aucun de ces marqueurs ne vous satisfait pleinement, vous pouvez en créer vous-même :

1 Dessinez un objet ou un groupe d'objets sur le canevas, puis sélectionnez le résultat.

2 Lancez la commande *Objet>Objet en marqueur*.

3 Le nouveau marqueur apparaît dans les listes des marqueurs, prêt à être utilisé.

Remplissage au seau

Après avoir travaillé par petites touches de couleur, nous allons maintenant vider notre seau de peinture sur le canevas. Mais attention, pas n'importe comment, car nous avons ici un outil perceptif, capable de s'arrêter par lui-même aux frontières définies par des changements de couleurs (y compris les gradients, les flous et la transparence) et cernant la zone de remplissage. Et ce n'est pas tout. Au lieu de remplir un objet comme le font la Pipette ou les attributs des objets, le Seau crée sur le canevas un nouvel objet, possédant son propre remplissage et un contour.

Comparativement aux autres outils de remplissage, le Seau n'a que très peu d'intérêt dans le cas d'objets simples auxquels on veut appliquer uniformément une couleur. Par contre, si l'objet est complexe (un tracé calligraphique comportant de nombreuses boucles par exemple) et que vous désirez en remplir les différentes parties avec des couleurs différentes, ou encore si le remplissage concerne l'intersection entre plusieurs objets, le Seau est l'outil qu'il vous faut.

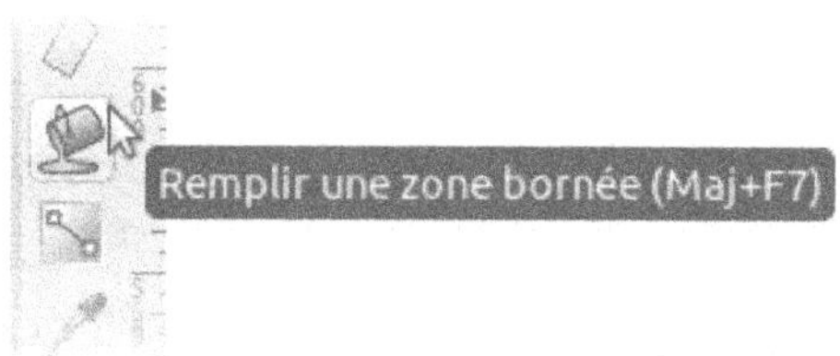

FIGURE 4–21 *L'outil Remplissage au seau*

Pour l'utiliser, rien de plus simple : sélectionnez son icône dans la barre d'outils (ou la combinaison *Maj + F7*), puis cliquez sur la zone à remplir. Le chemin créé aura le style du dernier objet tracé. Pour le modifier, rendez-vous dans la boîte de dialogue *Remplissage et contour*.

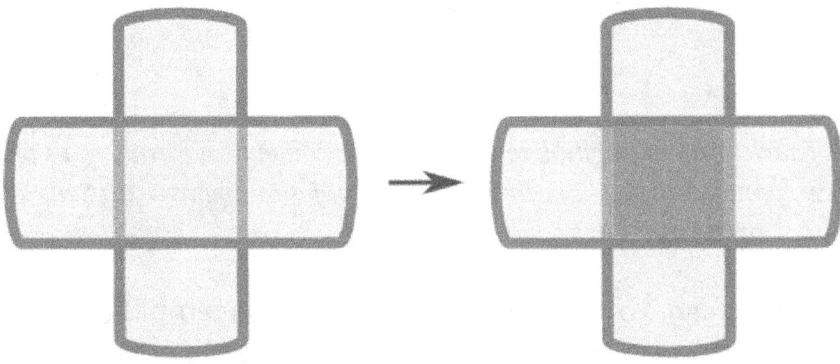

FIGURE 4–22 *Remplissage d'une intersection*

En maintenant la touche *Ctrl* enfoncée lors de l'opération, l'outil remplace la couleur de remplissage de l'objet par celle du Seau. Avec *Maj*, le chemin de remplissage fusionne avec le chemin précédemment sélectionné. Vous pouvez également cliquer-glisser sur plusieurs zones du canevas pour appliquer le remplissage à tous les points traversés (le déplacement de la souris se matérialise par un trait rouge).

Voyons comment paramétrer le comportement du Seau grâce à sa barre de contrôle.

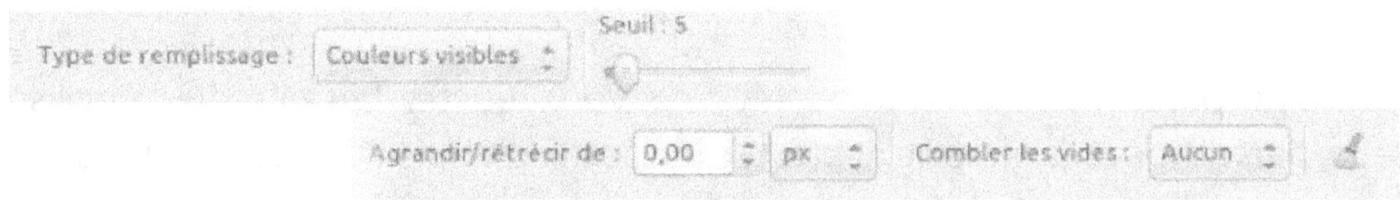

FIGURE 4–23 *La barre de contrôle de l'outil Remplissage au seau*

À partir de la liste déroulante *Type de remplissage*, vous définissez la composante de couleur (rouge, vert, bleu, teinte, saturation, luminosité et opacité) où le remplissage doit s'arrêter. La valeur par défaut (*Toute couleur visible*) indique que celui-ci est stoppé par tout pixel différant par n'importe lequel de ces critères. Prenons, par exemple, deux objets qui se touchent, remplis avec une couleur identique mais avec une opacité différente (illustré par le schéma suivant). Avec un type rouge, vert, bleu ou encore la luminosité (*L*), les deux objets seront remplis par le seau. Par contre, en sélectionnant le type opacité (*O*), seul l'objet visé recevra la nouvelle couleur.

Figure 4–24 *À gauche, l'objet original, rempli avec une couleur uniforme, mais plus transparent sur la moitié droite, au centre ce même objet rempli avec un Seau de type luminosité, à droite avec un type opacité.*

Avec le paramètre *Seuil*, vous indiquez, pour le type de remplissage choisi, la tolérance à appliquer à un point par rapport au point initial pour arrêter le remplissage. Par exemple, si vous avez réglé ce seuil à 5 % et paramétré le type de remplissage sur rouge, il faudra une différence d'au moins 5 %, entre le niveau de rouge d'un point et celui du point de départ. Plus ce seuil est élevé, plus les couleurs s'écoulent facilement entre les différentes zones du canevas.

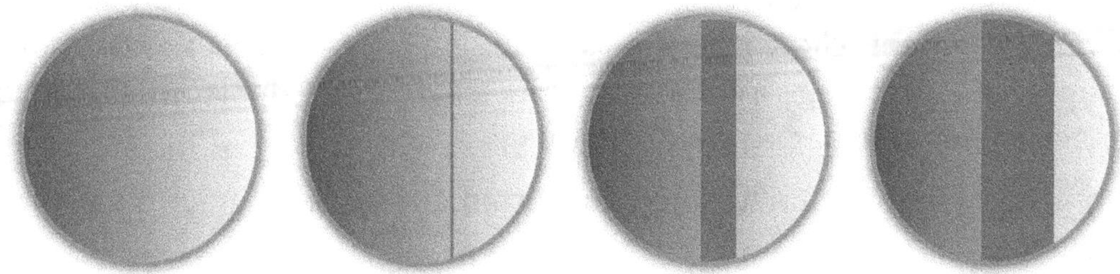

Figure 4–25 *Exemple de seuil sur un dégradé (valeur de seuil à 1 %, 10 % et 20 %)*

Grâce au paramètre *Agrandir/rétrécir de*, vous ajustez la taille du remplissage par rapport à la zone cible. Vous pouvez choisir l'unité de mesure dans une liste déroulante. Avec une valeur positive, le remplissage déborde ; avec une valeur négative, il rétrécit.

Figure 4–26 *Exemple d'ajustement du remplissage (agrandissement et rétrécissement de 10 pixels)*

> À savoir **Remplissage et résolution**
>
> Lorsque le zoom est assez faible, il se peut que le remplissage ne se comporte pas exactement comme prévu et présente quelques imperfections. Cela s'explique par le procédé utilisé par le Seau. Il repose sur un algorithme de remplissage par diffusion matricielle qui se base sur le niveau du zoom courant. Le chemin obtenu sera donc dépendant du niveau de votre zoom. Si vous êtes victime d'un tel phénomène, utilisez le paramètre *Agrandir/Rétrécir* et placez le remplissage sous les autres objets pour en masquer le débord, ou augmentez simplement le zoom.

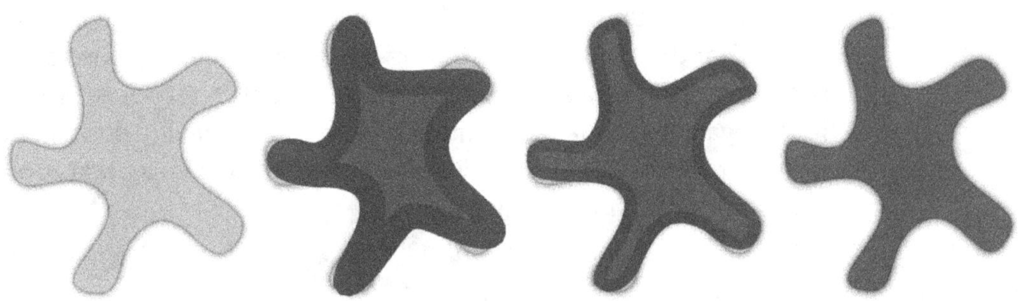

FIGURE 4-27 *Défaut de remplissage avec utilisation d'un zoom de 5 %, 10 % puis 100 %*

Avec *Combler les vides*, le remplissage devient insensible aux trous présents à la frontière de la zone (comme des petites imprécisions de calage), et empêche le Seau de déborder au-delà de ce que vous avez décidé. Les valeurs de vide disponibles sont les suivantes :

- *Aucun*. Fonctionnement par défaut, sans comblement des vides.
- *Petit*. Comble des espaces de deux pixels maximum.
- *Moyen*. Comble des espaces de quatre pixels maximum.
- *Grand*. Comble des espaces de six pixels maximum.

Vous trouverez enfin, après les paramètres, une icône bien pratique qui permet de retrouver sans effort toutes les valeurs de réglage par défaut de l'outil.

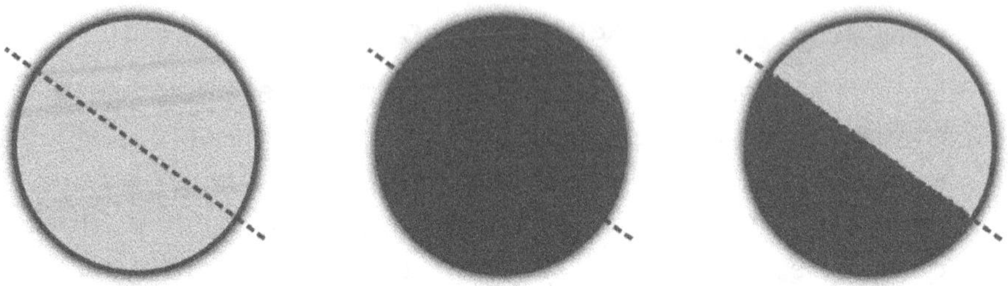

FIGURE 4–28 *Exemple de comblement de vides : sans comblement au milieu et avec à droite.*

À SAVOIR **Vides relatifs**

Les vides comblés par cette option dépendent du niveau de zoom. Ainsi, un trou de six pixels à l'écran, normalement comblé avec la valeur Grand en zoom 100 %, laissera passer le remplissage si le zoom augmente. En effet, à 200 %, le trou fera alors sur l'écran douze pixels ! Notez également que l'activation de cette fonctionnalité entraînera de forts ralentissements lors du remplissage, en particulier si la zone est grande et les vides nombreux.

L'indicateur de style

L'indicateur de style affiche les couleurs de remplissage et de contour, ainsi que l'opacité de l'élément sélectionné. De cette façon, vous avez toujours un œil sur les styles de vos objets sans avoir à conserver la boîte de dialogue *Remplissage et contour* sur votre canevas.

FIGURE 4–29 *L'indicateur de style*

Si vous cliquez sur une couleur, vous accédez à la boîte de dialogue *Remplissage et contour*. Avec un clic droit, vous ouvrez un menu contextuel consacré à la gestion des couleurs, bien pratique pour effectuer rapidement certaines opérations parmi lesquelles positionner la couleur à noir ou blanc, inverser la couleur, permuter le contour et le remplissage, ou encore opacifier.

Le chiffre placé à côté de la couleur de contour représente l'épaisseur de celui-ci. Encore une fois, le clic droit ouvre un menu contextuel présentant quelques valeurs prédéfinies ainsi qu'un choix d'unités de mesure. Ces réglages offrent une variété de contours déjà tout prêts afin de vous faire économiser du temps.

En cliquant-glissant sur une couleur, vous l'ajustez grâce au procédé de « mouvement de couleur », permettant la modification d'une couleur à partir du mouvement de la souris. Le principe consiste à changer la couleur par rapport à une ligne partant de l'indicateur en bas à gauche et pointant à 45 degrés vers le coin supérieur droit. Lorsque la souris se déplace vers la gauche de cette ligne, la teinte augmente ; vers la droite, elle diminue. Plus le pointeur de la souris est éloigné de l'indicateur, plus la précision est grande.

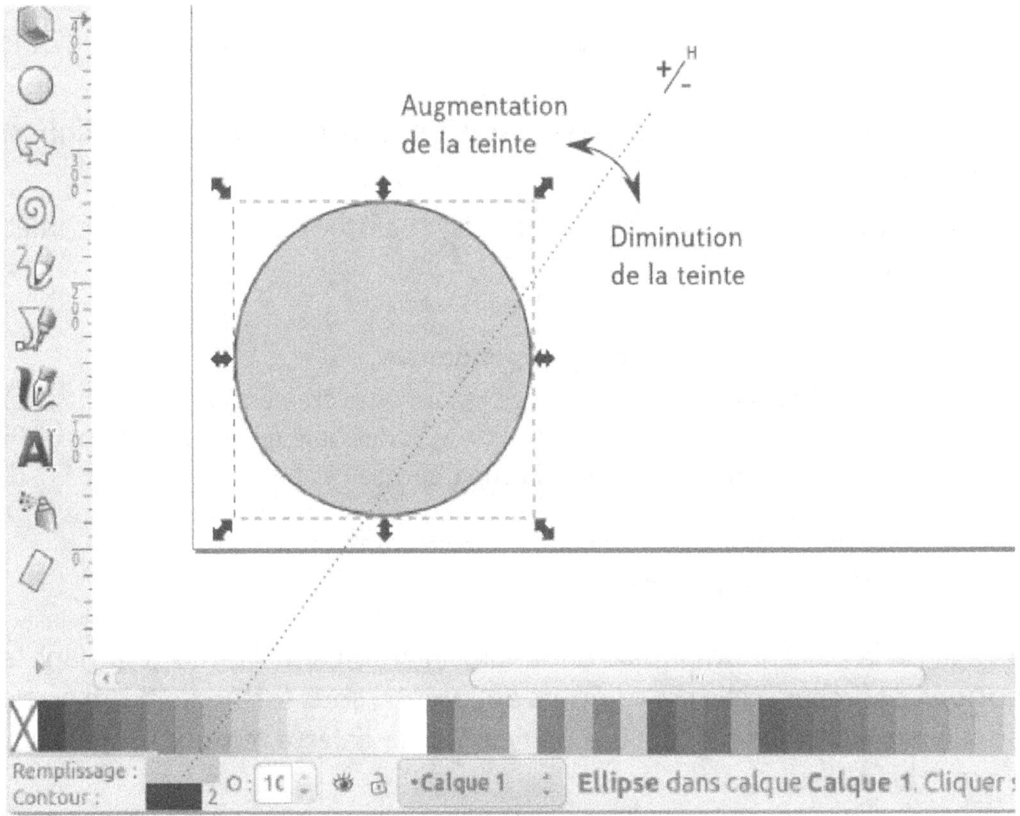

FIGURE 4–30 *Fonctionnement du mouvement de couleur*

Par défaut, le mouvement modifie la teinte. En maintenant la touche *Ctrl* enfoncée, vous agissez sur la luminosité, avec *Maj*, sur la saturation.

Les palettes

Les palettes constituent un moyen simple pour appliquer rapidement une couleur à un objet du canevas. Elles peuvent s'afficher de deux façons différentes :

- sous forme de barre, juste en dessous du canevas ;
- sous forme de boîte de dialogue.

Quel que soit l'affichage choisi, plusieurs méthodes d'utilisation sont possibles :

- cliquez sur une couleur pour l'appliquer au remplissage de l'objet sélectionné ;
- cliquez-glissez la couleur vers n'importe quel objet pour l'appliquer à son remplissage.

La même action, mais avec la touche *Maj* maintenue, applique la couleur au contour.

À SAVOIR **Palettes indépendantes**

Les deux types d'affichage étant complètement indépendants, rien ne vous empêche de choisir un jeu de couleurs ou des options d'affichage différents pour chacun d'entre eux.

La palette de couleurs

Il s'agit de la palette principale d'Inkscape. À moins de la masquer dans les options d'affichage, elle est toujours apparente, sous forme de barre en bas de la fenêtre. Un clic sur une des couleurs de la palette remplit l'objet sélectionné de celle-ci.

Une petite flèche placée tout à droite de la palette ouvre un menu contenant d'une part une sélection de palettes de couleurs prédéfinies et, d'autre part, des paramètres d'affichage, notamment la hauteur et la largeur des couleurs sur la palette. De cette façon, vous pouvez changer de palette rapidement.

FIGURE 4-31 *Palette par défaut*

> IDÉE **Afficher toute la palette**
>
> Pour afficher l'intégralité de la palette dans la largeur de la fenêtre et ainsi ne plus avoir à faire défiler les couleurs avec l'ascenseur, positionnez la largeur de la palette au minimum.
>
> L'option *Envelopper* permet de forcer l'affichage des couleurs sur plusieurs lignes, ce qui en facilite l'utilisation au détriment de la place utilisée. Ceci ne fonctionne que si la taille de la palette est positionnée sur *Moyen* au maximum.

Une autre manière de visualiser une palette consiste à l'ouvrir dans la boîte de dialogue *Palettes* grâce au menu *Affichage>Palettes... (Maj + Ctrl + W)*.

FIGURE 4-32 *La boîte de dialogue Palettes (grille et liste)*

Un menu offrant différentes options sur les palettes est accessible en cliquant sur la petite flèche en haut à droite de la boîte.

ALTERNATIVE **Présentation en grille ou en liste**

Seule différence notable par rapport à la palette principale, vous pouvez ici choisir entre une présentation sous forme de grille ou de liste. Dans ce dernier cas, chaque ligne affiche une seule couleur, suivie de son code RVB ou de son nom.

Créer une nouvelle palette

Inkscape dispose de nombreuses palettes optimisées pour un usage précis. Certaines sont prévues pour la création d'icônes, d'autres pour la diffusion sur Internet. La palette par défaut, qui s'intitule *Inkscape default*, est très polyvalente et peut être utilisée dans de nombreux contextes.

L'un des principaux avantages du format `.gpl`, adopté par Inkscape pour les palettes, est d'être partagé avec les logiciels Gimp et Scribus. Vous pouvez donc utiliser les palettes de l'un de ces deux logiciels dans Inkscape.

IDÉE **Palettes supplémentaires**

Un certain nombre de palettes sont disponibles sur l'Internet, par exemple à l'adresse suivante :

▸ **www.tigert.com/gimp/palettes/**

Si toutefois ces palettes n'étaient pas adaptées à vos besoins, Inkscape vous donne la possibilité de laisser libre cours à votre créativité en ajoutant une autre palette plus à votre goût.

Pour importer un fichier `.gpl`, il suffit de le copier dans votre dossier `Palettes` :

- sous Linux, dans `/usr/share/inkscape/palettes/` ;
- sous Windows, dans `C:\Program    Files\inkscape\share\palettes\` ;
- sous Mac OS X, dans `/Applications/Inkscape/Content/Ressources/palettes`.

À SAVOIR **Installation personnalisée**

Le chemin que nous indiquons ici peut varier en fonction des paramètres de votre installation.

Redémarrez Inkscape pour que les nouvelles palettes soient intégrées.

L'interface d'Inkscape ne contient pas d'éditeur pour la création de palettes, mais il est tout à fait possible de les réaliser avec Gimp puis de les importer.

> **IDÉE Gimp**
>
> La documentation sur Gimp est très abondante. Nous vous recommandons notamment les ouvrages suivants :
>
> 📖 C. Gémy : *Gimp 2 efficace, Dessin et retouche photo*, 2e édition, 2008, éditions Eyrolles.
>
> 📖 D. Robert : *Gimp 2.8, Débuter en retouche photo et en graphisme*, 5e édition, 2013, éditions Eyrolles.
>
> 📖 R. Ostertag : *Cahier Gimp 2.8, Spécial débutants*, 2012, éditions Eyrolles.

En dernier recours, vous pouvez créer votre palette entièrement à la main. Dans ce cas, vous aurez à manipuler quelques lignes de code ressemblant à ceci :

```
GIMP Palette
Name: Topographic
#
#     "Topographic" color map - M. Davis
#
  0   0   0   #000000
128 128 128   #808080
255 255 255   #FFFFFF
  0   0 168   #0000A8
  4   0 172   #0400AC
```

La première ligne contient le type de fichier, soit GIMP Palette, et la deuxième le nom de la palette, tel qu'il est affiché dans le menu déroulant des palettes.

Les lignes qui suivent les commentaires correspondent chacune à la déclaration d'une couleur. Les trois premières valeurs correspondent au niveau de rouge, vert et bleu de la couleur. La dernière colonne contient le nom ou la valeur hexadécimale de la couleur.

Pour créer votre propre palette :

1 Ouvrez un nouveau fichier texte avec votre éditeur préféré (Notepad++, TextEdit ou emacs, par exemple).

2 Saisissez votre code en suivant les explications précédentes.

3 Sauvegardez le fichier avec une extension `.gpl`.

4 Déplacez le fichier dans le dossier `Palettes` d'Inkscape.

> IDÉE **Pour gagner du temps**
>
> Si vous n'avez que quelques couleurs à créer, il peut être judicieux de partir d'une palette existante, et de ne créer que les couleurs manquantes.

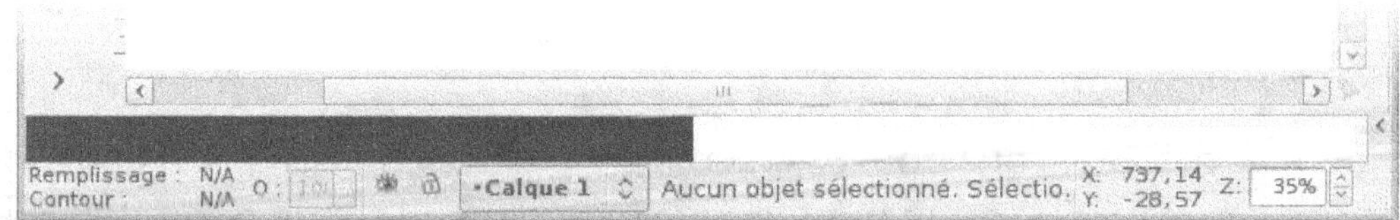

FIGURE 4–33 *Palette noir et blanc*

Utiliser une palette personnalisée

Pour aller encore plus loin dans la personnalisation des couleurs, Inkscape propose un dernier type de palette, capable de gérer non seulement les aplats (comme les autres palettes), mais également les dégradés. Autre avantage, vous n'aurez pas besoin de créer de fichier manuellement, tout est à portée de clic.

> À SAVOIR **Palette de document**
>
> Contrairement aux autres types de palettes, qui sont toujours disponibles au lancement de l'application, la palette personnalisée est enregistrée dans le document en cours d'édition. À moins de créer un modèle incluant cette palette (voir au chapitre 2, Prise en main rapide, comment paramétrer un modèle), vous ne pourrez pas la partager entre plusieurs documents.

Pour ajouter un échantillon dans la palette personnalisée, sélectionnez l'objet contenant la couleur ou le dégradé, ouvrez la boîte de dialogue *Remplissage et contour* puis, dans l'onglet *Fond ou Contour*, cliquez sur la sixième icône (*Échantillon*).

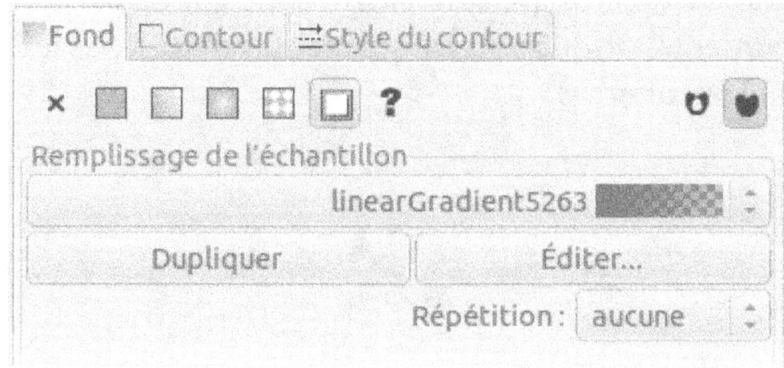

FIGURE 4–34 *Remplissage par échantillon*

Les échantillons ainsi obtenus sont disponibles pour être utilisées sur d'autres objets à partir d'une palette spécifique intitulée *Auto* dans le menu des palettes.

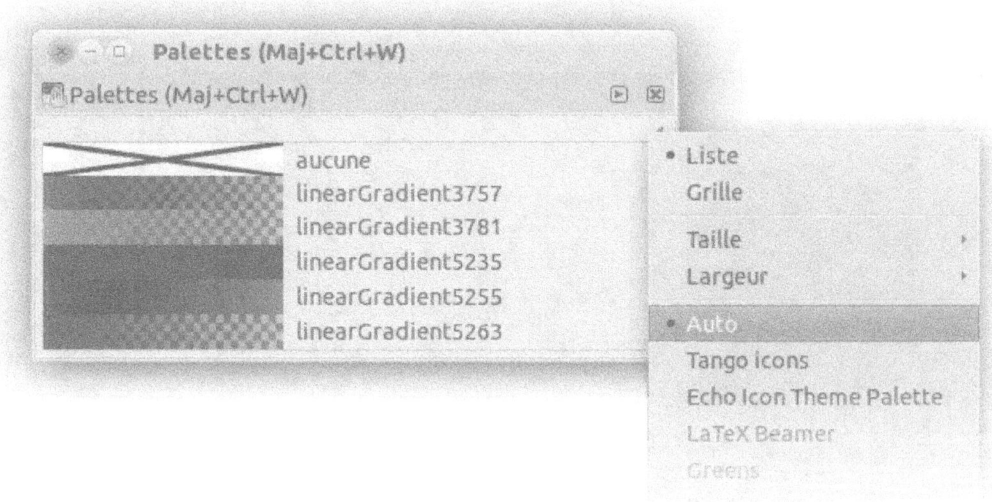

FIGURE 4–35 *La palette Auto*

Un de vos échantillons ne vous convient pas ? Vous pouvez le supprimer ou le modifier en cliquant avec le bouton droit sur son emplacement dans la palette.

> À SAVOIR **Échantillons partagés**
>
> Les échantillons de la palette personnalisée sont partagés par l'ensemble du document. Lorsque vous modifiez l'un d'eux, tous les objets qui l'utilisent sont affectés.

En résumé

Ce chapitre vous a présenté les différentes manières de coloriser un objet – Inkscape nomme cela styler. Chaque objet doit répondre à trois paramètres principaux : le fond, le contour et le style du tracé. Dans le chapitre suivant vous apprendrez à insérer du texte dans vos créations.

Inkscape place aujourd'hui le dessin vectoriel à portée de tous.

Ses dernières évolutions l'on fait passer du statut application prometteuse à celui de fer de lance des logiciels libres dans le domaine. Ses nombreuses fonctions, assises sur un standard ouvert.

Le texte

Avec Inkscape, la gestion du texte est aussi riche que simple. Mise en page, déformations et effets transforment vos textes en de véritables objets graphiques. Mais après tout, une belle police n'est-elle pas déjà un beau dessin ?

Ajouter et modifier du texte

Objets graphiques et textes ne sont pas incompatibles. Ainsi, dans de nombreux cas, pour remplir l'organigramme hiérarchique d'une association ou d'une entreprise, préciser le nom de composants sur un schéma technique ou encore agrémenter une œuvre d'un poème ou d'une citation, vous aurez besoin d'ajouter du texte à vos dessins.

Quel que soit votre but, vous pourrez, à l'aide de quelques outils et commandes, utiliser Inkscape comme un mini traitement de texte et intégrer vos écrits au cœur même de vos objets.

Travailler avec l'outil Texte

Pour ajouter un texte sur le canevas, vous avez deux possibilités. Vous pouvez dessiner les caractères avec des outils de dessin, mais cette méthode est un peu longue et peu pratique (sauf éventuellement pour un concepteur de polices). La méthode la plus simple et la plus facile est d'utiliser l'outil Texte, surtout que ce dernier offre un large choix de polices et de fonctionnalités dédiées.

> ALTERNATIVE **Écrire avec des outils de dessin**
> Si vous préférez la première méthode, vous gagnerez du temps en passant ce chapitre pour consulter directement le chapitre 7, dédié aux chemins (après avoir bien révisé le chapitre sur le dessin).

Voici comment procéder :

1 Activez le texte à partir de la boîte à outils (ou avec la touche *F8* ou *T*).

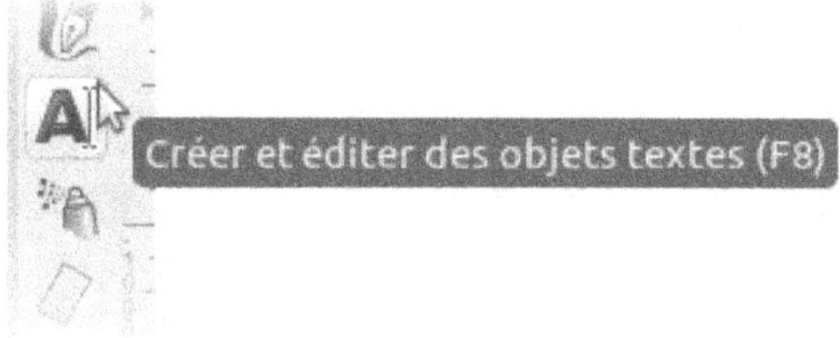

FIGURE 5–1 *Sélection de l'outil Texte*

2 Choisissez les paramètres de l'outil à l'aide de sa barre de contrôle. Cette barre présente des fonctions classiques, telles que le choix de la police, de sa taille, du type de justification, du style, de l'orientation du texte, et de quelques autres fonctions typographiques.

FIGURE 5-2   *La barre de contrôle de l'outil Texte*

3 Cliquez sur l'endroit du canevas où vous désirez commencer le texte.

FIGURE 5-3   *Texte simple*

4 Saisissez enfin le texte à l'aide du clavier. Un petit rectangle apparaît au début de la ligne de base du texte. La zone de texte s'étire ensuite dans le sens de saisie de son contenu.

Vous pouvez, avec le même outil, tracer un cadre de texte sur le canevas. Il se matérialise alors sous la forme d'un rectangle au contour bleu, agrémenté d'un petit losange dans le coin inférieur droit pour son redimensionnement. Avec cette technique, le texte s'adapte à la zone dessinée et les retours à la ligne sont automatiques. Par contre, tout texte débordant du cadre n'est pas affiché.

> À SAVOIR   **Justification et cadre**
>
> Seul un texte contenu dans un cadre peut être justifié des deux côtés.

L'utilisation des cadres de texte est bien pratique, mais elle n'est pas conforme aux recommandations SVG. Les cadres de texte existaient en projet, mais ils ont été abandonnés par la suite. Ainsi, les cadres ont de fortes chances de ne pas fonctionner si le document est ouvert avec un autre logiciel. Pour éviter toute mésaventure, pensez à transformer les cadres en texte avec le menu *Texte>Convertir en texte* avant de diffuser vos dessins.

FIGURE 5–4 *Cadre de texte*

PIÈGE **Agrandir un cadre de texte**

Pour agrandir un cadre de texte, assurez-vous de bien avoir sélectionné l'outil Texte au préalable, le cadre est alors matérialisé par un contour bleu. Lorsque l'outil Sélection est activé, l'agrandissement et la réduction s'appliquent à la boîte englobante du texte (qui n'entoure que le texte effectivement saisi, et pas le cadre de texte), et celui-ci est alors déformé par l'opération.

Sélectionner du texte

Tout texte peut être édité directement sur le canevas, soit en le sélectionnant avec l'outil Texte (le curseur se place alors à l'emplacement du clic), soit en double-cliquant sur son cadre avec l'outil Sélection (le curseur apparaît dans ce cas à la fin du texte).

En fonction de l'outil avec lequel vous effectuez votre sélection, l'apparence du texte est différente. Ainsi, lorsqu'un texte est survolé avec l'outil Texte activé, il apparaît entouré d'un filet bleu ; un simple clic sélectionne le texte et positionne le curseur à l'emplacement de la souris. Lorsqu'un texte est sélectionné mais qu'il n'est plus survolé par la souris, il reste entouré de tirets noirs. Grâce à cette distinction, vous retrouverez facilement le texte en cours d'édition. Dans l'illustration suivante, le texte sélectionné est en haut, et la souris survole le texte du bas.

FIGURE 5–5 *Survol et sélection du texte*

IDÉE **Déplacement au clavier**

> Pensez à vous déplacer à l'intérieur d'un texte sélectionné avec les touches fléchées du clavier, comme vous le feriez avec votre éditeur de texte.

Pour sélectionner l'intégralité d'un texte, cliquez sur le texte avec l'outil texte et utilisez la combinaison habituelle *Ctrl + A*.

La sélection partielle d'un texte peut être effectuée avec la souris, ou avec les touches fléchées en maintenant la touche *Maj* enfoncée. Si c'est bien pratique pour appliquer, par exemple, de l'italique à un mot isolé dans une phrase, il est préférable de manier cette fonctionnalité avec précaution. En cas d'abus, la zone de texte risque de devenir particulièrement difficile à contrôler. De plus, l'édition ultérieure d'un texte ainsi modifié avec la boîte de dialogue *Texte et police* entraîne l'uniformisation des styles pour l'ensemble du texte.

Éditer du texte rapidement

L'outil Texte est d'un usage rapide, mais peu aisé lorsqu'il s'agit de saisir une grande quantité de texte ou de choisir une police de caractères. La boîte de dialogue *Texte et police*, accessible depuis le menu *Texte > Texte et police…* (*Maj + Ctrl + T*) ou par l'intermédiaire d'une icône en forme de « T » dans la barre de commande, est une alternative intéressante.

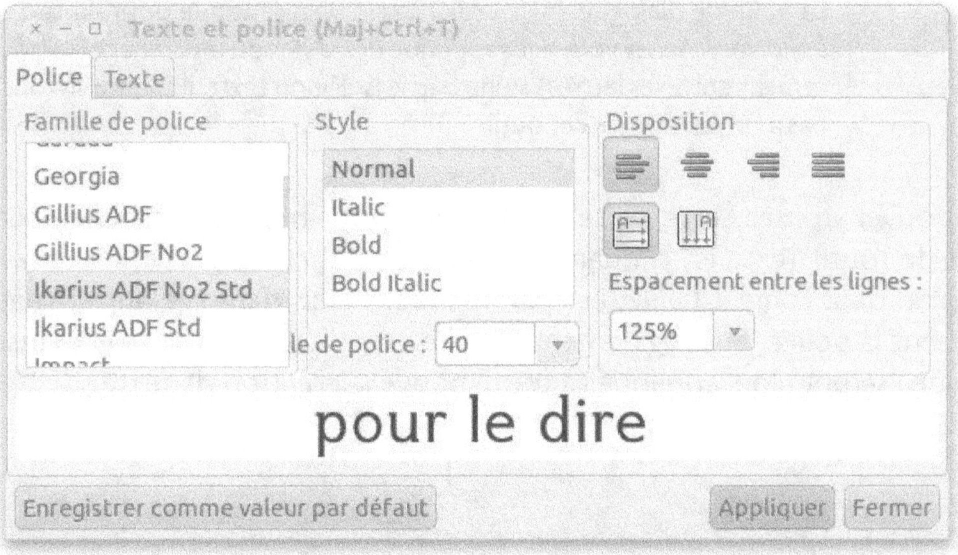

FIGURE 5-6 *Boîte de dialogue Texte et police*

Dans la boîte de dialogue *Texte et police*, vous retrouvez l'intégralité des paramètres présents dans la barre de contrôle de l'outil Texte. À partir de cette fenêtre, vous pouvez ajuster l'interlignage et saisir du texte dans l'onglet dédié. La gestion des polices est plus simple par cette boîte de dialogue, car elle dispose d'une zone dédiée à la prévisualisation des paramètres sélectionnés. Contrairement à la barre de contrôle de l'outil Texte, les modifications doivent être explicitement appliquées pour être prises en compte, ce qui autorise toutes sortes d'essais sans conséquence pour le dessin.

À SAVOIR **Gras et italique**

Ces styles ne seront proposés dans la boîte de dialogue *Texte et police* que si la police sélectionnée les supporte. De même, les icônes de style de la barre de contrôle de l'outil Texte ne pourront pas être activées si la police est limitée. C'est le cas, par exemple, de la police Forte, qui n'existe ni en gras, ni en italique.

La boîte de dialogue *Texte et police* n'est pas prévue pour la création de texte (seul l'outil Texte le permet), mais se révèle un excellent outil pour toutes les opérations ultérieures. De fait, elle reste inactive, même lorsqu'elle est ouverte, jusqu'à ce qu'un texte soit sélectionné, ou créé avec l'outil Texte.

PIÈGE **Mon texte est reformaté !**

La boîte de dialogue *Texte et police* est bien pratique pour un texte uniforme. Mais si vous avez appliqué des styles ou un crénage (l'espacement entre les lettres) à une partie isolée du texte, ils ne survivront pas à l'utilisation de cet outil…

Vous pouvez utiliser cette boîte de dialogue pour modifier la police par défaut de l'outil Texte en cliquant sur le bouton *Enregistrer comme valeur par défaut* dans l'onglet *Police*. Les paramètres choisis dans cet onglet (pas seulement la police, mais également la taille, l'orientation, le style et la justification) seront alors appliqués à toute nouvelle création de texte.

Insérer des caractères spéciaux

Dans le cas fort probable où vous aurez besoin d'écrire du texte en français (ou dans une langue peu favorisée par les claviers habituels de nos machines…), vous vous trouverez fort dépourvu devant l'impossibilité (apparente) de saisir une majuscule accentuée, une espace insécable, des points de suspension, ou toute sorte de bizarrerie pourtant essentielle à la composition d'un texte de qualité.

La méthode la plus simple consiste à profiter de la boîte de dialogue *Glyphes* (accessible depuis le menu *Texte>Glyphes…*) pour sélectionner le caractère désiré. Certaines fontes (DejaVu par exemple) sont extrêmement riches, aussi n'hésitez pas à restreindre votre recherche à une écriture particulière pour ne pas être submergé par le nombre de caractères proposés (la plupart des majuscules accentuées et des ligatures sont dans l'écriture latine).

Figure 5-7 *Boîte de dialogue Glyphes*

Si vous connaissez la valeur Unicode du caractère recherché, une solution plus rapide s'offre à vous :

1 Utilisez la combinaison *Ctrl + U* pour passer en mode de saisie Unicode.

2 Tapez le code du caractère désiré, suivi de la touche *Espace* pour valider. Continuez ainsi pour chaque caractère à ajouter.
Les codes les plus utiles pour la langue française sont exposés en annexe.

3 Retournez en mode normal avec la touche *Échap*.

CYBERCULTURE **Unicode**

La norme Unicode a été développée pour uniformiser le codage des caractères indépendamment des logiciels et des systèmes d'exploitation. Les caractères décrits par Unicode (mais pas nécessairement présents dans toutes les polices !) sont environ 100 000 (en majorité des caractères idéographiques). En comparaison, la norme ASCII ne contenait que 128 caractères, ce qui était largement insuffisant pour écrire correctement en français.

Cette dernière méthode ne fonctionne que lors de l'édition du texte sur le canevas, et pas dans la boîte de dialogue *Texte et police*.

Ajustements typographiques

De modifications typographiques peuvent s'avérer nécessaires à l'ajustement de vos textes (étirer ou condenser légèrement une ligne pour la faire tenir dans une zone prédéfinie, par exemple). Il convient toutefois, pour ne pas dénaturer la police de caractère, de ne pas en abuser et de rester dans des valeurs raisonnables (disons quelques pour cents de l'espacement initial). À moins, bien entendu, que vous ne désiriez pour des raisons artistiques déformer complètement votre texte. Toutes ces fonctions sont accessibles depuis la barre d'options de l'outil *Texte*, et certaines bénéficient de raccourcis clavier.

L'espacement entre les lettres, ou interlettrage, peut être modifié à l'aide des touches *Alt + >*, pour augmenter la distance d'un pixel d'écran, et *Alt + <* pour la diminuer.

De même, l'espacement entre les lignes, ou interlignage, est augmenté d'un pixel d'écran avec la combinaison *Ctrl + Alt + >* et diminué d'autant avec *Ctrl + Alt + <*. Ce paramètre peut être également déterminé depuis la boîte de dialogue *Texte et police*.

Un texte élastique

Un texte élastique

Un texte élastique

FIGURE 5–8   *Augmentation puis diminution de l'interlettrage*

À SAVOIR   **Raccourcis difficiles**

Les combinaisons impliquant *Alt* et > peuvent poser problème aux utilisateurs de Windows. Sur un clavier AZERTY, la touche > n'étant pas accessible directement, elle nécessite l'ajout de la touche *Maj*. Or, la combinaison *Alt + Maj* est utilisée par défaut par le système pour changer la langue du clavier, et est de fait inutilisable, à moins de changer les paramètres du systèm. Pour nous en sortir, dans ce cas précis, verrouillez la touche *Verr.Maj* avant de composer le raccourci.

L'espacement entre les mots, enfin, ne peut être modifié qu'à partir de la barre d'options.

IDÉE   **Augmentez la précision**

L'unité utilisée pour les modifications d'espacement, les ajustements de crénage, les déplacements de caractères et les rotations est le pixel écran. Cela signifie que plus le zoom est fort, plus l'opération est précise.

Manipuler les caractères

À SAVOIR   **Texte libre seulement**

Ces manipulations de caractères sont réservées au texte libre, et restent sans effet à l'intérieur d'un cadre.

En plus des opérations typographiques précédentes, vous avez la possibilité de maltraiter individuellement chaque caractère d'un texte. Vous pouvez ainsi :

- Appliquer une rotation horaire d'un pixel écran avec la combinaison *Alt +]*, et *Alt + [* pour une rotation anti-horaire. Pour effectuer une rotation de 90 °, remplacez la touche *Alt* par la touche *Ctrl*.
- Déplacer le caractère dans n'importe quelle direction avec la combinaison *Alt + Flèche*.

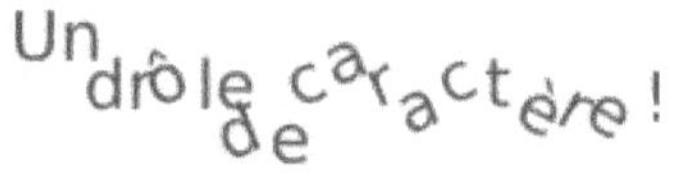

FIGURE 5-9 *Déplacement et rotation des caractères*

Ces opérations s'appliquent aussi bien aux caractères d'une sélection, qu'à l'ensemble d'un texte. Dans ce dernier cas, assurez-vous d'être bien en mode texte, sous peine de voir la rotation s'appliquer à la boîte englobante du texte.

Si vous n'avez pas sélectionné de texte, le déplacement s'applique à tous les caractères qui suivent le curseur. Dans le cas d'une rotation, seul le premier caractère suivant le curseur est concerné.

Pour supprimer tous les déplacements et toutes les rotations d'un texte, utilisez le menu *Texte>Retirer les crénages manuels*.

JARGON **Crénage**
En typographie, on désigne par crénage l'ajustement de l'espacement entre deux lettres d'une police.

Le texte et son environnement

Les manipulations de caractères que nous venons de voir ne sont rien par rapport à ce qui suit. Mesdames et messieurs, nous allons maintenant dompter le texte !

Suivre un chemin

Et pour commencer, notre texte devra suivre un chemin. Pas besoin de fouet (avec Inkscape, le texte est d'un naturel plutôt docile), mais juste d'un outil de dessin au choix, et de quelques commandes :

1 Saisissez du texte, avec n'importe quelle méthode. Vous pouvez en déplacer les caractères et en modifier l'interlettrage, cela marchera quand même.

FIGURE 5-10 *Un texte prêt à bondir !*

2 Dessinez le chemin que le texte devra suivre. Toutes les formes conviennent, nous optons ici pour un cercle. Transformez votre objet en chemin avec la commande *Chemin>Objet en chemin*.

3 Faites sauter le texte sur la forme avec le menu *Texte>Mettre suivant un chemin*. Hop ! Le tour est joué.

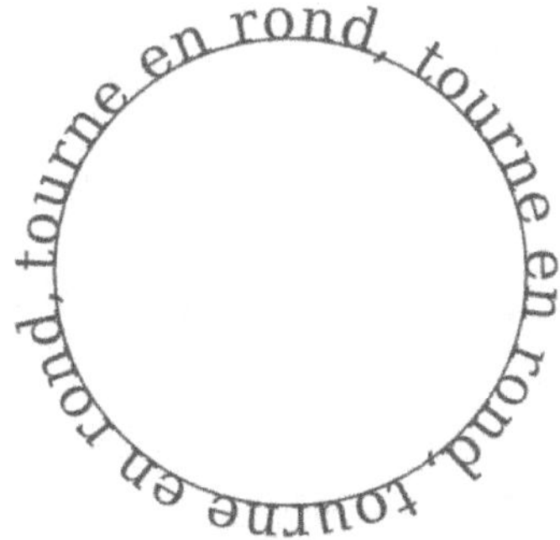

FIGURE 5-11 *Le texte sur son chemin*

Fort bien, nous direz-vous, mais dans un vrai tour de dompteur, l'animal passe à l'intérieur du cercle. Qu'à cela ne tienne, il suffit de retourner le tout verticalement, avec la commande *Objet>Retourner verticalement* (*V*) ou horizontalement, avec la commande *Objet>Retourner horizontalement* (*H*). Ces deux fonctionnalités, accessibles également depuis la barre de commande, donnent un résultat légèrement différent. La figure suivante illustre ces deux méthodes.

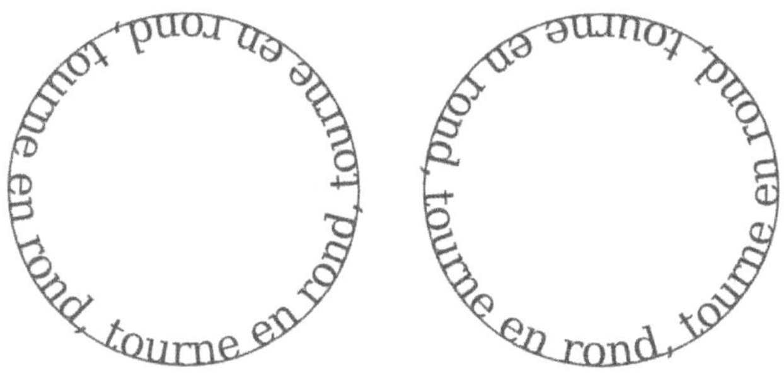

FIGURE 5–12 *Retournements horizontal (à gauche) et vertical (à droite) du texte*

Si le résultat ne vous satisfait pas, vous pouvez libérer le texte de son chemin avec la commande *Texte>Retirer du chemin*.

Nous avons travaillé ici avec un cercle, mais cette procédure fonctionne bien entendu avec n'importe quelle forme transformée en chemin.

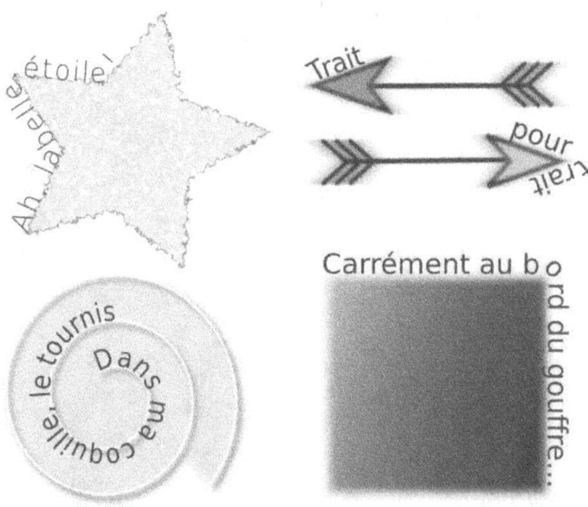

FIGURE 5–13 *Texte sur tout type de chemin*

Encadrer du texte

Maintenant remettons notre texte en cage, ou plutôt en cadre. L'encadrement d'un texte ne se limite pas à un rectangle, et peut prendre pour support n'importe quelle forme. Voici comment procéder :

1 Tracez la forme du cadre. Il peut être composé de plusieurs objets pour un encadrement plus sophistiqué.

2 Créez le texte à encadrer. Vous pouvez utiliser un cadre de texte aussi bien qu'un texte ordinaire.

3 Sélectionnez l'encadrement et le texte, puis procédez à l'encadrement avec la commande *Texte>Encadrer* (*Alt + W*).

4 Ajustez éventuellement le texte avec les options de justification pour optimiser le remplissage.

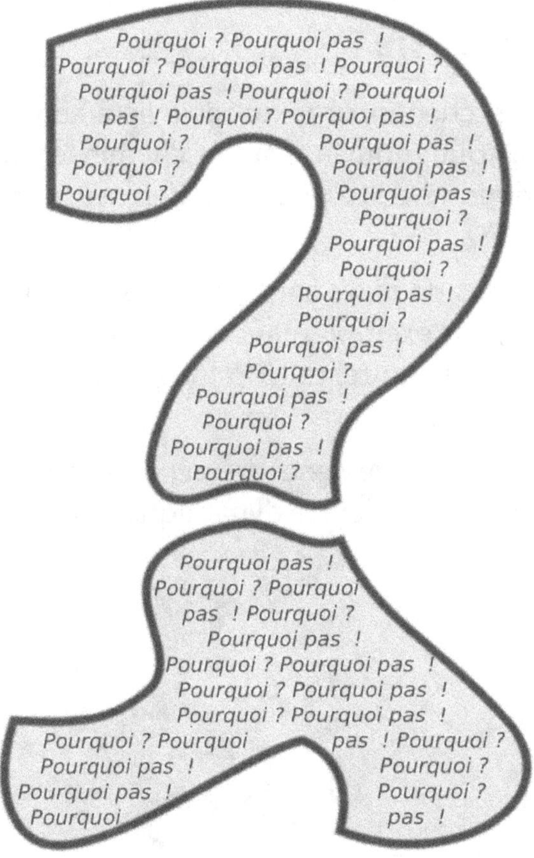

FIGURE 5-14 *Encadrement d'un texte dans un point d'interrogation*

> À savoir **Encadrer plusieurs objets**
>
> Dans le cas où l'encadrement est composé de plusieurs objets, sélectionnez-les dans l'ordre inverse de remplissage : le dernier objet sélectionné sera le premier rempli.

> Avancé **Texte dans un caractère**
>
> Pour encadrer un texte dans un caractère, comme dans la figure précédente, le caractère utilisé comme forme d'encadrement doit au préalable être converti en chemin avec la commande *Chemin>Objet en chemin* (*Maj + Ctrl + C*).

Pour sortir le texte de son encadrement, utilisez la commande *Texte>Désencadrer* (*Maj + Alt + W*).

Comportement du texte lié

Une fois encadré ou mis sur un chemin, le texte reste lié à son encadrement ou à son chemin. Ainsi, tout mouvement du chemin entraîne un mouvement du texte. Cependant, le texte peut être déplacé à volonté, y compris à l'extérieur de l'objet lié.

Même s'il est lié, les modifications de texte sont possibles. Ceci peut être particulièrement pratique pour, par exemple, ajuster le contenu au contenant. Vous pouvez ainsi faire rentrer un texte trop long dans un encadrement en diminuant son interlettrage.

Il est également possible de modifier les encadrements et les chemins. Dans ce cas la position du texte sera recalculée dynamiquement.

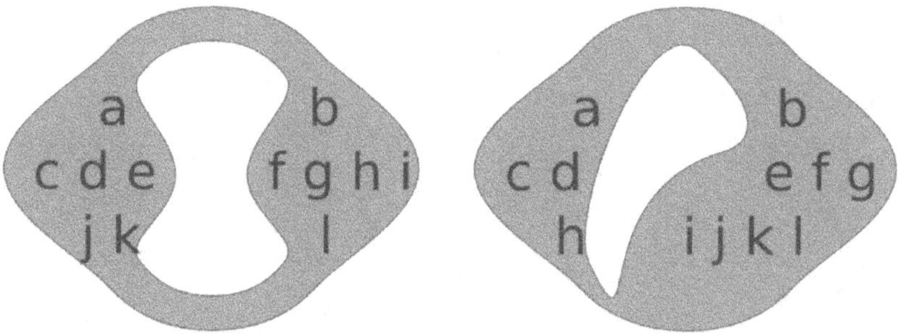

Figure 5–15 *Modification de la forme de l'encadrement*

Le texte retiré de son lien est extrait sous forme de texte ordinaire, sur une seule ligne (y compris pour un texte créé à l'origine avec un cadre de texte). Les enrichissement appliqués au texte sont conservés après le retrait d'un chemin, mais pas après un désencadrement.

Si l'encadrement ou le chemin n'a pour but que la mise en page, vous n'aurez sans doute pas besoin d'en voir les formes. Trois possibilités s'offrent à vous :

- Supprimer le remplissage du cadre et positionner l'épaisseur du contour à zéro.
- Déplacer le cadre sur un calque dont l'affichage est désactivé.
- Utiliser la commande *Texte>Convertir en texte*, pour libérer le texte de son lien tout en conservant sa forme.

PIÈGE **Suppression du contour**

Si vous supprimez directement le contour, vous ne pourrez plus sélectionner l'objet facilement.

Mais surtout, ne supprimez pas l'encadrement ou le chemin ! Le texte retrouverait alors sa forme initiale.

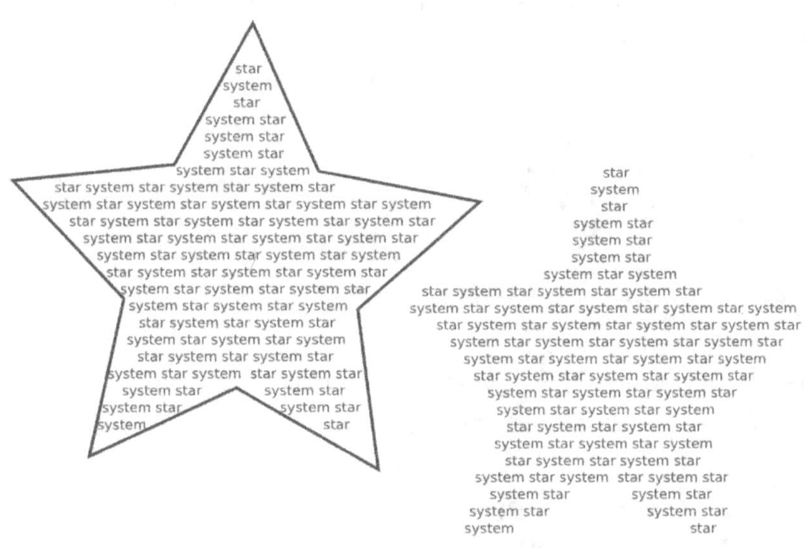

FIGURE 5-16 *Encadrement invisible*

Convertir un texte en chemin

Dans l'hypothèse où le fichier SVG doit être partagé avec d'autres utilisateurs (pour en faire profiter la communauté par exemple, en le déposant sur le site Open Clipart), vous n'avez aucune certitude quant aux polices disponibles sur leurs machines. Vous pouvez éventuellement diffuser la police utilisée, sous condition que sa licence l'autorise, mais ce n'est tout de même pas très pratique.

Une solution proposée par Inkscape consiste à utiliser la commande *Chemin>Objet en chemin* (*Maj + Ctrl + C*) pour transformer le texte en un chemin et ainsi s'affranchir de toute référence à la police utilisée. Une fois cette opération effectuée, le texte ne peut plus être modifié avec l'outil Texte ou avec la boîte de dialogue *Texte et police*. Le fichier sera également plus volumineux, mais de loin plus portable. En effet, le texte ainsi converti s'affichera toujours convenablement, même sur un ordinateur ne possédant pas la police utilisée pour sa création. Du fait de toutes ces contraintes, il est préférable d'effectuer cette conversion en fin de travail, lorsque le texte est finalisé.

Une autre bonne raison de convertir un texte en chemin est que l'objet résultant de l'opération peut être édité avec l'outil Nœud, et ainsi remodelé à volonté. Cette possibilité est très pratique si vous envisagez, par exemple, la création d'un logotype.

Figure 5–17 *Déformation d'un texte converti en chemin*

Si vous enregistrez le fichier en PDF, les polices seront incorporées automatiquement dans le fichier, ce qui rend inutile la conversion préalable.

> En détail **Inkscape et PDF**
>
> Les enregistrements PDF sont effectués par l'intermédiaire de la bibliothèque Cairo, qui supporte PDF 1.4. Elle permet, entre autres, l'incorporation des polices et la gestion de la transparence.

En résumé

Ce chapitre a détaillé tous les outils nécessaires à la gestion et à la transformation de vos textes. Vous pouvez maintenant agrémenter vos dessins d'explications, légendes et autres commentaires. Dans le chapitre suivant, nous laisserons un peu notre créativité de côté pour nous atteler à l'organisation des objets sur le canevas, à leur copie et aux outils de découpe et de masque.

Manipulation des objets

Vos objets ont l'air d'être posés
en vrac sur le canevas ? Voyons
quelques manipulations classiques
de multiplication, et comment
optimiser le placement de vos objets.

Copier

Inkscape met à notre disposition une multitude d'outils destinés à la copie d'objets, tous réunis dans le menu *Édition*. Sortis des plus classiques, nous allons découvrir quelques commandes originales s'appliquant uniquement aux dimensions ou aux attributs des objets.

Copier des objets

Vous connaissez certainement les commandes de copie les plus célèbres, présentes dans la plupart des applications bureautiques : *Copier* (*Ctrl + C*), *Couper* (*Ctrl + X*) et *Coller* (*Ctrl + V*). Elles sont également présentes sous forme d'icônes (elles aussi très classiques) sur la barre de commande, et d'entrées dans le menu contextuel (accessible via un clic droit) du canevas.

> À SAVOIR **Copies illimitées**
>
> Lorsqu'un objet est copié, vous pouvez le coller en autant d'exemplaires que nécessaire sans avoir besoin de recommencer la copie à chaque fois.

Voilà pour les révisions. Passons maintenant aux choses sérieuses. Lors d'une copie classique, vous remarquez que l'objet collé apparaît à l'endroit où se trouve le pointeur de souris. En général, c'est satisfaisant. Mais lorsqu'il est nécessaire de garder la copie exactement sur l'emplacement de l'objet d'origine, par exemple pour réaliser une ombre, c'est moins précis car la souris bouge forcément un peu durant l'opération (vous faites tout au clavier, vous ?). Pour nous faciliter la tâche, Inkscape a tout prévu, et nous donne le choix :

- Si l'objet est déjà copié dans le presse-papier, collez-le sur place avec la commande *Édition>Coller sur place* (*Ctrl + Alt + V*).
- Si vous partez de zéro, le plus simple est d'utiliser directement la commande *Édition>Dupliquer* (*Ctrl + D*, ou le menu contextuel du canevas).

Si le second choix est plus rapide, le premier permet de conserver l'emplacement d'un objet lors d'une copie entre deux documents. Dans les deux cas, la copie est sélectionnée à la fin de l'opération.

Dernière possibilité, la commande *Édition>Faire une copie bitmap* (*Alt + B*). Comme son nom l'indique, l'objet est copié au format matriciel (il est alors décrit sous forme de pixels).

> Idée **Coller en déplaçant**
>
> Vous pouvez copier-coller rapidement un objet sélectionné en appuyant sur la touche *Espace*. Ce raccourci est particulièrement pratique pour déposer une sélection avec précision, tout en la déplaçant sur l'emplacement survolé.

Copie sélective

Toujours au chapitre des originalités, Inkscape a prévu la possibilité de ne coller qu'une partie des attributs d'un objet copié. Vous pouvez ainsi limiter la réplication aux styles ou aux dimensions. Dans tous les cas, commencez par copier l'objet d'origine avec la commande habituelle *Édition>Copier* (*Ctrl + C*).

Pour ne coller que les styles (ce qui correspond aux paramètres de remplissage et de contour pour les dessins, la taille et le style pour le texte), utilisez le menu *Édition>Coller le style* (*Maj + Ctrl + V*).

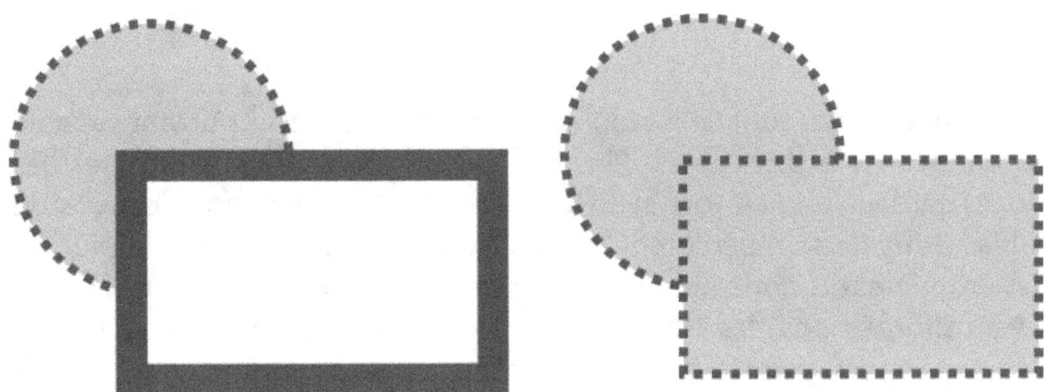

Figure 6–1   *Collage des styles du cercle sur le rectangle*

Si seules les dimensions vous intéressent, ouvrez le menu *Édition>Coller les dimensions* et collez la largeur, la hauteur, ou bien les deux. Pour coller les dimensions sur chaque objet de la sélection individuellement, optez pour les commandes se terminant par la mention *séparément*. En son absence, le collage s'applique à la boîte englobante de la sélection.

> À SAVOIR **Dimensions dépendantes**
>
> Si le verrou de dimension est activé dans la barre de contrôle de l'outil Texte, la modification d'une dimension entraîne une modification proportionnelle de la seconde.

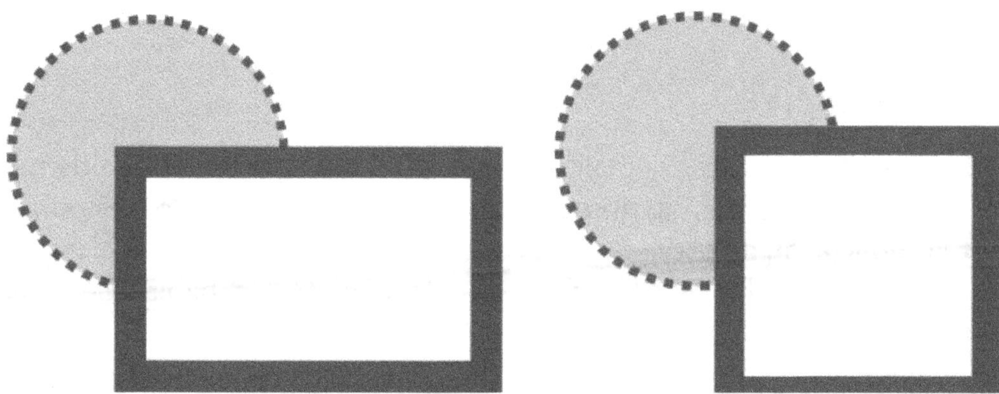

FIGURE 6–2 *Collage des dimensions du cercle sur le rectangle*

Cloner

Si Inkscape n'a pas subi de manipulation génétique, il est pourtant capable de donner vie à des clones. Plus que de simples copies conformes, les clones gardent un lien fort avec leur modèle. Ainsi, les modifications de l'objet d'origine se répercutent sur ses clones. Mais à l'inverse, la plupart des propriétés du clone ne sont pas accessibles. Seules échappent à la règle les transformations : les clones peuvent être indépendamment déplacés, redimensionnés, pivotés ou encore inclinés. Mais attention, cette relative liberté ne les délie pas de leur modèle, et ces transformations s'ajoutent à celles réalisées sur l'objet d'origine.

Pour créer un clone, sélectionnez l'objet modèle et lancez la commande *Édition>Cloner>Créer un clone* (*Alt + D*). Vous disposez également d'une icône dédiée sur la barre de commande. Le clone nouvellement ajouté apparaît au-dessus de l'objet original.

Le nombre de clones pour un même objet n'est pas limité. Mais vous ne pouvez pas cloner une sélection contenant plusieurs objets (pour cela, vous devez tout d'abord grouper ces objets).

Lorsque le nombre de clones augmente, il devient rapidement difficile de s'y retrouver. Quels sont les clones ? Où est passé l'objet cloné ? Pour vous éviter de fastidieuses recherches, voici comment procéder :

1 Sélectionnez le clone dont vous cherchez l'original.

2 Lancez la commande *Édition>Cloner>Sélectionner l'original* (*Maj + D*). Une icône est également disponible sur la barre de commande.

3 L'objet à l'origine du clone est alors activé, et, pour que nous localisions bien nos objets, un vecteur bleu apparaît pendant une seconde entre le clone et son modèle.

Pour redonner sa liberté à un clone, et rendre ainsi modifiable l'ensemble de ses attributs, lancez la commande *Édition>Cloner>Délier le clone* (*Maj + Alt + D*).

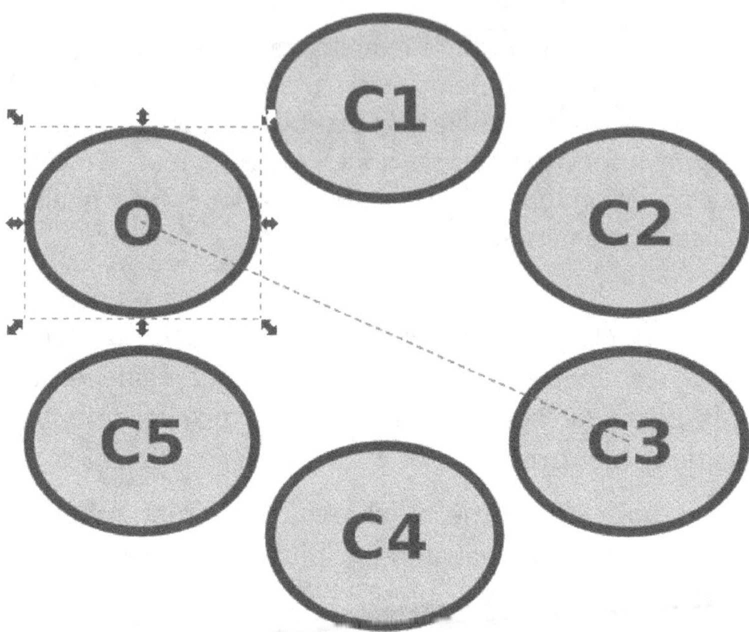

FIGURE 6–3 *Le clone C3, issu de l'original O*

> À SAVOIR **Le modèle est un clone**
>
> Dans l'hypothèse où le modèle ainsi obtenu est lui-même un clone, et qu'il n'est donc pas possible de modifier ses attributs (en général, c'est la raison pour laquelle nous cherchons l'original), vous devrez recommencer l'opération jusqu'à l'objet à l'origine de l'ensemble des clones ainsi mis en cascade.

La suppression d'un objet cloné a un effet similaire à grande échelle : une fois le modèle effacé, tous ses clones sont déliés d'un coup.

Une fois libre, vous pouvez réaffecter un clone à un objet autre que son original. Pour cela :

1 Sélectionnez puis copiez (*Ctrl + C*) l'objet auquel vous souhaitez attacher le clone.

2 Sélectionnez le ou les clones à réaffecter.

3 Lancez la commande *Édition>Cloner>Relier à l'objet copié*.

Pavage de clones

En matière de mosaïque, Inkscape n'a rien à envier aux artistes de la Rome antique. Nous n'allons pas nous contenter de céramique ou d'émail, mais travailler avec des clones. Pour être précis, la technique de pavage permet la répétition sur un espace défini d'un même motif auquel il sera possible d'appliquer des modifications de position, de rotation, de flou, de couleur, et bien d'autres encore.

Les domaines d'utilisation de cette technique sont vastes. Ainsi, les passionnés d'art décoratif et d'architecture trouvent une utilité directe au pavage de clone et l'utilisent pour réaliser un assemblage de motifs répétitifs. La figure suivante illustre la symétrie P1 (Translation), qui déplace simplement le motif.

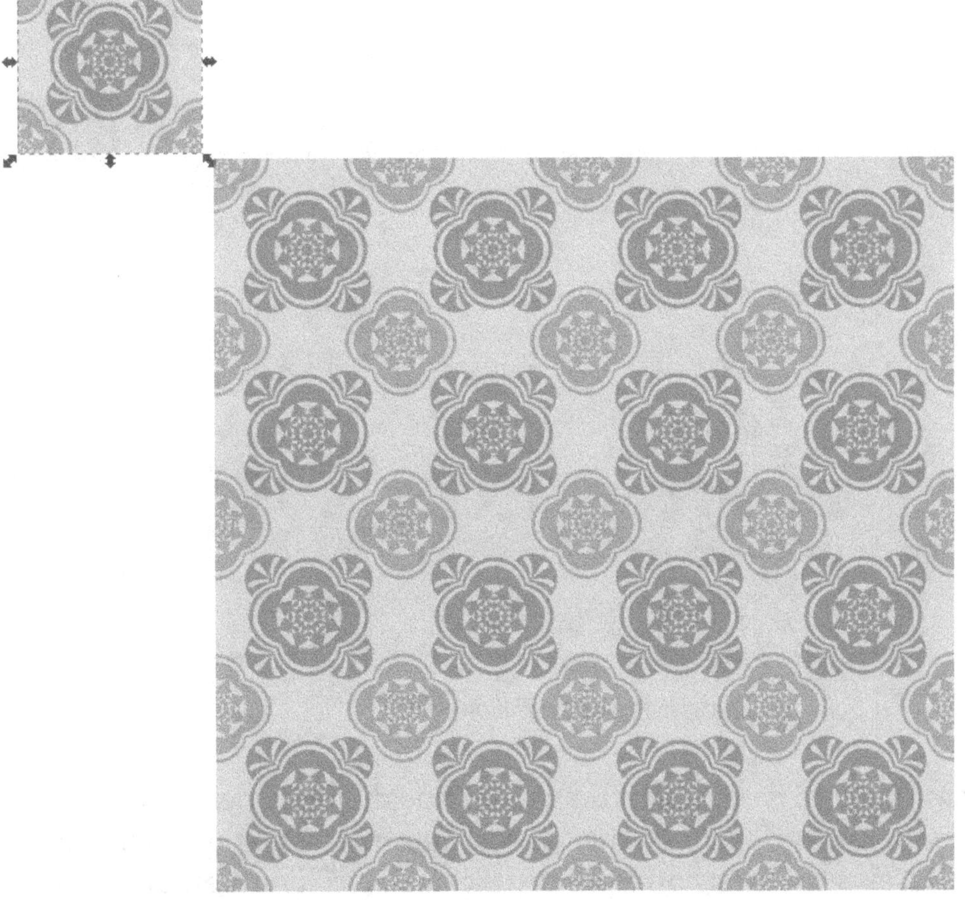

FIGURE 6-4 *Le motif issu de Calcyum.org et sa translation sur 4 lignes et 4 colonnes*

JARGON **Qu'est-ce qu'un clone ?**

Dans Inkscape, un clone est une copie à l'identique d'un objet ou d'un groupe. Contrairement à une copie classique, il conserve un lien avec l'objet initial. Toute modification apportée à l'original est immédiatement répercutée sur ses clones.

Pour créer un pavage fait de clones :

1 Sélectionnez les objets que vous souhaitez cloner.

2 Lancez le menu *Édition>Cloner>Créer un pavage avec des clones...* La fenêtre de paramétrage de l'outil s'ouvre alors.

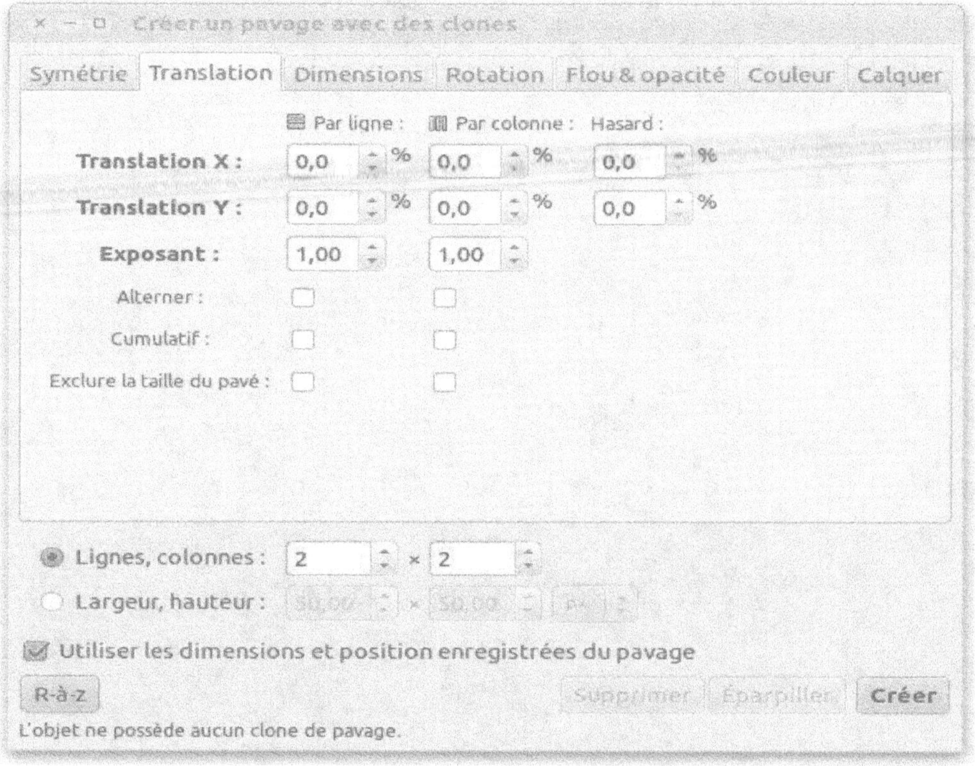

FIGURE 6–5 *La boîte de dialogue Pavage des clones*

3 Dans l'onglet *Symétrie*, sélectionnez à l'aide du menu déroulant l'un des dix-sept types d'agencements périodiques mathématiquement possibles. Ces symétries correspondent chacune à une combinaison de translation, de rotation et de réflexion.

4 Passez à l'onglet *Translation* qui gère le déplacement des clones. Les paramètres suivants sont à votre disposition :

– Un tableau vous propose de déterminer le déplacement par ligne ou par colonne et selon l'axe X ou Y des clones du pavage. Les valeurs négatives sont autorisées.

– Le paramètre *Hasard* ajoute une dose d'inconnue, pour plus de spontanéité.

– La valeur paramètre *Exposant* s'applique à la translation de chaque clone et accentue (lorsque supérieure à 1) ou atténue (inférieure à 1) l'écart entre deux clones successifs.

– *Alterner* inverse le signe de la translation à chaque clone. Si la valeur de translation est par exemple de 10 %, le premier clone se verra appliquer + 10 %, le deuxième – 10 %, le troisième à nouveau + 10 %, et ainsi de suite.

– *Cumulatif* ajoute la translation d'un clone donné à celle du clone précédent. Par exemple, avec une valeur de 5 %, la translation sera de 5 % sur le premier clone, 10 % sur le deuxième, et ainsi de suite.

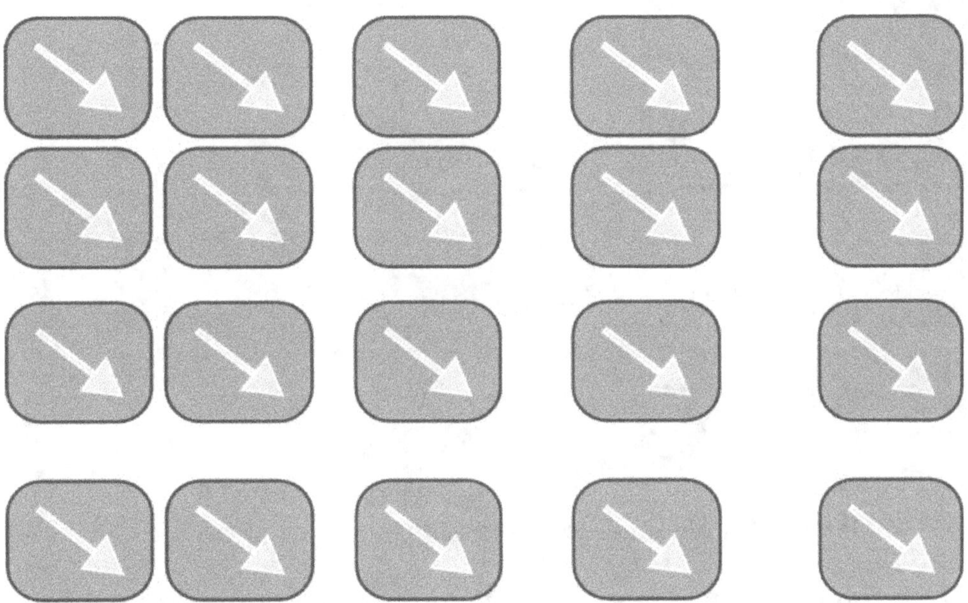

FIGURE 6-6 *Translation cumulative de 10 % sur les deux axes*

5 Définissez dans l'onglet *Dimensions* la taille des clones. Laissez ces valeurs à 0 pour cloner à l'identique ; choisissez 100 % pour en doubler la taille à chaque nouvelle ligne ou colonne.

> EN DÉTAIL **Spirale**
>
> Remarquez dans cet onglet la présence du champ *Base*. Il sert à générer une spirale logarithmique divergente (avec une valeur supérieure à 1) ou convergente (inférieure à 1). La base est désactivée par défaut, avec la valeur 0.

6 Si vous souhaitez appliquer une rotation à vos clones, déterminez l'angle de rotation par ligne et par colonne dans l'onglet *Rotation*. Vous avez la possibilité de cumuler et d'alterner le signe des valeurs, pour simuler, par exemple, une réflexion entre deux clones adjacents.

7 Gérez le niveau de flou et le canal alpha des clones à partir de l'onglet *Flou & Opacité*. Notez qu'il est possible d'alterner le signe de la modification, et par la même occasion les objets flous ou transparents et les objets nets ou opaques.

FIGURE 6–7 *Rotation et flou appliqués conjointement*

8 Grâce à l'onglet *Couleur*, vous gérez le remplissage des clones. En haut de l'onglet, indiquez la couleur initiale de l'original puis les variations sur la teinte, la saturation et la luminosité. Encore une fois, il est possible d'alterner le sens de la modification.

Idée **Clone caméléon**

L'onglet *Calquer* offre une possibilité très intéressante : le clone peut prendre la couleur de l'objet situé en dessous. Imaginons par exemple que vous souhaitiez représenter l'équivalent d'une photo à partir d'une mosaïque. Il faut que chaque clone capture les données moyennes des pixels situés sous lui.

1. Importez l'image matricielle de votre choix avec le menu *Fichier>Importer...*

2. Créez un motif avec un remplissage indéfini, et placez-le en haut à gauche sur l'image. Pour notre démonstration, un simple rectangle arrondi fera l'affaire. Gardez le motif sélectionné.

3. Ouvrez la boîte de dialogue des pavages, puis cochez la case *Couleur*, dans le bloc *Capturer* et les cases *Couleur* et *Opacité* dans le bloc *Appliquer*. Saisissez les dimensions de la photo, puis lancez le pavage. Le résultat est le suivant :

Figure 6–8 *La photo calquée*

Figure 6–9 *La photo originale*

9 Au bas de la fenêtre, déterminez la zone à couvrir par le pavage, en nombre de lignes et de colonnes ou en taille absolue.

10 Le paramétrage du pavage terminé, cliquez sur le bouton *Créer*. Le pavage s'affiche sur le canevas.

> À SAVOIR **Le résultat ne vous convient pas ?**
>
> Si le résultat qui s'affiche ne correspond pas à vos attentes :
> - *Éparpiller* réarrange les clones.
> - *R-à-z* réinitialise les paramètres de pavage.
> - *Supprimer* retire le pavage juste après sa création.

Manipuler les calques

Les calques, comme les plans, permettent de jouer sur le positionnement des objets sur l'axe de la profondeur. Mais ils offrent des avantages supplémentaires.

Tout d'abord, ils facilitent l'organisation générale du dessin. Ainsi, lors de la réalisation d'une affiche pour une destination de voyage, par exemple, le mieux est de créer un calque pour le paysage en fond, un autre pour les personnages et monuments du premier plan, et un dernier pour ajouter du texte.

Les calques simplifient également la gestion des objets grâce aux fonctionnalités de masquage et de verrouillage des calques non utilisés. Mais c'est sans compter les nombreuses possibilités offertes par le réglage d'opacité et les modes de fondu. Nous verrons ceci un peu plus tard.

> AVANCÉ **Masquez les objets lourds**
>
> Lorsqu'ils comportent de nombreux nœuds ou utilisent des effets de flou, certains objets sont particulièrement lourds et ralentissent l'application. Dans ce type de situation, placez ces objets sur un calque que vous n'activerez que lorsque nécessaire et dézoomez autant que possible.

Figure 6-10 *Une affiche avec trois calques*

Lister les calques

Pour commencer, il est préférable d'avoir une vue optimale de l'ensemble des calques du dessin. Pour cela, ouvrez la boîte de dialogue des calques avec le menu *Calque>Calques...* (*Maj + Ctrl + L*).

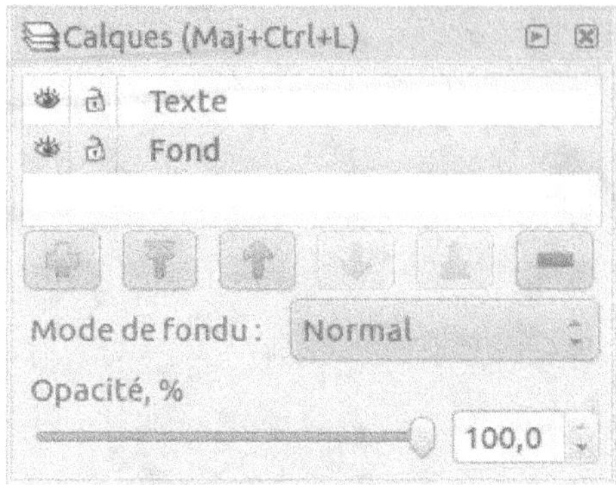

FIGURE 6–11 *La boîte de dialogue des calques*

Les calques du dessin sont listés tout en haut de la fenêtre. Rien ne vous oblige à travailler avec des calques, et il est tout à fait possible de travailler directement à la racine du document. Mais par défaut, les modèles prédéfinis en possèdent au moins un (nommé `Calque 1` pour le modèle par défaut en français). Le calque en cours d'utilisation apparaît en surbrillance, et il est possible de sélectionner un calque différent en cliquant sur la ligne correspondante.

Devant chaque calque se trouvent deux icônes en forme d'œil et de verrou. Lorsque l'œil est fermé, le calque correspondant est invisible sur le canevas comme à l'exportation. Lorsque le verrou est fermé, toute sélection (et donc modification) des objets du calque est impossible.

Pour ne garder visible qu'un seul et unique calque, ouvrez le menu contextuel sur le calque à conserver et choisissez l'entrée *Afficher/cacher les autres calques*. Recommencez l'opération pour rendre à nouveau visibles les calques masqués.

FIGURE 6–12 *Icônes de masquage et de verrouillage du calque*

Les intitulés de vos calques ne vous plaisent pas ? Modifiez-les en cliquant avec le bouton droit sur la ligne correspondante et en choisissant l'entrée *Renommer le calque...* dans le menu contextuel. Lorsque la modification concerne un calque déjà sélectionné, vous pouvez aller plus vite en cliquant avec le bouton gauche directement sur son nom.

> IDÉE **Nommez clairement vos calques**
>
> Pensez à donner un nom clair à chacun de vos calques. Évitez les calques numérotés (calque1, calque2…) et préférez un nom correspondant réellement à une fonction (fond, personnages, texte…).

Si, pour gagner un peu de place sur le canevas, vous avez fermé la boîte de dialogue des calques, vous retrouverez des fonctionnalités similaires dans la zone réservée aux calques dans la barre d'état et d'information. Les calques apparaissent non plus sous forme de liste, mais dans un menu déroulant.

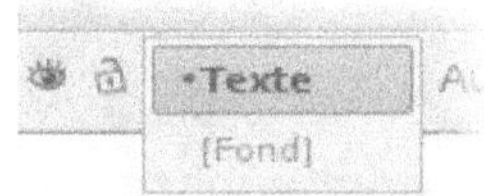

FIGURE 6-13 *Zone de calque dans la barre d'état*

> IDÉE **Limitez les calques non utilisés**
>
> Dans un dessin complexe, lorsque vous travaillez sur un calque précis, pensez à verrouiller les calques non utilisés. Ainsi vous serez assuré de ne pas sélectionner et modifier par erreur les objets de ces calques. Si vous pouvez vraiment vous passer de leur affichage, masquez-les. Vous gagnerez en performances en épargnant à votre ordinateur des tracés inutiles.

Ajouter un calque

Toujours dans la boîte de dialogue des calques, juste en dessous de la liste, se trouve un groupe d'icônes dédiées à l'ajout, au déplacement et à la suppression des calques. Notez que toutes ces fonctions sont disponibles également dans le menu *Calque*, mais la boîte de dialogue offrant un confort supérieur, nous l'utiliserons autant que possible.

FIGURE 6–14 *Les icônes de gestion des calques*

Pour ajouter un calque :

1 Utilisez l'icône en forme de +, ou cliquez avec le bouton droit sur la liste des calques et sélectionnez l'entrée *Ajouter un calque...* dans le menu contextuel.

2 Nommez votre nouveau calque.

3 Choisissez son emplacement par rapport au calque en cours de sélection. Vous pouvez le placer au-dessus, en dessous ou comme sous-calque du calque courant.

> À SAVOIR **Sous-calque du calque courant**
>
> Placer un calque comme sous-calque du calque courant équivaut à peu près à le placer en dessous, à la nuance près que cela crée une arborescence sous le calque courant.
> Le déplacement d'un calque entraîne alors avec lui l'ensemble de ses sous-calques.

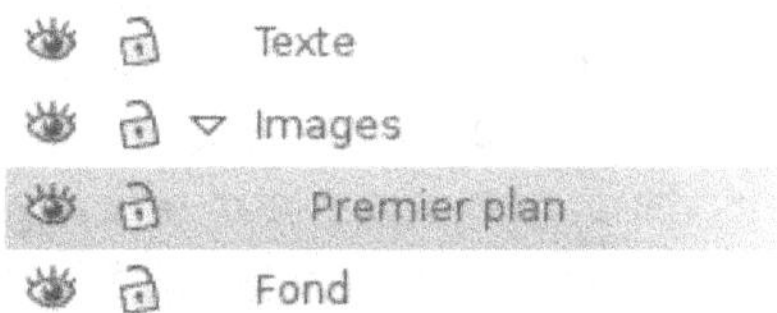

FIGURE 6–15 *Un calque et ses sous-calques*

Vous pouvez dupliquer un calque rapidement en cliquant-droit sur la ligne correspondante dans la liste des calques puis en choisissant la commande *Dupliquer le calque...* Le nouveau calque apparaît alors juste en dessous du calque initial, avec toutes ses propriétés et l'ensemble de ses objets.

Pour faire un peu de ménage dans les calques devenus inutiles, utilisez l'icône en forme de - ou cliquez avec le bouton droit sur la liste des calques et sélectionnez l'entrée *Supprimer un calque...* dans le menu contextuel.

Déplacer les calques et leurs objets

L'ordre des calques dans la pile est modifiable avec le groupe d'icônes de la boîte de dialogue des calques. Comme pour les plans, vous pouvez déplacer un calque d'un cran vers le haut ou vers le bas, ou encore l'envoyer directement au premier ou en arrière-plan. Le menu contextuel de la liste des calques autorise le déplacement du calque sélectionné, mais d'un niveau seulement.

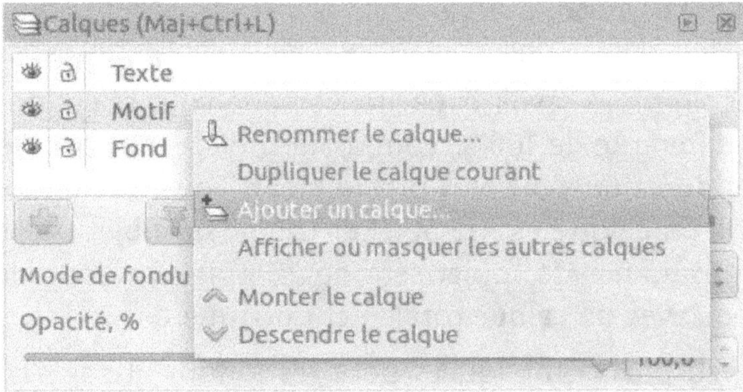

FIGURE 6–16 *Menu contextuel de la boîte de dialogue des calques*

Qu'en est-il des objets ? Nous savons déjà comment les déplacer dans le plan, mais jusqu'à présent, ces opérations étaient limitées à un calque particulier. Il n'y a pourtant aucune raison de limiter leurs mouvements !

Pour déplacer un objet (ou une sélection d'objets) vers un autre calque, le menu *Calque* vous propose deux commandes : *Déplacer la sélection au calque supérieur* (*Maj + PageHaut*) et *Déplacer la sélection au calque inférieur* (*Maj + PageBas*). Mais dans ces deux cas, le déplacement est limité à un niveau. Aussi, pour rendre nos objets plus mobiles, adoptons une solution toute simple :

1 Sélectionnez les objets à déplacer et lancez la commande *Édition>Couper* (*Ctrl + X*).

2 Sélectionnez le calque où vous souhaitez disposer ces objets.

3 Collez la sélection d'objets avec la commande *Édition>Coller* (*Ctrl + V*).

Opacité et fondus

Opacité et fondu jouent tous deux sur la façon dont un calque interagit avec les calques sur lesquels il est placé.

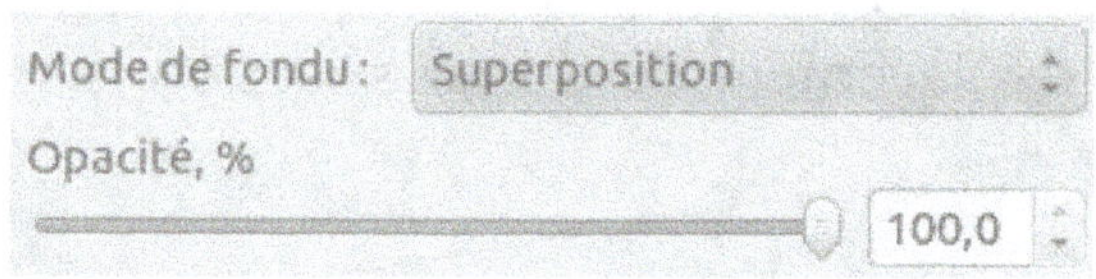

FIGURE 6–17 *Opacité et mode de fusion*

Prenons le cas le plus simple, à savoir l'opacité. Lorsque vous sélectionnez une valeur d'opacité différente de 100 %, vous ajoutez de la transparence à l'ensemble des objets du calque, ou plus précisément, vous en multipliez l'opacité. Si l'opacité d'un calque est de 50 % et celle d'un objet de 50 % également, l'opacité résultante de l'objet sera de 25 %. Il sera donc deux fois plus transparent qu'avec un calque totalement opaque.

Les choses sont un peu plus compliquées pour les fondus. Il s'agit-là de déterminer comment les couleurs des différents calques se mélangent entre elles. Le tableau 6-1 détaille les différents modes disponibles :

TABLEAU 6–1 **Modes de fondu des calques**

Fondu	Effet
Normal	Les objets placés sur un calque masquent (à leur opacité près) ceux du calque précédent. C'est le mode utilisé par défaut à la création d'un calque.
Produit	Les composantes couleur cyan, magenta et jaune des objets placés sur des différents calques sont multipliées entre elles. Il en résulte une image plus foncée.
Superposition	Le résultat de ce mode est l'inverse de celui obtenu avec *Produit*. Au final, l'image est plus claire.
Obscurcir	Pour chaque pixel, la couleur résultante est composée de la valeur la plus foncée de chaque composante (rouge, vert et bleu). L'image est au final plus foncée, mais moins qu'avec *Produit*.

TABLEAU 6-1 **Modes de fondu des calques (suite)**

Fondu	Effet
Éclaircir	Même chose qu'avec *Obscurcir*, mais ici, c'est la valeur la plus claire qui est choisie. L'image est alors éclaircie, mais moins qu'avec *Superposition*.

Découper et masquer

La découpe et le masque sont des outils permettant de limiter l'affichage d'un objet ou d'un groupe sur l'écran. La découpe consiste plus précisément à rogner l'objet en suivant un chemin de découpe (n'importe quelle forme fera l'affaire), alors que le masque applique une transparence à un objet en fonction de la luminosité ou de la transparence d'un second objet.

Ces deux méthodes ont en commun de ne pas effacer les parties masquées ou découpées. Cette édition non destructrice autorise ainsi la libération à tout moment des objets originaux de leur masque ou de leur découpe. De plus, vous pouvez éditer ces objets (y compris les textes) comme si de rien n'était : transformations, styles, nœuds, tout reste possible.

Découper

Cette première technique consiste à utiliser un objet (appelé chemin de découpe) pour en rogner un autre. Les règles d'utilisation sont simple :

- Toute partie de l'objet à l'extérieur du chemin de découpe devient transparente.
- Toute partie de l'objet à l'intérieur du chemin de découpe conserve son apparence initiale.

Voici comment découper :

1 Dessinez un objet ou un groupe, dans notre exemple, un tyrannosaure plutôt méchant.

2 Ajoutez un chemin de découpe, nous travaillons ici avec un cercle.

3 Placez le chemin de découpe en avant-plan sur l'objet, de façon à ce que son contour délimite parfaitement la zone que vous souhaitez conserver, la partie haute du dinosaure par exemple.

4 Sélectionnez l'objet et le chemin de découpe, puis lancez la commande *Objet>Découpe>Définir*.

FIGURE 6–18 *Exemple de découpe*

Notez que la boîte englobante de l'objet découpé est alors réduite à l'intersection de l'objet original avec le chemin de découpe.

Si le résultat ne vous convient pas, retirez la découpe avec la commande *Objet>Découpe>Retirer* (l'objet et le chemin de découpe retrouvent alors leur aspect initial) ou modifiez-la en sélectionnant l'outil Nœud et en activant l'icône d'édition des découpes dans la barre de contrôle

FIGURE 6–19 *Icônes d'édition des nœuds en mode masque et découpe*

IDÉE **Découpe transparente**

La couleur du chemin de découpe n'ayant aucune influence sur le résultat de l'opération, il peut s'avérer fort pratique de laisser son remplissage vide ou transparent et de ne définir que son contour. Ainsi, vous le positionnez plus facilement sans perdre de vue la partie de l'objet à découper.

Masquer

Le masquage consiste à modifier l'affichage d'un objet en fonction de la luminosité et de l'opacité d'un second objet, appelé masque. Cette opération respecte trois règles :

- Toute partie de l'objet à l'extérieur du masque devient transparente (comme pour la découpe).
- Toute partie de l'objet à l'intérieur du masque voit son opacité affectée par la luminosité du masque : plus le masque est lumineux (lorsqu'il tend vers le blanc), plus l'objet est transparent.
- Toute partie de l'objet à l'intérieur du masque voit son opacité affectée par l'opacité du masque : plus le masque est transparent (lorsque son canal alpha tend vers 0), plus l'objet devient transparent.

Un masque s'applique comme une découpe, à la différence de la commande, qui est ici *Objet>Masque>Définir*. Vous pouvez bien entendu annuler l'opération avec *Objet>Masque>Retirer*, ou modifier la forme du masque en sélectionnant l'outil Nœud et en activant l'icône d'édition des masques dans la barre de contrôle.

FIGURE 6–20 *Exemple de masque*

Contrairement aux découpes, un masque ne modifie pas la boîte englobante de l'objet masqué, qui conserve ici sa taille initiale.

> **Avancé** **Découper ou masquer plusieurs objets**
>
> Il est possible d'appliquer un masque à plusieurs objets. Dans ce cas, le masque est dupliqué en autant d'exemplaires que d'objets sélectionnés. Chaque objet est alors associé à une copie du masque et peut être édité indépendamment, y compris pour retirer son masque. Cette technique fonctionne de façon similaire avec les chemins de découpe.

Organiser les objets

Maintenant que notre canevas est rempli d'objets, il va falloir songer à faire un peu de ménage. Que ce soit pour aligner une série d'objets (afin de justifier des textes sur une même colonne par exemple) ou grouper des chemins appartenant à un même dessin pour en faciliter la sélection et le déplacement, nous disposons de tout un éventail d'outils pour nous aider. C'est ce que nous allons étudier ici.

Aligner et distribuer

Les possibilités de la boîte de dialogue *Aligner et distribuer* sont très riches. Comme il serait fastidieux de les décrire ici exhaustivement, nous nous contenterons donc des grandes fonctionnalités, et préciserons les commandes qui présentent un intérêt particulier.

Pour accéder à ces commandes, ouvrez le menu *Objet>Aligner et distribuer...* (*Maj + Ctrl + A*).

Aligner

La première partie de la boîte de dialogue propose des commandes spécifiques à l'alignement. La première ligne d'icônes regroupe les commandes d'alignement par rapport à l'axe vertical, et la seconde celles relatives à l'axe horizontal.

Les alignements s'effectuent par rapport à une ancre (dont le type peut être sélectionné dans le menu déroulant intitulé *Relativement à*) qui sert de référence pour le positionnement des objets. Vous pouvez, par

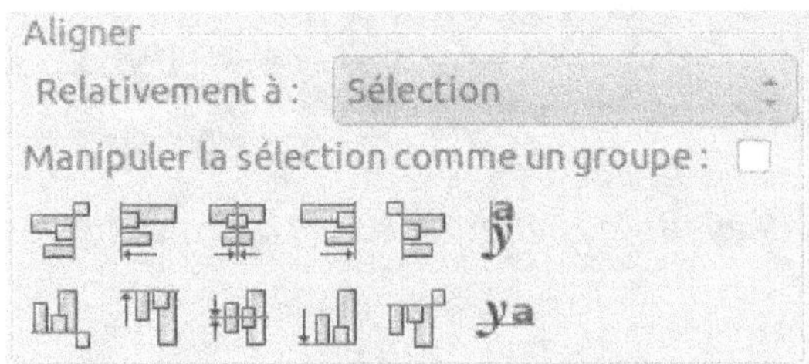

FIGURE 6–21 *Les commandes d'alignement*

exemple, aligner tous les côtés droits d'une sélection sur le côté gauche du premier objet sélectionné :

1 Positionnez l'option *Relativement à* sur *Premier sélectionné*.

2 Sélectionnez l'objet référence (ici, le carré noir).

3 Ajoutez les objets à aligner dans la sélection (*Ctrl + clic*).

4 Cliquez sur l'icône *Aligner les bords droits des objets sur le bord gauche de l'ancre*.

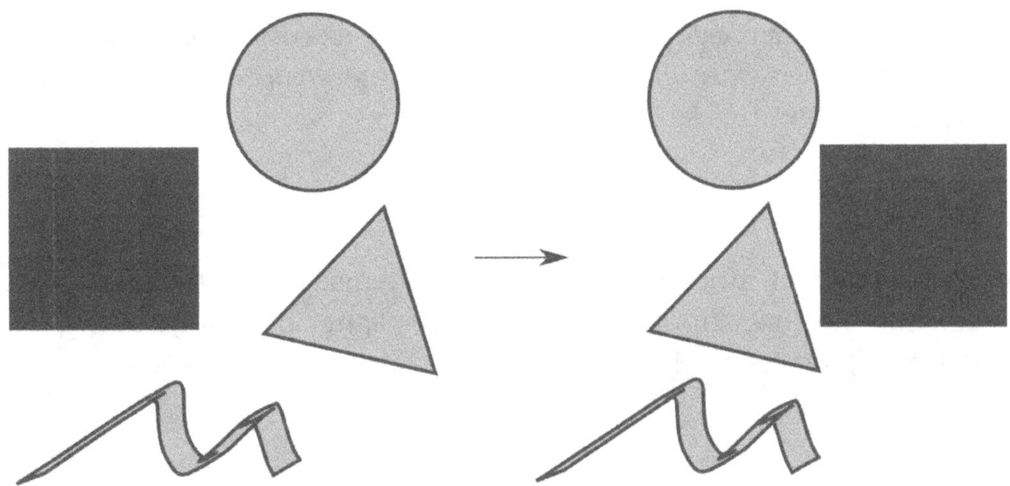

FIGURE 6–22 *Alignement sur le côté gauche d'un objet (ancre en noir)*

Deux commandes d'alignement sont spécifiques aux textes, et s'appliquent aux lignes de base des caractères. Bien entendu, les textes peuvent aussi être alignés (en fonction de leur boîte englobante) avec toutes les autres commandes. L'exemple suivant montre la différence entre ces deux types d'alignements.

167

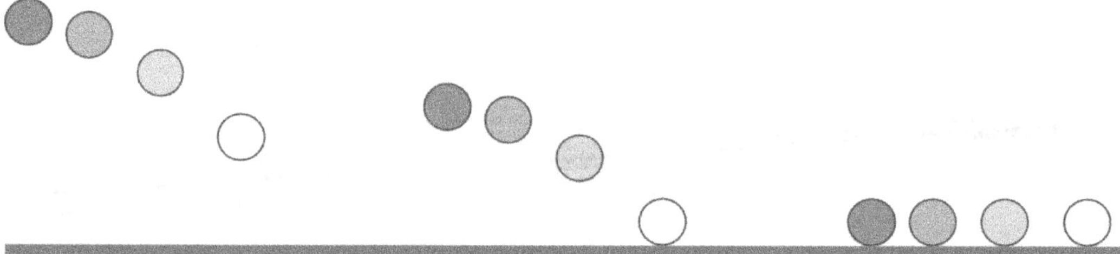

FIGURE 6–23 *Les lettres à gauche sont alignées sur les lignes de base ; à droite sur les boîtes englobantes*

L'option intitulée *Manipuler la sélection comme un groupe* permet désormais d'aligner plusieurs objets comme un groupe. Dans ce cas, tous les objets de la sélection, sauf celui défini comme ancre, sont alignés comme un bloc, et non pas individuellement comme cela se produit par défaut.

FIGURE 6–24 *Quatre cercles en position initiale à gauche, puis alignés par rapport au haut de la barre noire, dans un premier temps comme un groupe au centre, puis sans cette option à droite*

Distribuer

Le groupe suivant affiche les commandes dédiées à la distribution des objets sur un axe horizontal (première ligne d'icônes) et vertical (deuxième ligne d'icônes).

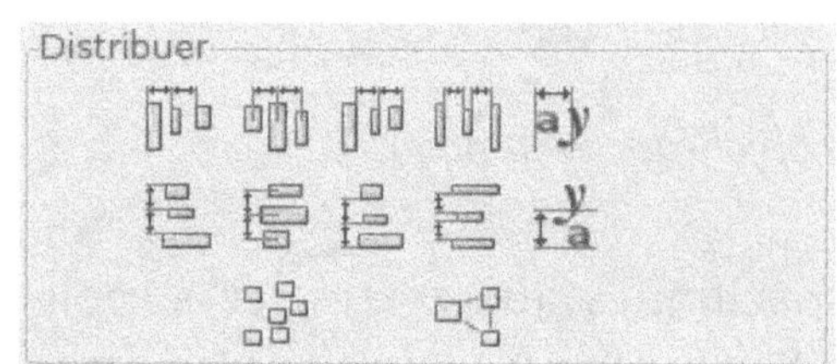

FIGURE 6–25 *Les commandes de distribution*

Avec ces commandes, vous uniformisez les distances entre les côtés des objets (gauche, droit, haut ou bas), leur centre, ou entre les objets eux-mêmes. Vous pouvez ainsi choisir de garder une distance égale entre tous les objets de la sélection.

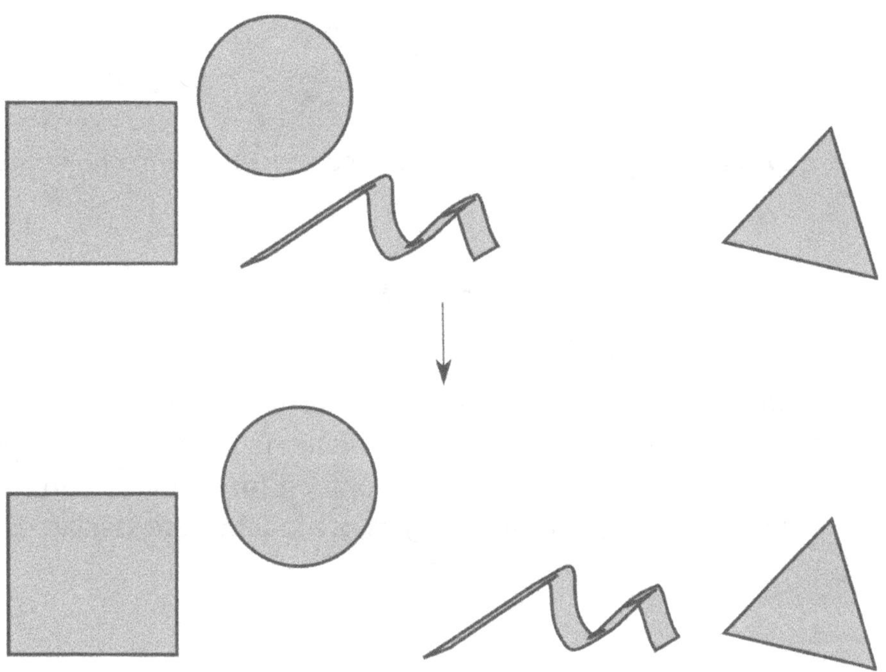

FIGURE 6–26 *Distribution des espaces d'une sélection*

Comme pour l'alignement, les textes bénéficient d'un traitement spécifique pour leur distribution par l'intermédiaire des deux icônes les plus à droite de l'interface. Contrairement aux commandes classiques de distribution, qui calculent les espacements en fonction des boîtes englobantes, ces commandes dédiées au texte s'appuient sur des lignes de base.

Les deux dernières commandes, en bas du groupe d'icônes dédié à la distribution, modifient de façon irrégulière la distribution des objets. Ainsi, la première icône éparpille les objets de la sélection aléatoirement. La seconde redistribue également la sélection, mais en conservant au mieux l'espacement bord à bord des objets.

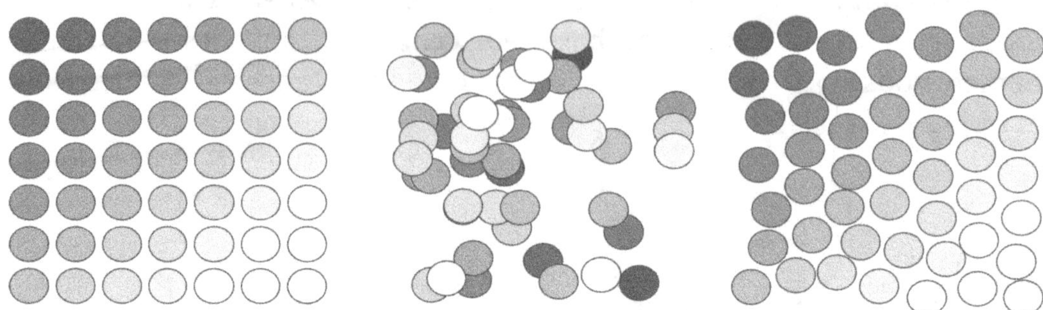

FIGURE 6–27 *Un pavage à gauche éparpillé aléatoirement au centre et uniformément à droite*

Supprimer le chevauchement

Le troisième groupe de la boîte de dialogue concerne le chevauchement entre les objets : dans les champs *H* et *V*, spécifiez l'espacement minimal que vous désirez, horizontalement et verticalement, entre les boîtes englobantes des objets sélectionnés. Avec l'icône en fin de ligne, vous déplacez les objets de façon à respecter les valeurs précédemment déclarées.

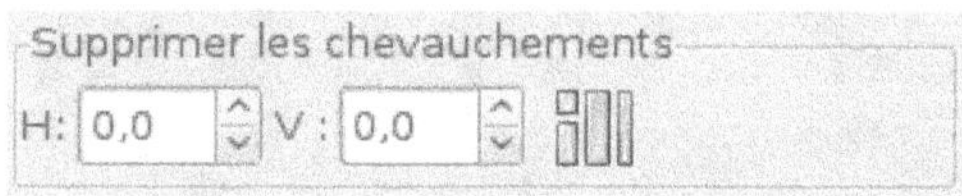

FIGURE 6–28 *La commande de suppression de chevauchement*

Notez qu'il est possible d'autoriser un chevauchement en choisissant des valeurs négatives.

Optimiser la disposition des connecteurs

La commande *Router un réseau de connecteurs*, identique à celle disponible dans la barre de contrôle de l'outil Connecteur, uniformise la longueur des connecteurs et optimise la disposition générale de la sélection.

RAPPEL **Les connecteurs en détail**
Les connecteurs et leurs options sont abordés avec précision dans le chapitre 3.

Nœuds

Ce dernier groupe d'icônes apparaît lorsque l'outil Nœud est sélectionné. Il comprend quatre commandes qui servent à aligner et à uniformiser la distance entre les nœuds sur les deux axes.

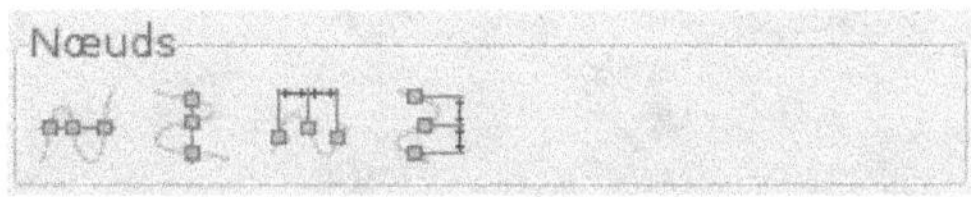

FIGURE 6-29 *Les commandes d'alignement et de distribution des nœuds*

Dans l'exemple suivant, nous avons dessiné une tête de chat très schématique, puis nous avons aligné et distribué ses oreilles avec la méthode suivante :

1 Sélectionnez l'outil Nœud dans la barre d'outils.

2 Sélectionnez les nœuds disposés à la pointe des oreilles et au haut du crane, puis cliquez sur l'icône *Distribuer les nœuds horizontalement* dans la boîte de dialogue *Aligner et distribuer*. La distance entre les deux oreilles et le crâne du chat est maintenant uniforme.

3 Sélectionnez la pointe de chaque oreille, et cliquez sur l'icône *Aligner les nœuds horizontalement*. Les deux côtés du chat sont à présent parfaitement symétriques.

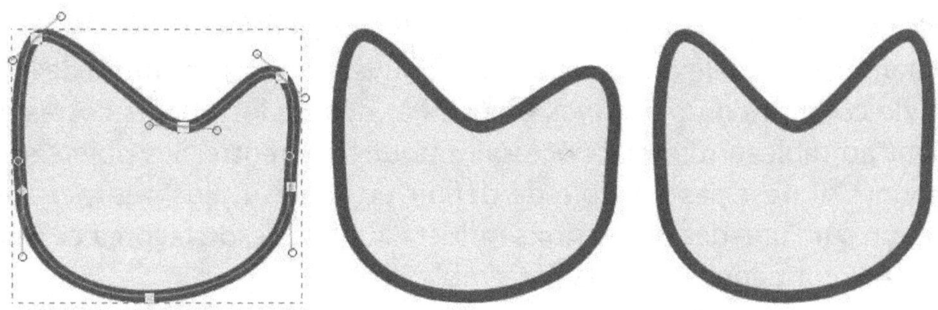

FIGURE 6-30 *Les oreilles du chat (original à gauche) distribuées par rapport au crâne (au milieu) puis alignées horizontalement (à droite)*

Organiser les objets sur un tableau

Si vous souhaitez classer vos objets dans des cases distinctes un peu comme des données dans un tableur, vous allez pouvoir vous en donner à cœur joie en créant un tableau à deux dimensions. Voici comment utiliser cette fonctionnalité :

1 Ouvrez le menu *Objet>Lignes et colonnes...*

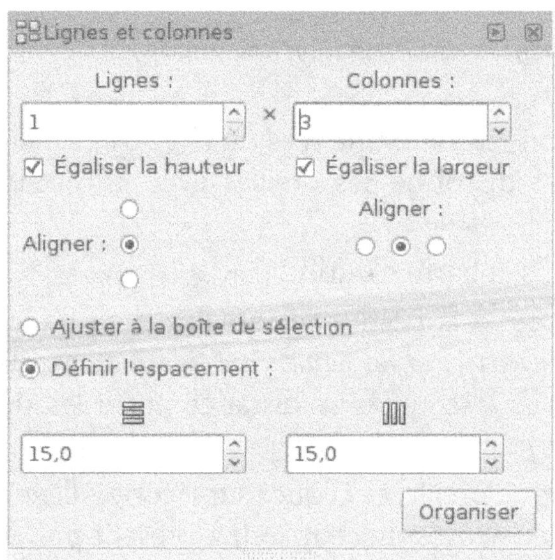

FIGURE 6–31 *La boîte de dialogue Lignes et colonnes*

2 Sélectionnez les objets que vous souhaitez organiser.

3 Paramétrez la taille du tableau. Vous pouvez choisir le nombre de lignes et de colonnes où placer vos objets. Par défaut, les valeurs correspondent au tableau minimal nécessaire pour faire rentrer les objets sélectionnés. Il n'est pas possible de définir un tableau plus petit, et toute action sur l'une des dimensions influera sur l'autre, de façon à ce que le tableau contienne toujours l'ensemble des objets.

4 Si besoin, égalisez la hauteur et la largeur. Les lignes et les colonnes sont alors d'une largeur uniforme, calculée dans chaque cas sur l'objet le plus volumineux, quel que soit leur contenu.

5 Choisissez un type d'alignement.

6 Définissez l'espacement entre lignes et entre colonnes. L'option *Ajuster à la boîte de sélection* calcule automatiquement ces espacements à partir de la boîte englobante des objets sélectionnés.

7 Créez le tableau avec le bouton *Organiser*.

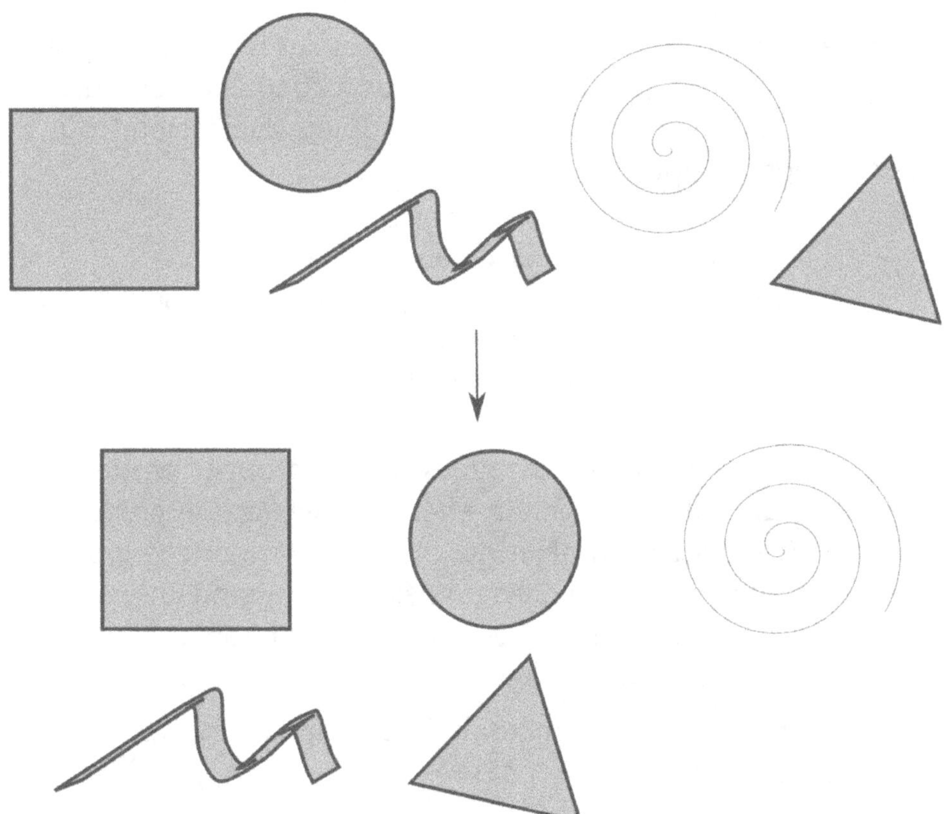

FIGURE 6-32 *Exemple d'organisation en tableau*

L'algorithme utilisé tend à préserver l'ordre initial des objets sur le canevas. Lorsque la structure du tableau diffère du placement d'origine, les objets sont réorganisés en remplissant le tableau de gauche à droite et de haut en bas.

Grouper les objets

Terminons notre petit tour d'horizon sur les manipulations d'objets par les groupes. Cette fonctionnalité permet l'utilisation de plusieurs objets en bloc, comme s'ils n'en formaient qu'un seul. Pour l'activer, sélectionnez les objets à regrouper et lancez la commande *Objet>Grouper* (*Ctrl + G*).

Les modifications et transformations effectuées sur le groupe s'appliquent alors au groupe dans sa globalité, et non pas à chaque objet individuellement, comme cela aurait été le cas si ces objets avaient été tous sélectionnés mais non groupés.

À SAVOIR **Groupes et calques**

Vous pouvez grouper des objets présents sur plusieurs calques. Sachez toutefois que cette opération ramène tous les objets ainsi groupés dans le calque le plus haut placé.

Les groupes sont particulièrement utiles pour regrouper plusieurs objets appartenant à un même dessin. En effet, ceci en facilite grandement la manipulation (cliquer sur un objet du groupe sélectionne le groupe dans son intégralité) et l'intégration dans un dessin plus grand. Il sera ainsi plus aisé de travailler avec un personnage dont les composantes sont groupées pour le positionner dans un paysage.

Pour sélectionner individuellement les objets groupés, appuyez sur la touche *Ctrl* puis cliquez sur l'objet désiré.

Si vous souhaitez sortir les objets d'un groupe, utilisez la commande *Objet>Dégrouper* (*Maj + Ctrl + G*).

À SAVOIR **Grouper des groupes**

Les groupes ne sont pas limités à une sélection d'objets. Vous pouvez également grouper des groupes, ou encore un mélange d'objets non groupés et de groupes. Chaque action pour dégrouper ne s'applique alors qu'à un niveau à la fois.

En résumé

Nous avons appris dans ce chapitre à multiplier les objets par copie classique ou par clonage, puis à les organiser avec une distribution et un alignement harmonieux, dans des calques, des groupes ou des tableaux. Dans le chapitre suivant, nous entrerons dans le détail des chemins et découvrirons de nouvelles possibilités pour modeler avec précision nos objets.

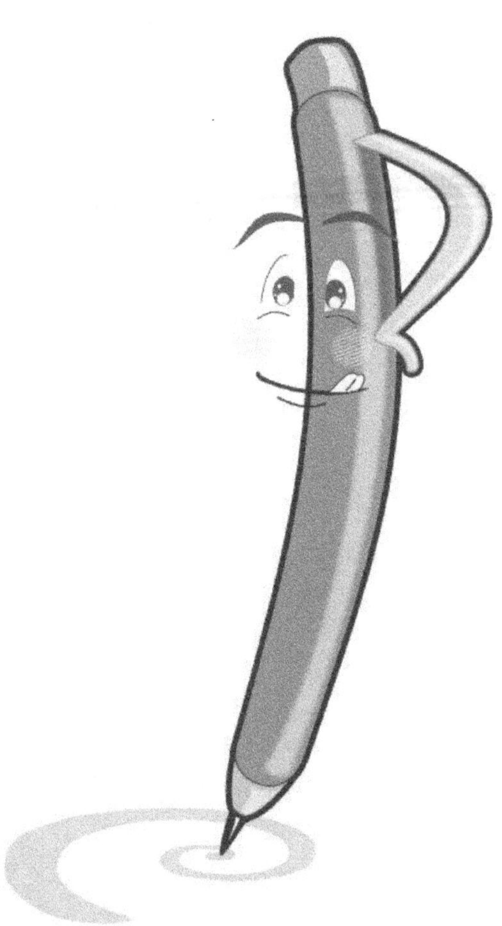

Manipulation des chemins

Tous les chemins d'Inkscape,
droits ou tortueux,
Ouverts comme fermés,
sont parsemés de nœuds,
Brandissons nos outils,
ajustons ces segments,
Ces courbes et ces pics,
façonnons-les fièrement.

Convertir un objet en chemin

Au chapitre 3, nous avons vu rapidement ce qu'est un chemin, et nous avons même eu l'occasion d'en utiliser quelques-uns dans les chapitres qui ont suivi. Cependant, les manipulations que nous avons expérimentées n'en avaient que rarement besoin, car les objets réalisés avec les outils de forme (les rectangles ou les ellipses par exemple) ne sont pas composés de chemins. De plus, pour la plupart des modifications que nous leur avons fait subir, nous avons travaillé avec leur outil propre. Mais ces outils, bien que très avantageux pour initialiser une forme, s'avèrent rapidement limités lorsqu'il s'agit de modifications en profondeur.

Prenons un cercle, créé avec l'outil Ellipse. Tant que le cercle conserve sa forme, il reste paramétrable avec l'ensemble des options et des poignées de l'outil. Vous pouvez, par exemple, le transformer en arc ou en camembert. Mais dès que le cercle est converti en chemin, ces options deviennent définitivement inaccessibles. Vous ne pouvez alors plus éditer le cercle en tant que cercle, mais en tant que chemin ayant une forme de cercle. Toutes les opérations du menu *Chemin* et de l'outil Nœud, auparavant interdites, sont désormais réalisables. Dans l'exemple suivant, nous avons déplacé les deux nœuds latéraux de notre cercle pour lui donner un aspect « patatoïdal », forme qu'il aurait été impossible d'obtenir avec le seul outil Ellipse.

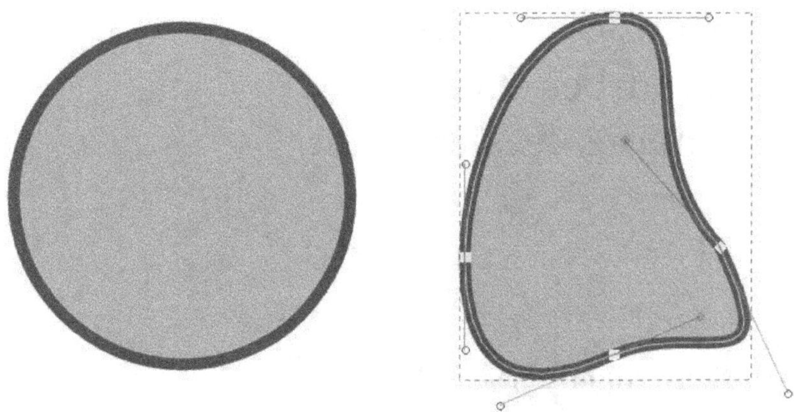

FIGURE 7-1 *Modification du cercle avec les nœuds latéraux*

De même, un objet texte accepte naturellement des transformations de style, mais, une fois converti en chemin, il devient totalement malléable.

D'autres objets, dessinés avec les outils Crayon, Stylo ou Plume calligraphique sont définis comme des chemins dès leur création. Vous pouvez donc les utiliser directement comme tels, sans conversion préalable.

À SAVOIR **Reconnaître un chemin**

Pour reconnaître un chemin, rien de plus simple : sélectionnez l'objet en double-cliquant dessus et observez le canevas. Si vous distinguez des poignées blanches, en forme de cercle ou de rectangle, et qu'un outil de forme est automatiquement sélectionné, pas de doute, votre objet est une forme encore modifiable avec son outil dédié.
À l'inverse, l'apparition de losanges et de carrés gris indique la présence de nœuds et par conséquent de chemins. Dans ce cas, c'est l'outil Nœud (et non pas un outil de forme) qui est automatiquement sélectionné par l'opération.

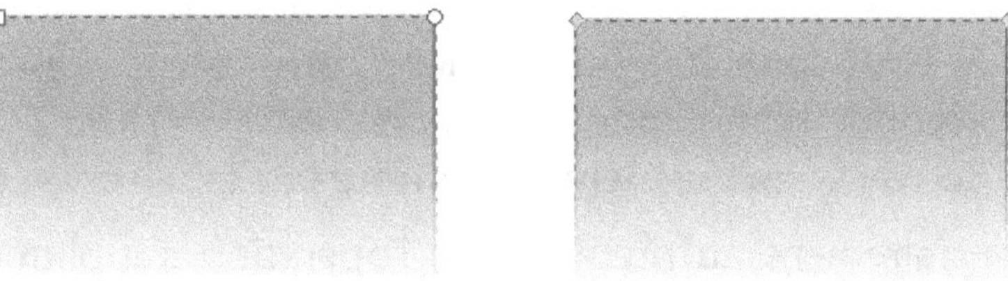

FIGURE 7-2 *À gauche des poignées blanches, à droite des nœuds*

Les commandes de conversion sont disponibles dans le menu *Chemin* et dans la barre de contrôle de l'outil Nœud.

ALTERNATIVE **Travailler avec le menu de l'outil ou avec les icônes ?**

Dans les explications qui suivent, nous utilisons les commandes du menu, mais rien ne vous empêche de tester également les icônes et de choisir, en fonction de vos goûts ou du contexte, l'une ou l'autre de ces méthodes.

À SAVOIR **Chemin ou objet !**

Un objet peut être converti en chemin, mais un chemin ne peut être converti en objet. La conversion est définitive, et l'objet ne peut plus être modifié avec l'outil qui lui a donné vie.

Pour convertir un objet en chemin :

1 Sélectionnez le ou les objets à convertir avec l'outil Sélecteur.

2 Activez l'outil Nœud.

3a Lancez enfin la commande *Chemin>Objet en chemin* (*Maj + Ctrl + C*) pour effectuer la conversion.

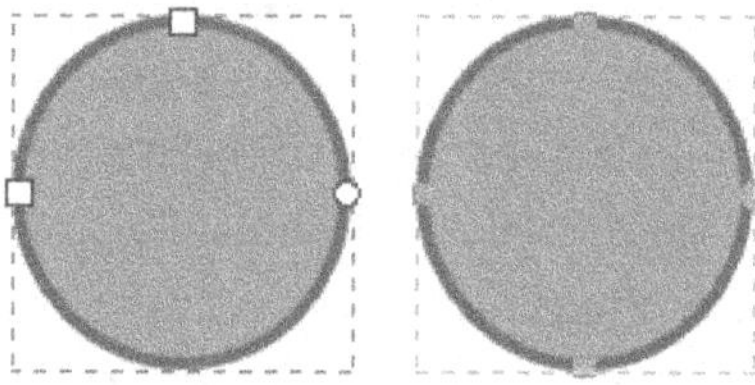

FIGURE 7–3   *Le cercle a été converti en chemin*

3b Si vous souhaitez uniquement conserver le contour, préférez alors la seconde commande, *Chemin>Contour en chemin* (*Ctrl + Alt + C*), pour convertir uniquement les contours de la sélection en chemin.

Contrairement au premier cas, l'opération s'applique autant aux objets qu'aux chemins, à la seule condition que le remplissage du contour soit défini. Le chemin ou l'objet est alors évidé, et des nœuds se placent sur le pourtour de son contour. Si le contour est défini mais que son épaisseur est nulle, les nœuds intérieurs et extérieurs sont confondus. Cette fonctionnalité peut être utilisée, par exemple, pour transformer un cercle en *donut* ou modifier un marqueur.

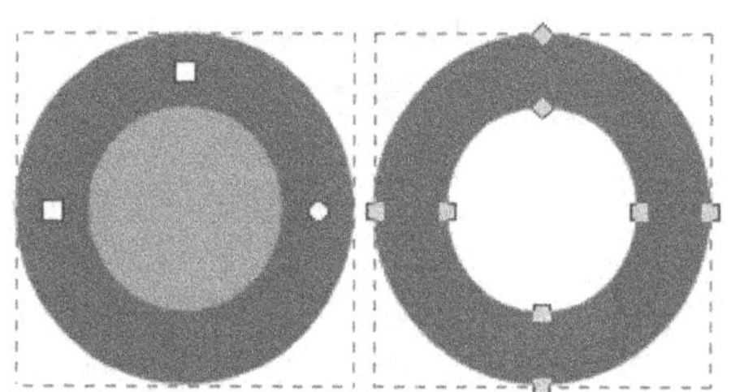

FIGURE 7–4   *Le contour du cercle a été converti en chemin*

AVANCÉ **Convertir un marqueur**

Le logiciel fournit un nombre conséquent de marqueurs. Il est possible de créer les vôtres, mais cela demande parfois plus de travail que de modifier un des marqueurs déjà disponibles. Inkscape considérant les marqueurs comme des contours, il est impératif de les convertir en chemin pour les modifier (afin, par exemple, de leur appliquer un dégradé). Tout comme pour les objets textes et les formes géométriques, appliquez ce changement une fois que vous êtes certain de ne plus les modifier.

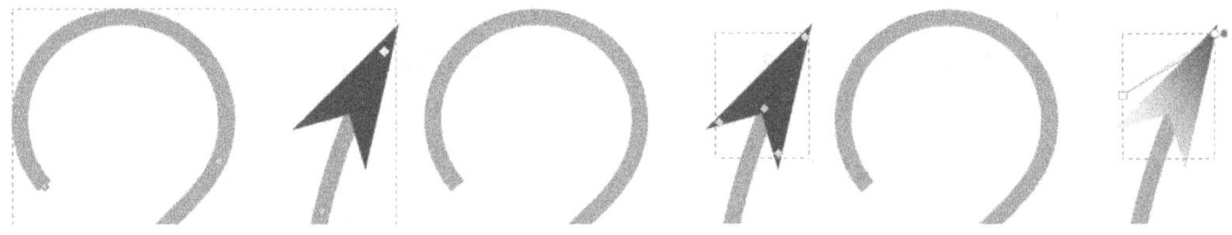

FIGURE 7–5　*À gauche, un marqueur, converti au centre en contour, puis, à droite, rempli avec un dégradé*

Retoucher un tracé avec l'outil Nœud

Après le Sélecteur, l'outil Nœud est un des outils essentiels d'Inkscape. Offrant de nombreuses possibilités d'action sur les nœuds et les chemins, il est tout à fait adapté à la réalisation et à la retouche de graphismes complexes. Pour utiliser l'outil Nœud, cliquez sur son icône dans la barre d'outils ou appuyez sur la touche *N*.

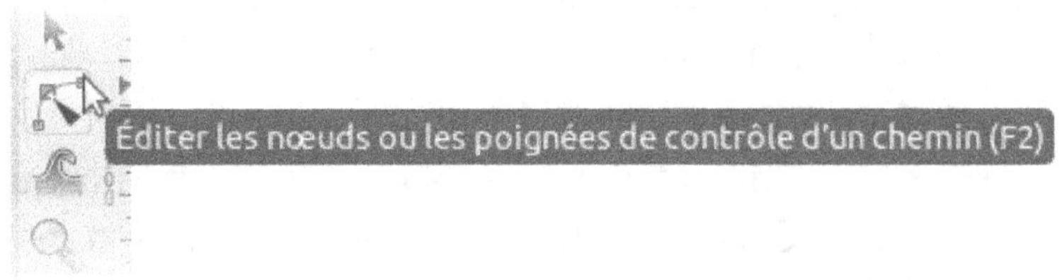

FIGURE 7–6　*L'outil Nœud*

Lorsque l'outil Nœud est activé, des losanges et des carrés matérialisant les nœuds apparaissent le long du chemin sélectionné. Leur couleur change en fonction de leur état :

- au repos, ils sont gris ;
- sélectionnés, ils deviennent bleus ;
- en contact avec le curseur, ils se colorent en rouge.

Chaque nœud peut être déplacé soit en cliquant-glissant avec la souris, soit en saisissant directement ses coordonnées dans les champs *X* et *Y* de la barre de contrôle. Autre fonctionnalité intéressante, vous pouvez modifier la courbure des lignes sur le canevas. Pour cela, approchez votre curseur d'un segment, entre deux nœuds, jusqu'à ce qu'une main apparaisse. Saisissez alors la ligne et déplacez votre curseur : le chemin se tord.

À SAVOIR **Édition multi-chemins**

La manipulation des nœuds n'est pas limitée à un chemin, mais peut tout aussi bien s'appliquer à plusieurs d'entre-eux dans la mesure où ils sont préalablement sélectionnés.

En fonction du type de chemin tracé, il est fort probable qu'une ou plusieurs poignées apparaissent lorsqu'un segment ou un nœud est sélectionné. Ces poignées prennent la forme de lignes bleues partant des nœuds et se terminant par un cercle blanc. En déplaçant ces cercles (qui deviennent alors rouge), vous agissez encore une fois sur la courbure du chemin. Si ces poignées n'apparaissent pas sur le canevas, vérifiez que l'icône *Afficher les poignées* est bien activée sur la barre de contrôle de l'outil.

Trois icônes placées tout au bout de la barre de contrôle modifient le comportement de l'outil :

- La première active l'affichage du contour en surbrillance lorsque vous survolez un chemin avec la souris. Le chemin apparaît alors bien visible malgré l'empilement des objets au-dessus de lui.
- Les deux autres autorisent l'édition des objets découpés et masqués directement sur le canevas. Cette fonctionnalité est détaillée dans le chapitre dédié à la manipulation des objets.

Vous connaissez maintenant les deux façons de modifier l'apparence d'un chemin : en agissant sur les segments situés entre deux nœuds ou sur les poignées des chemins.

AVANCÉ **Tablette ou souris ?**

Inkscape s'utilise parfaitement avec la souris, mais les manipulations précises de nœuds font appel à la motricité fine et peuvent s'avérer délicates si le pointeur est trop sensible. Si c'est le cas, diminuez la course de la souris avec les outils de paramétrage des périphériques de votre système d'exploitation pour avoir des gestes plus amples et de petits mouvements à l'écran. Attention tout de même à ne pas avoir à soulever la souris pour atteindre l'autre côté de l'écran, car cela pourrait retourner la poignée et vous obliger à tout recommencer. Par ailleurs, il est faux de penser qu'une tablette graphique vous facilitera la tâche. Ce périphérique, bien que présentant de nombreux avantages, demande d'autres qualités et réflexes.

Les options et commandes de la barre de contrôle sont nombreuses, et nous les détaillons dans les paragraphes suivants, à l'exception des conversions en chemin, que nous avons étudiées au début de ce chapitre, et de l'icône permettant l'édition des effets sur le canevas, abordé dans le chapitre sur les effets.

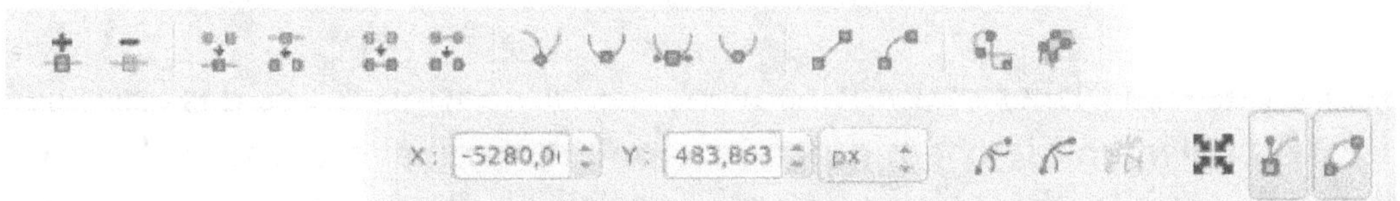

FIGURE 7-7   *Les options de l'outil nœud*

L'utilisation de l'outil Nœud demande un temps d'adaptation, en particulier pour manipuler avec succès les poignées des courbes. Mais ne vous inquiétez pas : si c'est un peu difficile au début, cela reste assez intuitif et rapidement, vous placerez bien vos nœuds pour réaliser de belles courbures.

> Idée **Tout au clavier !**
>
> Les développeurs ont pensé à ceux qui n'ont qu'un clavier pour utiliser Inkscape. Chaque nœud peut être déplacé et même chaque poignée peut être retournée et pivotée en obéissant au clavier ! La liste de ces raccourcis est disponible dans le menu *Aide>Référence des raccourcis clavier et souris*.

Ajouter ou supprimer des nœuds

Afin de parfaire la courbure d'un chemin, il faut bien souvent ajouter un nœud. Deux méthodes s'offrent à vous, en fonction de l'endroit où vous souhaitez poser le nouveau nœud :

- pour placer le nœud exactement au milieu d'un segment, sélectionnez les deux nœuds qui l'entourent ou le segment lui-même, puis appuyez sur l'icône *Insérer un nœud* (tout à gauche dans la barre de contrôle de l'outil) ;
- pour déposer le nœud sur une position précise, double-cliquez sur le chemin à l'endroit où il doit être placé.

> À savoir **Deux liens seulement !**
>
> Un nœud ne peut être relié qu'à deux segments. Pour arriver à l'effet visuel consistant à faire partir un nombre supérieur de lignes d'un nœud, il vous faudra ruser en superposant plusieurs chemins.

Les nœuds mal placés causent souvent des discontinuités et des irrégularités. Globalement, le chemin paraîtra, pour un œil averti, moins harmonieux. Partir à la chasse aux nœuds inutiles est donc une bonne chose. Vous améliorez ainsi votre dessin, et, cerise sur le gâteau, le fichier résultant sera allégé. Pour démêler vos chemins, sélectionnez les nœuds indésirables et appuyez sur l'icône *Supprimer les nœuds* ou sur la touche *Suppr*.

Dompter les nœuds et les chemins

Avançons d'un cran dans l'apprentissage du logiciel et penchons-nous sur les différents types de nœuds qu'Inkscape supporte :

- le *nœud dur*, qui possède des poignées asymétriques et est représenté par un losange gris, vous laissera la plus grande liberté d'action ;

- le *nœud doux*, dont les poignées symétriques forment une droite (seule la longueur de chaque poignée est indépendante), est symbolisé par un carré gris ;
- le *nœud symétrique*, proche du nœud doux, ses poignées, en plus d'être symétriques par rapport au nœud, possèdent une longueur identique ;
- le *nœud automatique*, identique au nœud symétrique à l'exception près qu'il effectue un lissage automatique de la courbe ; il est représenté par un cercle gris.

FIGURE 7–8 *De gauche à droite : nœud dur, doux, symétrique et automatique*

Ces quatre types de nœuds sont présents sur la barre de contrôle de l'outil Nœud. Pour les appliquer, sélectionnez le ou les nœuds que vous souhaitez modifier, puis cliquez sur l'icône correspondant au type désiré. Ces manipulations peuvent paraître compliquées, mais ne vous inquiétez pas : rapidement, vous saurez quel nœud convient à quel projet.

Pour vous épargner d'inutiles essais sur les nœuds, Inkscape offre la possibilité de transformer les segments en droites ou en courbes avec les icônes *Rendre rectilignes les segments sélectionnés* et *Rendre courbes les segments sélectionnés*.

L'opération consistant à rendre un segment rectiligne est particulièrement intéressante. Elle annule les courbures aux nœuds et les poignées associées du côté du segment sélectionné, et la courbe est transformée en droite. L'action inverse n'est utile que lorsqu'un chemin est rectiligne, pour rendre aux nœuds les poignées manquantes.

ALTERNATIVE **Modifier directement la courbe**

Lorsque vous éditez directement sur le canevas un segment rectiligne en arrondissant sa ligne droite, celui-ci se transforme directement en courbe.

Briser et joindre les chemins

Le long d'un chemin, un nœud est lié à un ou deux segments. S'il n'en possède qu'un (et du même coup qu'une seule poignée), il est dit terminal. Ce nœud peut alors être raccordé à un autre nœud du même type, soit directement, soit par l'ajout d'un segment. Dans les deux cas, sélectionnez les deux nœuds terminaux puis :

- Pour relier les deux nœuds directement, appuyez sur l'icône *Joindre les nœuds terminaux sélectionnés*.
- Si vous préférez utiliser un segment pour la jointure, optez pour l'icône *Joindre les nœuds sélectionnés par un segment*.

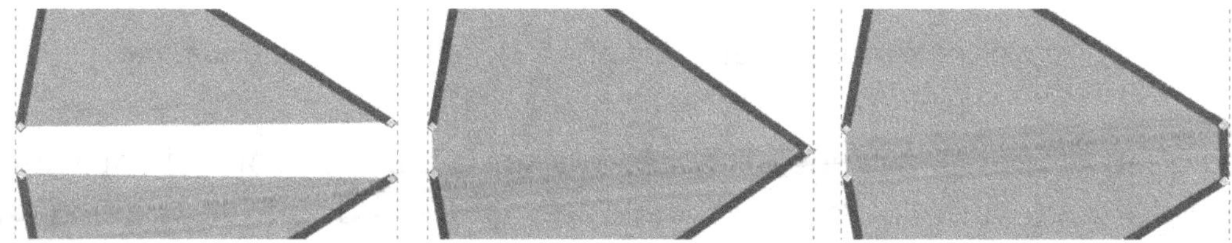

FIGURE 7-9 *À gauche, la forme comporte quatre nœuds terminaux. Au milieu, deux nœuds ont été joints directement. À droite, les nœuds ont été joints par un segment.*

À l'inverse, il est possible de briser un nœud en deux avec l'icône *Briser le chemin aux nœuds sélectionnés*. Chaque nœud sélectionné est alors scindé en deux nœuds terminaux, reliés chacun à un segment. L'icône *Supprimer un segment entre deux nœuds non terminaux* réserve le même sort aux nœuds reliés par le segment supprimé.

L'outil d'édition proportionnelle

Malgré son nom, il ne s'agit pas vraiment d'un outil au sens auquel Inkscape nous a habitué. Il ne possède pas d'icône, que ce soit dans la barre d'outils ou dans les barres de contrôle, et fait partie intégrante de l'outil Nœud.

EN DÉTAIL **Pourquoi le cacher ?**

Cet outil a été développé par Bulia Byak, qui préfère enrichir les outils déjà présents en leur ajoutant des options, plutôt que d'en créer de nouveaux. C'est un point de vue qui se défend…

Si vous êtes familier de Blender, le célèbre logiciel libre de 3D, vous connaissez déjà cet outil et son rôle : déformer plusieurs nœuds de façon proportionnelle. Concrètement, les nœuds proches de la source du déplacement sont davantage affectés par les modifications que les nœuds les plus
éloignés. Pour l'utiliser :

1 Sélectionnez tous les nœuds concernés par le mouvement.

2 Cliquez sur le nœud auquel doit s'appliquer le déplacement le plus
  ample et maintenez le clic.

3 Pressez la touche *Alt* en déplaçant le nœud. L'ensemble des nœuds
  sélectionnés suit le mouvement proportionnellement à leur distance
  par rapport au nœud déplacé.

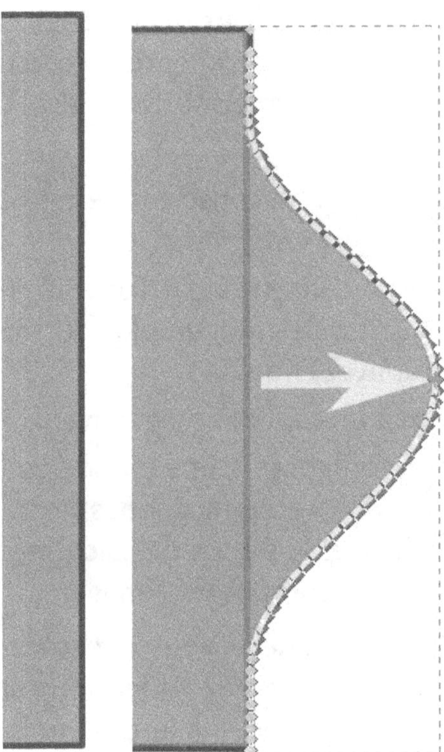

FIGURE 7–10 *Déformation proportionnelle de la ligne noire lors du déplacement du nœud central*

Vectoriser une image bitmap

Cette fonctionnalité est utile lorsque vous désirez utiliser une image matricielle (appelée également bitmap) pour l'intégrer dans votre dessin sous une forme vectorielle, et le retravailler avec les outils et effets d'Inkscape. Mais attention, l'image vectorisée ne sera pas identique à l'image bitmap !

Lorsque vous avez vraiment besoin de conserver un bitmap tel quel, contentez-vous de l'importer et éventuellement de l'incorporer dans le fichier, avec le menu *Effets>Images>Incorporer les images...*, mais surtout, ne le vectorisez pas !

Pour parvenir à un résultat optimal, vous devez être conscient de ces quelques contraintes liées à la vectorisation :

- Évitez les dégradés. En effet, ils sont mal conservés par l'opération et sont remplacés par des changements bruts de couleur, plus ou moins marqués selon le paramétrage que vous avez choisi.
- Les petits détails sont perdus. La photo a un aspect flou et baveux.
- Selon la puissance de votre ordinateur, l'affichage d'une grande collection d'objets vectoriels peut ralentir le système, étant donné l'extraordinaire augmentation du poids du fichier et le temps de calcul nécessaire au bon affichage de toutes les courbes composant l'image.

Cependant, vectoriser un bitmap est tout indiqué si vous effectuez un crayonné en vue de poursuivre le travail sur ordinateur. Aidez-vous alors de l'utilitaire Potrace. En effet, il distingue parfaitement le trait noir du fond blanc, et vous retrouvez alors sur le canevas votre tracé lissé et vous pouvez profiter de son nouveau statut de chemin vectoriel.

Le menu *Chemin>Vectoriser le bitmap...* (*Maj + Alt + B*) ouvre une boîte de dialogue dédiée à la vectorisation.

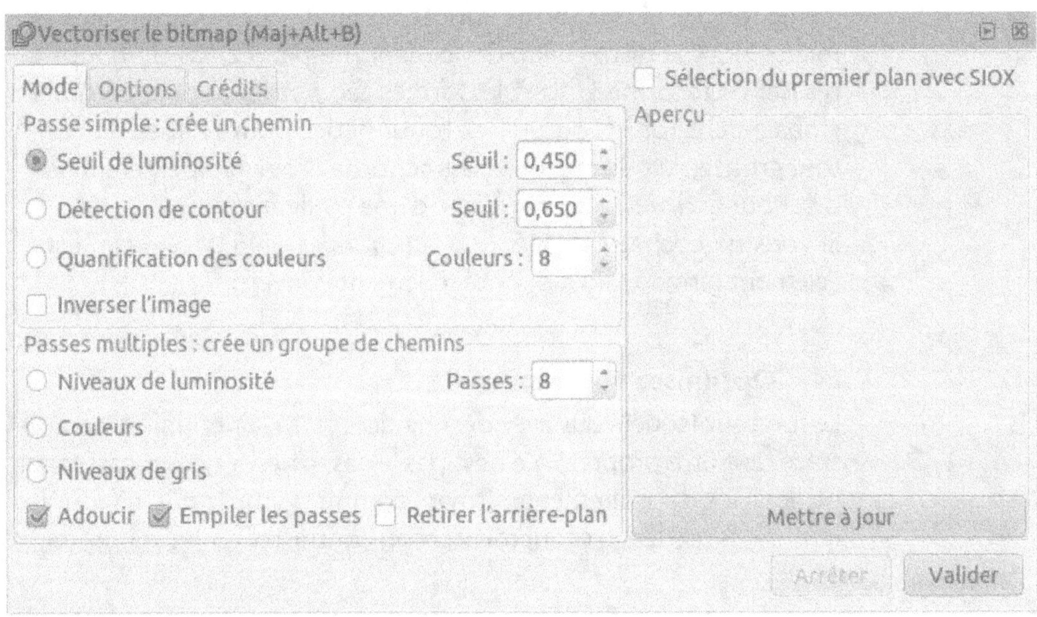

FIGURE 7–11   *La fenêtre pour vectoriser une image bitmap*

Dans la moitié droite de la fenêtre qui s'ouvre alors, s'affiche l'aperçu du résultat de la vectorisation. Vous l'actualisez en appuyant sur le bouton *Mettre à jour*.

Dans la moitié gauche, vous trouvez deux onglets relatifs aux modes et aux options. Il existe plusieurs algorithmes aboutissant à différents types de vectorisation. Pourquoi autant de choix alors que vous souhaitez juste obtenir un équivalent de votre image en vectoriel ? La raison est simple : vectoriser un logo, un dessin scanné ou une image imprimée exige des réglages différents. Vous devez donc optimiser vos réglages, en fonction du type d'image et du résultat attendu.

> Avancé **Vectoriser une partie de l'image**
>
> La case à cocher *Sélection du premier plan avec SIOX* placée en haut à droite de la fenêtre active l'outil SIOX. Également présent dans Gimp, cet outil permet de ne vectoriser qu'une partie de l'image. Il extrait l'objet du fond en concentrant la vectorisation uniquement sur l'objet indiqué, et en ignorant ce qui l'entoure.
>
> Pour indiquer à SIOX quelle partie convertir, recouvrez-la d'une forme foncée. Plus la forme adopte les contours de votre objet, et mieux SIOX la distinguera. Cependant, ne perdez pas de temps à réaliser cette forme. Utilisez les formes géométriques pour entourer globalement l'objet, ou utilisez l'outil Bézier pour réaliser un contour grossier, fait de quelques segments de droite rapidement dessinés. Pour finir, remplissez la forme d'une couleur foncée.
>
> Si vous ne cochez pas *Sélection du premier plan avec SIOX*, tout l'élément bitmap sera alors intégralement converti.

> Idée **Optimisez vos dessins**
>
> Le fond sur lequel vous avez dessiné doit être clair et uniforme, et le tracé doit être propre. Si ce n'est pas le cas, n'hésitez pas à passer par un logiciel de traitement bitmap comme Gimp pour effacer les impuretés du dessin et augmenter son contraste.

Pour commencer, choisissez, dans l'onglet *Mode*, le nombre de passes à effectuer :

- Si vous souhaitez avoir un résultat aussi fidèle que possible, optez pour le mode *Passes multiples*. Le dessin sera alors scanné autant de fois que vous l'avez décidé avec des réglages différents. Chaque passe crée un chemin et, au final, tous les chemins sont groupés.
- Pour vectoriser une esquisse au crayon, choisissez le mode *Passe simple*. Le dessin n'est alors scanné qu'une fois, et ne génère qu'un seul chemin.

Mais voyons ces paramètres plus en détail.

Mode Passe simple

Vous avez le choix entre trois algorithmes.

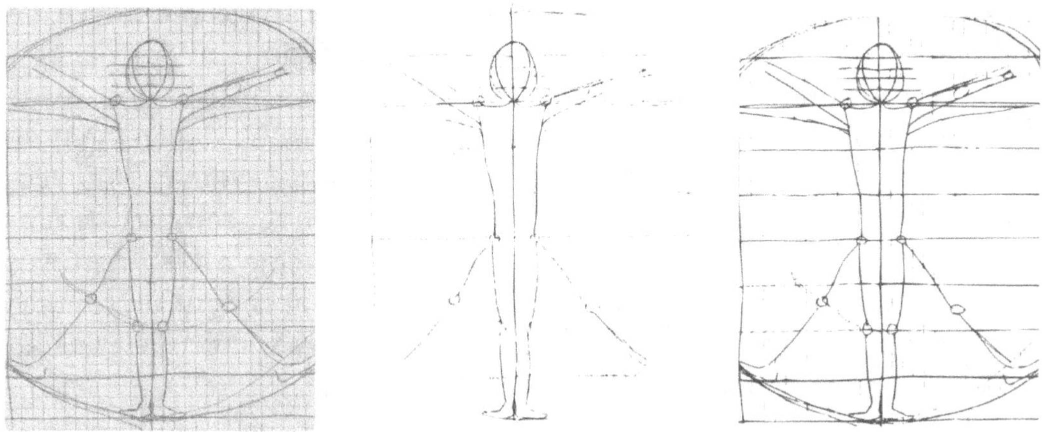

FIGURE 7-12 *Passe simple avec seuil de luminosité (au centre à 0,4 ; à droite 0,55)*

Le premier, *Seuil de luminosité*, vous invite à déterminer un niveau minimum de luminosité à partir duquel les pixels sont vectorisés. La luminosité d'un pixel est calculée à partir de ses valeurs RVB ou, pour les images en noir et blanc, des niveau de gris.

Le deuxième, *Détection de contour*, se base comme le premier sur la luminosité des pixels, mais les aplats sont cette fois-ci remplacés par des contours.

FIGURE 7-13 *Passe simple avec détection de contour (au centre à 0,25 ; à droite 0,8)*

Ces deux algorithmes constituent un bon choix pour vectoriser un dessin fait au crayon puis scanné. Les traits sont alors facilement modifiables avec les outils Nœud et Ajuster, et peuvent être coloriés, par exemple, avec l'outil Remplissage au seau.

Le troisième algorithme, *Quantification des couleurs*, se concentre sur les variations de couleur de l'image. Chaque changement de couleur entre deux pixels adjacents crée un aplat de couleur sur l'image vectorielle. Le nombre de couleurs détermine la sensibilité aux variations, et donc la précision de l'opération. Cet algorithme est utile pour vectoriser une image comportant des aplats (un logo, par exemple), car chaque changement de couleur est reporté dans le résultat de la vectorisation. Si vous désirez vectoriser le plus d'éléments composant l'image sans vous encombrer de plusieurs chemins, ce choix est idéal. Veillez tout de même à bien nettoyer l'image source : le fond doit être uni et les contours nets pour un résultat probant. Au final, il vous suffit de sélectionner l'image vectorielle et de lui appliquer le style souhaité.

Quel que soit votre choix, l'image résultante de ce traitement est en noir et blanc. Pour remplacer le blanc par du noir et le noir par du blanc, cochez l'option *Inverser l'image*.

Mode Passes multiples

Si vous optez pour des passes multiples, vous avez à nouveau trois possibilités.

Le premier algorithme, *Niveau de luminosité*, effectue plusieurs balayages sur l'image avec un seuil de luminosité différent. Le niveau le plus foncé est fixé à un seuil de 0,2 et le plus clair à 0,9. Les seuils intermédiaires sont calculés en fonction du nombre de passes que vous avez indiqué.

> EN DÉTAIL **Calcul des seuils**
>
> Voici le calcul effectué par Inkscape pour décider quelle valeur attribuer à chaque passe :
>
> ```
> 0,2 + ((0,9 - 0,2) / nombre de passe).
> ```

Le deuxième, *Couleurs*, vectorise selon les couleurs présentes dans le bitmap. Choisissez le nombre des couleurs à prendre en compte dans le paramètre *Passes*.

Le troisième, *Niveaux de gris*, agit comme le précédent, à l'exception que l'image résultante est convertie en niveaux de gris.

En bas du bloc réservé aux passes multiples, vous pouvez encore ajouter les options présentées dans le tableau 7-1.

Tableau 7–1 **Options du mode Passes multiples**

Option	Effet
Adoucir	Fait en sorte que la vectorisation soit plus lisse en appliquant un léger flou à l'image source.
Empiler les passes	Fait en sorte que chaque passe prenne en compte la surface déjà vectorisée par la passe précédente pour obtenir au final une image uniforme et sans trou. Cochez cette case lorsque vous souhaitez simplifier les chemins des passes les plus basses, et obtenir ainsi de grands aplats. Laissez-la décochée si vous voulez uniquement profiter de quelques chemins, avec des trous, sur lesquels vous souhaitez réaliser des coupes pour les diviser en sous-chemins.
Retirer l'arrière-plan	Supprime le chemin le plus bas dans la vectorisation (le plus clair), qui est souvent inexploitable.

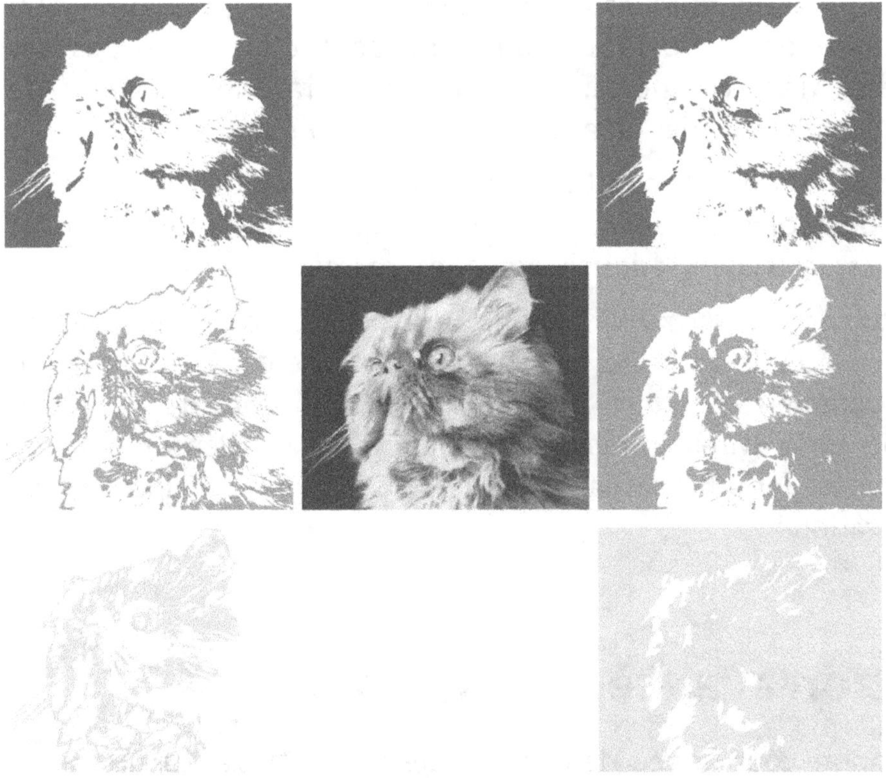

Figure 7–14 *Passe multiple avec niveau de luminosité sans (à gauche) et avec (à droite) empilage de passe*

Optimiser la vectorisation

Et ce n'est pas terminé ! D'autres paramètres, indépendants du mode de vectorisation, sont disponibles dans l'onglet *Options*.

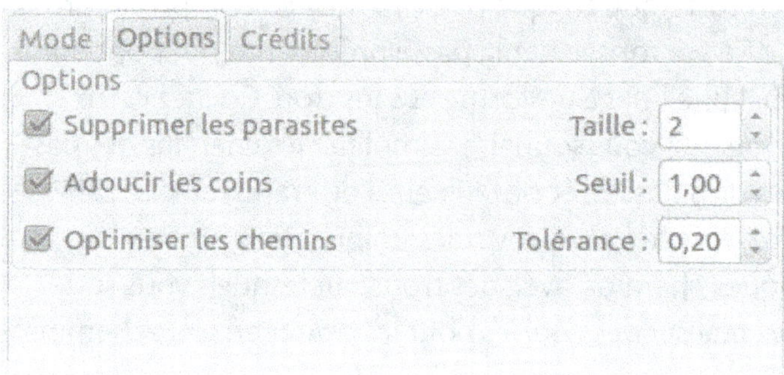

FIGURE 7–15 *Options communes à toute vectorisation de bitmap*

Supprimer les parasites retire les tâches générées par la vectorisation d'un bitmap comportant trop de flou, d'un dessin dont le fond n'est pas très blanc, ou d'un tracé comportant de nombreux crayonnés. À vous de définir la taille maximale des parasites dans le champ *Taille*.

Adoucir les coins arrondit la courbure des nœuds. Le résultat de la vectorisation est alors moins anguleux. Plus la valeur que vous indiquez dans le champ *Seuil* est forte, plus l'adoucissement est marqué.

L'option *Optimiser les chemins* réduit la quantité de nœuds générés en fusionnant les nœuds de Bézier proches. La force de cette optimisation dépend du paramètre *Tolérance* que nous vous conseillons de manipuler avec douceur pour éviter un résultat trop approximatif. Pensez à activer l'option *Tolérance* (et à ne pas la laisser à *0*) pour profiter pleinement de cette optimisation.

Utilisation avancée des chemins

Inkscape propose tout un jeu de commandes pour générer de nouveaux chemins à partir de plusieurs autres, en leur appliquant des opérations simples. Il vous faut définir au minimum deux objets initiaux. Ces objets peuvent être des chemins ou des formes, le résultat sera toujours un chemin. Soulignons que ces opérations ne fonctionnent pas avec les groupes.

Mais attention, la position des objets dans les plans a son importance : l'objet le plus bas dans la pile est la cible sur laquelle s'applique l'opération ; l'objet le plus haut (celui qui recouvre le premier) peut être considéré comme le paramètre de l'opération. C'est pourquoi c'est toujours le style du premier objet (le plus bas) qui est appliqué au chemin résultant.

Pour utiliser ces commandes, sélectionnez au préalable les objets sur le canevas, puis choisissez l'opération dans le menu *Chemin*.

À SAVOIR **Pensez à la barre d'information**

Si vous lancez une opération sans succès, pensez à lire le message d'erreur dans la barre d'état et d'information, tout en bas de la fenêtre du logiciel. Vous saurez ainsi ce qui n'a pas fonctionné.

Union

Vous avez deux objets qui ensemble forment un dessin. Vous souhaiteriez les réunir pour créer un chemin. C'est le but de la fonction Union. Les chemins fusionnent en un chemin unique, comportant un seul style, par exemple un même fond, une même couleur de contour et style de tracé.

Pour lancer cette opération, sur deux chemins ou plus, utilisez la commande *Chemin>Union* ou la combinaison de touches *Ctrl + +* sur les chemins que vous aurez préalablement sélectionnés.

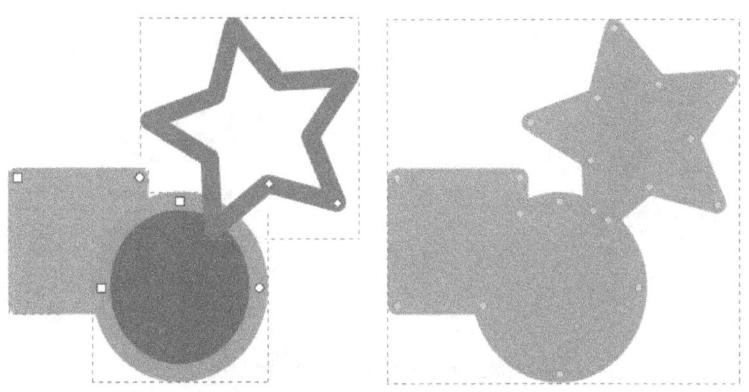

FIGURE 7-16 *Résultat de l'opération Union sur trois chemins*

Différence

Comme vous le verrez dans plusieurs exercices du Chapitre 9, cette fonctionnalité est souvent utilisée pour découper proprement un chemin. Cette opération supprime le chemin en avant-plan du chemin en arrière-plan.

Afin de créer un anneau, partons de deux ellipses. L'élément résultant de l'opération booléenne *Différence* sera le morceau de chemin non superposé.

Sélectionnez les deux ellipses et lancez cette opération (avec deux chemins uniquement), utilisez la commande *Chemin>Différence* ou la combinaison de touches *Ctrl + –*.

FIGURE 7–17 *Résultat de l'opération Différence sur deux chemins*

Intersection

Cette opération conserve la zone d'intersection des chemins sélectionnés. Son principal intérêt est de rendre possible la création de chemins complexes à partir de formes simples. Pour la lancer sur deux chemins ou plus, utilisez la commande *Chemin>Intersection* ou la combinaison de touches *Ctrl + **.

FIGURE 7–18 *Résultat de l'opération Intersection sur trois chemins*

Exclusion

À l'inverse de la commande précédente, celle-ci extrait la surface commune aux chemins sélectionnés. Pour lancer cette opération, avec deux chemins uniquement, utilisez la commande *Chemin>Exclusion* ou la combinaison de touches *Ctrl + ^*.

FIGURE 7–19 *Résultat de l'opération Exclusion sur deux chemins*

À SAVOIR **Et si je veux utiliser ces opérations booléennes avec au moins trois chemins ?**

Dans ce cas là, répétez l'opération autant de fois que nécessaire, car ces opérations booléennes n'acceptent que deux chemins à la fois.

Division

Avec cette commande, l'objet situé en arrière-plan est coupé au niveau de la zone délimitée par l'objet en avant-plan pour former deux objets distincts.

Pour lancer cette opération (avec deux chemins uniquement), utilisez la commande *Chemin>Division* ou la combinaison de touches *Ctrl + /*.

FIGURE 7–20 *Résultat de l'opération Division sur deux chemins. La troisième image montre le résultat de la division légèrement écarté pour être mieux perçu.*

> PIÈGE **Et soudain, rien ne se passe !**
>
> Si l'objet n'a pas de contour, cette opération peut sembler sans effet : si l'objet en avant-plan a bien disparu, l'objet en arrière-plan est identique à ce qu'il était à l'origine. Mais en fait, il ne l'est pas tout à fait. Vérifiez en sélectionnant l'objet résultant et en le déplaçant un peu…

Découper le chemin

La découpe de chemin agit comme l'opération *Division*, mais sans fermer les chemins au niveau de la partie découpée et sans remplir les nouveaux objets créés dont seuls les contours sont affichés. De fait, si votre objet en arrière-plan ne comprend pas de remplissage du contour, votre canevas affiche uniquement la boîte de sélection des objets. Rien ne vous empêche, pour rendre le résultat plus lisible, de rajouter le contour après coup.

> EN DÉTAIL **Extrémités de la partie découpée**
>
> La partie découpée est matérialisée aux extrémités par des nœuds terminaux.

Pour lancer cette opération (avec deux chemins uniquement), utilisez la commande *Chemin>Découper le chemin* ou la combinaison de touches *Ctrl + Alt + /*.

FIGURE 7-21 *Résultat de l'opération Découper le chemin sur deux chemins. La troisième image montre le résultat légèrement écarté pour être mieux perçu*

Combiner et séparer

Ces commandes peuvent paraître similaires aux opérations d'union et de division, mais présentent une différence de taille : les chemins d'origine sont conservés, et aucun nœud n'est ajouté, supprimé, ni même altéré, sauf si vous utilisez des objets créés avec les outils de forme. Dans ce cas ils sont convertis en chemin.

Avec la commande *Chemin>Combiner*, plusieurs chemins se réunissent en un seul objet, utilisant le style du chemin placé en avant-plan. À la différence de l'opération *Union*, ils ne se fondent pas ensemble et chacun garde ses frontières.

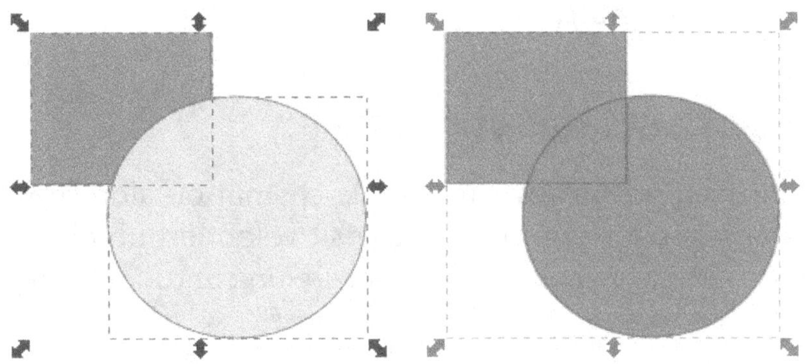

FIGURE 7-22 *Résultat de l'opération Combiner sur deux chemins*

> À SAVOIR **Combinaison et remplissage**
>
> Si vous combinez des chemins qui se chevauchent, le remplissage sera, si vous avez choisi une règle « pair-impair », affecté par le passage d'un chemin à l'autre, créant ainsi des alternances de vide et de couleur. Les règles de remplissage sont décrites avec précision dans le chapitre 4.

Inversement, si votre objet contient plusieurs chemins distincts, vous pouvez les scinder en plusieurs objets avec la commande *Chemin>Séparer*. Les deux objets ainsi générés héritent du style de l'objet initial. Si vous séparez deux chemins précédemment combinés, ils ne retrouveront pas leurs styles d'origine.

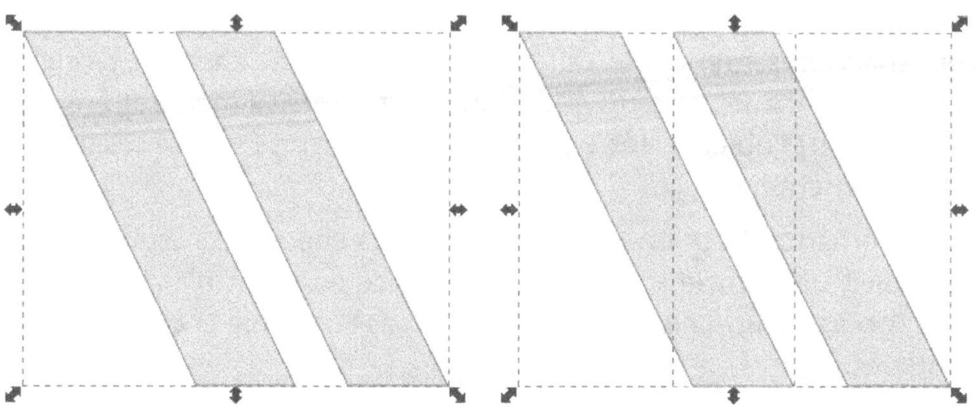

FIGURE 7–23 *Résultat de l'opération Séparer*

Jouer avec les offsets des chemins

Parfois, on aimerait bien grossir juste un peu le chemin ou alors légèrement le réduire. Dans certains cas, on améliorerait volontiers un objet en lui ajoutant un contour blanc épais, surligné encore un contour noir léger pour obtenir un effet cartoon-carton 2D ou 3D écrasé…

Le premier réflexe est de dupliquer l'objet puis de l'agrandir manuellement un tout petit peu, tout en respectant les proportions. Mais ce n'est pas toujours très simple, car le placement peut se décaler au cours de l'opération et ne plus suivre exactement les courbes du dessin.

Heureusement, l'offset est là pour nous tirer d'affaire. Il nous aidera à déplacer facilement le contour d'un chemin ou d'une copie de celui-ci, tout en en conservant la forme.

Avec la commande *Chemin>Contracter*, ou la combinaison *Ctrl + (*, vous déplacez le chemin vers l'intérieur de l'objet, d'une valeur de 2 pixels. Cette valeur est modifiable dans le menu *Fichier>Préférences d'Inkscape...*, puis *Incréments*. Pour appliquer l'opération inverse, passez par *Chemin>Dilater*, ou *Ctrl +)*.

Si vous préférez maîtriser pleinement le processus, la commande *Chemin>Offset dynamique* (*Ctrl + J*) remplacera les nœuds du chemin sélectionné par une poignée contrôlant l'amplitude de l'offset. Pour retrouver les nœuds, convertissez le chemin d'offset en un chemin classique avec la commande *Chemin>Objet en chemin* (*Maj + Ctrl + C*).

> IDÉE **Étoile et offset**
>
> Les offsets ont le grand avantage d'arrondir les angles aigus et d'aiguiser les angles obtus. Ainsi, pour inverser facilement les angles d'une étoile, faites appel à l'offset !
>
> 
>
> FIGURE 7–24 *Une étoile et différents offset*

Dans le cas de manipulations plus subtiles, pensez à la commande *Chemin>Offset lié* (*Ctrl + Alt + J*). Elle crée une copie du chemin puis remplace ses nœuds par une poignée d'offset. Par la suite, lorsque vous modifiez le chemin initial, le chemin d'offset lié le suit en conservant le décalage que vous définissez avec la poignée. Notez que le style des deux chemins peuvent être totalement différents, puisqu'il n'existe pas d'héritage à ce niveau. Si vous transformez le chemin d'offset en chemin, vous déliez le chemin initial. Soulignons pour terminer que le nombre d'offsets liés pour un même chemin n'est pas limité à un, et qu'un offset lié peut lui-même servir de base à un autre offset du même type.

> EN DÉTAIL **Clones et offset lié**
>
> L'artiste Jimmac, de son vrai nom Jakub Steiner, est réputé pour son travail au service du monde libre. En effet, c'est un des créateurs du jeu d'icônes Tango, utilisé par les logiciels Gimp, Scribus, Gnome et bien d'autres. Il a remarqué que la manipulation d'un fichier comprenant un nombre important de clones de chemin contenant des offsets liés sollicite énormément le microprocesseur. Si vous vous retrouvez dans ce cas de figure, convertissez l'offset en chemin, vous serez alors moins gêné par les ralentissements.

Simplifier le chemin

Le but de la commande *Chemin>Simplifier* (*Ctrl + L*) est de supprimer des nœuds pour simplifier un chemin et en faciliter les transformations.

Attardons-nous sur ce dernier point. Prenons, par exemple, un croquis que vous avez scanné puis vectorisé. L'opération, en essayant de suivre au plus près le tracé, a probablement généré plus de nœuds que nécessaire. Même constat si vous avez œuvré avec l'outil Crayon, qui ajoute naturellement beaucoup de nœuds. Sur certains endroits très travaillés, ces nœuds peuvent être particulièrement nombreux. Avant d'en retravailler les formes, il est préférable (à moins ce que ces détails ne soient volontaires) de simplifier le dessin. Avec moins de nœuds à traiter, vous pourrez plus facilement modifier votre travail.

Mais attention, même si Inkscape fait son maximum pour que le dessin simplifié reste fidèle à l'original, chaque suppression de nœud réorganise différemment le chemin. Ainsi, un abus de simplification peut conduire à une déformation trop importante et, au final, à un chemin ne ressemblant plus à rien.

Heureusement l'intensité de la simplification est dosable. Deux méthodes vous sont proposées :

- En jouant sur la taille de la zone de sélection. Plus cette zone est grande en comparaison avec le chemin, plus la simplification sera forte. En pratique, la simplification est plus forte sur chaque chemin d'une sélection que si elle était appliquée à chacun d'entre eux individuellement.
- En modulant la répétition de la simplification. Si vous répétez rapidement la commande *Ctrl + L*, l'intensité sera plus forte. Par défaut, le seuil est fixé à une demi-seconde entre deux frappes.

Inverser le chemin

Pas de mystère, cette commande fait ce que son nom indique : inverser le sens des chemins. Ce n'est pas très visible sur un chemin seul, mais imaginez qu'il contienne des marqueurs ou serve de support à du texte. Leur sens est alors inversé.

AVANCÉ **Afficher le sens du chemin**

La visualisation du sens du chemin n'est que rarement nécessaire, aussi est-elle masquée par défaut. Pour l'activer, ouvrez le menu *Fichier>Préférences d'Inkscape...* *(Maj+Ctrl+P)* et cochez les options *Toujours afficher le contour* et *Afficher la direction des chemins sur le contour* dans la rubrique *Nœud*.

Appliquer des modifications avec l'outil Ajuster

À la différence des autres outils, Ajuster ne crée rien de nouveau, mais se contente (tout comme l'outil Gomme) d'appliquer des modifications (déplacement, déformation ou flou, par exemple) sur un objet existant. En y regardant de plus près, toutes les modifications qui le font intervenir sont également réalisables avec un autre outil.

Toutefois, il existe tout de même au moins une différence de taille : son ergonomie. D'une part, cet outil est synthétique, car, en regroupant les outils de retouche les plus utiles, il nous évite des allers et retours entre plusieurs outils différents. D'autre part, il ne fonctionne pas exactement de la même façon. Là où il était nécessaire de manipuler des nœuds individuellement pour retoucher une forme, l'outil Ajuster agit comme une brosse, directement sur l'ensemble de la sélection. C'est un peu comme si vous utilisiez des outils issus du monde matriciel sur un dessin vectoriel.

Pour utiliser l'outil Ajuster, cliquez sur son icône dans la barre d'outils ou appuyez sur la touche *W*, puis cliquez-glissez sur le canevas à proximité des objets sélectionnés.

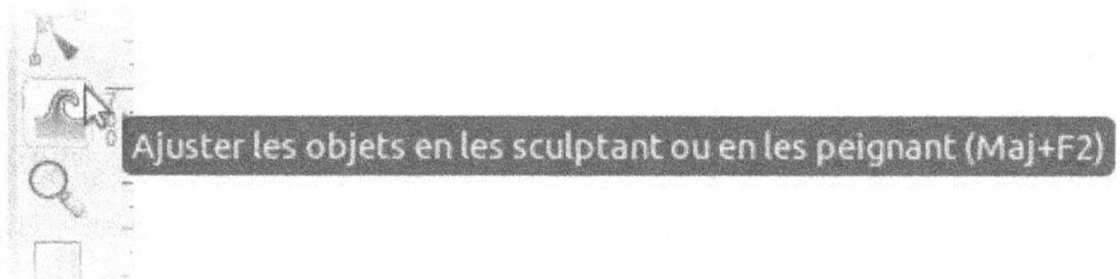

FIGURE 7-25 *L'outil Ajuster*

Activé, l'outil Ajuster se matérialise par un cercle orange (dont la taille correspond à l'épaisseur) sur le canevas. Tout ce qui est placé dans le cercle est affecté par l'outil, mais avec une intensité plus forte au cœur du cercle qu'à sa périphérie.

> À SAVOIR **Fidélité et performances**
>
> Ce paramètre a un impact direct sur le nombre de nœuds que cet outil rajoute. Avec une fidélité trop élevée, le microprocesseur de votre ordinateur peut souffrir. Testez jusqu'à trouver une valeur adaptée à votre environnement et à vos besoins.

Prenez le temps d'affiner son paramétrage dans la barre d'options. Elle comporte deux types d'options : les modes, qui listent les actions disponibles, et les paramètres, qui définissent comment l'action va s'appliquer (tableau 7-2). Les modes sont organisés en trois grandes catégories (dans cet ordre sur la barre de contrôle) :

- réorganisation des chemins ;
- modification du chemin ;

- modification du style.

Nous allons les étudier un par un dans les sections suivantes.

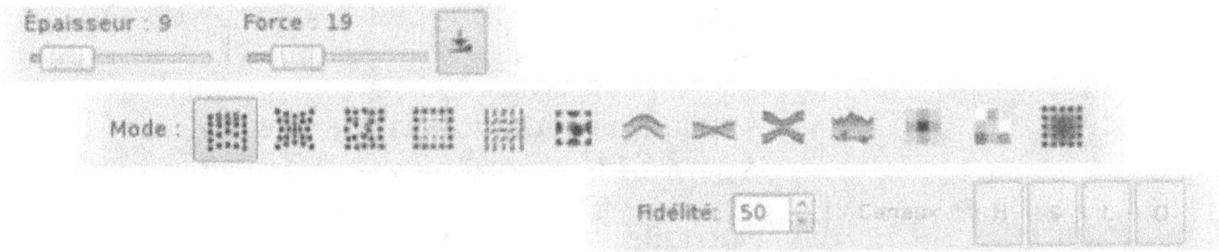

FIGURE 7–26 *La barre de contrôle de l'outil Ajuster*

Commençons par les paramètres. Ils sont au nombre de trois :

- *Épaisseur* définit, en pourcentage de l'espace de travail visible, le rayon de la zone d'ajustement.
- *Force* spécifie l'intensité de l'action. Une icône l'accompagne pour modifier dynamiquement la force de l'outil, si vous travaillez avec une tablette graphique.
- *Fidélité* représente le niveau de précision de l'action. Lorsque ce paramètre est bas, le chemin résultant sera simplifié. À l'inverse, si la valeur est importante, le gain de précision pourra entraîner la création de nœuds supplémentaires et rendre le dessin plus complexe. Ce paramètre ne s'applique pas aux modes relatifs aux couleurs.

Réorganiser les chemins

Ces modes agissent principalement sur la position des objets, leur taille et leur nombre. Ils offrent une alternative intéressante au Sélecteur.

TABLEAU 7–2 **Les modes de réorganisation des chemins**

Mode	Description
Déplacement	L'objet sélectionné se déplace dans la direction du curseur.
Déplacement vers le curseur	L'objet sélectionné est attiré par le centre du cercle.

TABLEAU 7-2 **Les modes de réorganisation des chemins (suite)**

Mode	Description
Déplacement aléatoire	L'objet sélectionné se déplace de façon aléatoire
Redimensionnement	Réduit la taille de l'objet sélectionné. Avec *Maj*, l'objet est agrandi.
Rotation	Applique une rotation dans le sens horaire. Avec *Maj*, le sens est inversé.
Duplication	Duplique l'objet sélectionné. Avec *Maj*, efface l'objet.

Modifier le chemin

Cette série d'icônes entraîne une modification bien spécifique au chemin (voir le tableau 7-3). Pour que le résultat soit garanti, le chemin doit comporter de nombreux nœuds, sinon rien ne se passe.

À SAVOIR **Uniquement sur les chemins !**

Ce groupe de modes a un effet sur les chemins en jouant sur chacun de ses nœuds individuellement (dans les autres modes, l'ensemble de l'objet est affecté). Par conséquent, tout objet créé avec un outil de forme (rectangle, ellipse, étoile…) sera, après l'utilisation d'un de ces modes, converti en chemin.

TABLEAU 7-3 **Les modes de modification du chemin**

Mode	Description
Pousse	Pousse le chemin dans le sens du curseur.
Rétrécit	Rapproche les bords d'un chemin s'ils sont compris dans le cercle ; sinon, creuse le chemin.
Élargit	Éloigne les bords d'un chemin s'ils sont compris dans le cercle ; sinon, crée des protubérances.
Attire	Attire les bords du chemin de façon perpendiculaire.
Repousse	Éloigne les bords du chemin.

À savoir **Regroupements**

Pour éviter de trop encombrer la barre de contrôle, certains modes ont été regroupés. C'est le cas de *Rétrécit* et *Élargit*, et de *Attire* et *Repousse*. Le premier mode cité est utilisé par défaut ; la touche *Maj* active le second.

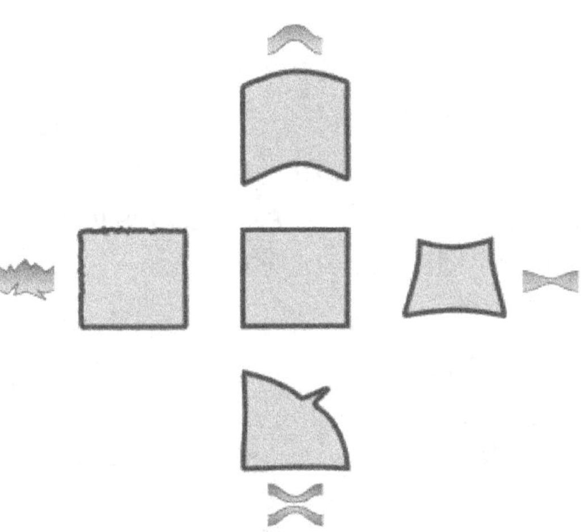

FIGURE 7–27 *Exemples de modification de chemin*

Éditer le style du chemin

Cette série d'icônes agit sur le style des chemins, c'est-à-dire le contour, le remplissage et le flou.

TABLEAU 7–4 **Les modes de modification du style**

Mode	Description
Rugueux	Rend les contours du chemin rugueux. Attention, ce mode accroît le nombre de nœuds, ce qui peut, en fonction de la puissance de votre microprocesseur, ralentir le système.
Décaler la couleur	Remplace à chaque clic ou mouvement de souris la couleur de la sélection par celle de l'outil indiquée en haut à droite. Pour modifier la couleur d'arrivée, activez la boîte de dialogue *Remplissage et contour...*

TABLEAU 7-4 **Les modes de modification du style**

Mode	Description
Perturber la couleur	Agit comme le mode précédent, mais ici la couleur appliquée est aléatoire. Un peu de fantaisie !
Flou	Les objets touchés par le curseur sont petit à petit floutés.

Dans les options des modes *Décaler* et *Perturber la couleur*, vous pouvez limiter la modification de couleur des objets à une sélection de canaux de couleur, définis dans l'espace colorimétrique TSL. Activez les icônes correspondant aux canaux souhaités pour indiquer votre choix.

RAPPEL **Les canaux T, S, L et O**

L'espace de couleur TSL est détaillé dans le chapitre 4, relatif au couleurs. Pour rappel, voici la signification des quatre canaux proposés par l'outil Ajuster :
- T pour teinte ;
- S pour saturation ;
- L pour luminance ;
- O pour opacité.

En résumé

La création de chemins à partir d'images importées ou d'objets dessinés dans Inkscape, leur modification avec les outils Nœud et Ajuster, et toutes les opérations combinatoires possibles entre plusieurs chemins sont des manipulations délicates, mais elles font toute la richesse du dessin vectoriel. Si leur apprentissage est plus difficile, leur maîtrise apportera à vos réalisations un niveau de finesse supérieur.

Dans le prochain chapitre, nous vous expliquerons comment améliorer le rendu de vos œuvres, avec les filtres et les effets.

Effets et filtres

Sortons des sentiers battus pour
découvrir, avec les filtres et les effets,
une autre façon d'embellir vos objets,
chemins ou images matricielles.
Si vous avez l'âme d'un créateur,
vous pouvez même en ajouter !

Les filtres

Les filtres ont été implémentés à partir de la version 0.45 d'Inkscape. En combinant des primitives, définissant chacune un type d'effet simple (un flou, un décalage ou un éclairage par exemple), vous pourrez réaliser une multitude de filtres plus ou moins complexes, allant de la simple modification de teinte à la texture sophistiquée. Contrairement aux effets de chemin, que nous verrons un peu plus tard, ils s'appliquent à tout type d'objets, chemins ou formes.

Appliquer un filtre prédéfini

Les effets de filtre sont particulièrement puissants, mais tout autant difficile à mettre en œuvre. Pour nous faciliter la vie, quelques développeurs géniaux ont créé, à partir de cet outil, une multitude de filtres prédéfinis. Tous sont disponibles à partir du menu *Filtres*.

Ces filtres ont fait l'objet de combinaisons de primitives et de pré-paramétrages soignés pour offrir à l'utilisateur des effets prêts à l'emploi. Pour utiliser un filtre, sélectionnez tout simplement votre objet sur le canevas et lancez le filtre choisi. Lors de leur activation, la quasi-totalité des filtres ne lancent pas de boîte de dialogue et ne peuvent donc pas être paramétrés avant utilisation.

> À SAVOIR **Filtres personnalisables**
>
> Seuls les filtres *Lueur projetée* et *Ombre portée*, dans le sous-menu *Ombres et lueurs*, et *Crête neigeuse* dans *Protubérances* proposent une fenêtre de paramétrage lors de leur création. Nul doute que cette facilité sera plus largement implémentée dans les versions futures !

Vous avez toutefois la possibilité de fignoler l'effet, après son application, avec la boîte de dialogue d'édition des filtres (*Filtres > Éditeur de filtres...*), et en sélectionnant l'objet cible. Vous aurez alors sous les yeux toute la liste des primitives utilisées pour la réalisation du filtre, et vous pourrez les modifier à votre convenance. Les filtres étant non-destructifs, il est possible de les annuler, avec cette même boîte de dialogue, pour retrouver l'apparence normale de votre objet.

Les filtres disponibles étant particulièrement nombreux, ils ne seront pas décrits en détail dans ce livre. Une référence complète peut être consultée sur le site www.littlewebhut.com/inkscape/graphics_filter_guide/.

> Cyberculture **Merci Ivan !**
>
> Ivan Louette, utilisateur et expérimentateur talentueux d'Inkscape, a poussé très loin l'exploration des filtres et la puissance de leur combinaison. La communauté toute entière lui a fait part de son enthousiasme. Les créations à l'origine de ces filtres sont exposées sur sa galerie sur Open Clip Art. N'hésitez pas à la visiter ! Il a également commenté ses recherches sur les forums Linuxgraphic et InkscapeForum. Vous pourrez y constater (entre autres) que l'alliance entre photo et filtre SVG donne des résultats particulièrement esthétiques.
>
> ▸ http://openclipart.org/media/people/ivan_louette

Créer un nouveau filtre

Pour créer un effet :

1 Sélectionnez le menu *Filtres>Éditeur de filtres...* pour ouvrir l'éditeur de filtres.

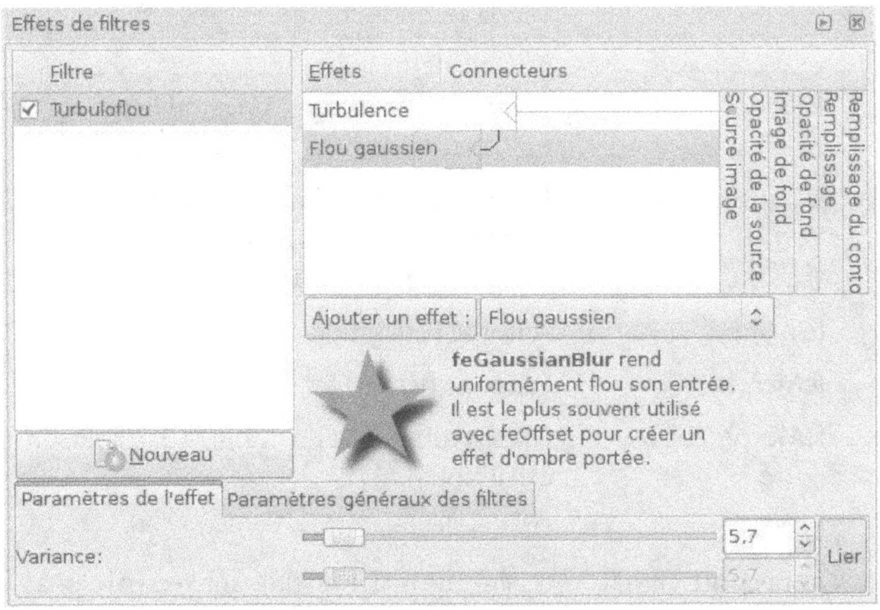

Figure 8–1 *La boîte de dialogue Effets de filtres*

2 Appuyez sur *Nouveau* pour préparer un filtre (par défaut, le nouveau filtre est nommé `filtreN`, où N est le numéro d'ordre du filtre).

3 Choisissez dans le menu déroulant une des quatorze primitives décrites dans le tableau 8-1. Une fois votre primitive trouvée, appuyez sur le bouton *Ajouter un effet*.

TABLEAU 8-1 **Liste des primitives de filtre**

Filtre	Primitive	Description
Fondre	feBlend	Réalise une combinaison de deux images. Il est également situé au bas de la boîte de dialogues *Calques*.
Matrice de couleurs	feColorMatrix	Applique sur les couleurs d'une image une transformation matricielle.
Composite	feComposite	Combine deux images.
Matrice de convolution	feConvolveMatrix	Applique une matrice de convolution.
Eclairage diffus	FeDiffuseLighting	Éclaire une image en utilisant le canal alpha comme placage de relief.
Displacement Map	feDisplacementMap	Déplace les pixels de la première sélection vers la seconde comme carte de substitution.
Remplissage	feFlood	Remplit une zone avec un remplissage et une opacité donnés.
Flou gaussien	feGaussianBlur	Rend flou. Cette primitive est également présente au bas de la boîte de dialogue *Remplissage et contour*.
Image	feImage	Autorise l'utilisation d'image externe.
Fusionner	feMerge	Fusionne des images en une.
Morphologie	feMorphology	Épaissit ou amincit un dessin (à partir de son canal alpha).
Offset	feOffset	Décale l'image.
Eclairage spéculaire	feSpecularLighting	Éclaire une image en utilisant le canal alpha comme placage de relief.

TABLEAU 8–1 **Liste des primitives de filtre (suite)**

Filtre	Primitive	Description
Turbulence	feTrubulence	Génère des textures artificielles comme des nuages ou du marbre.

4 Modifiez les paramètres de la primitive (dans la partie basse de l'inter-face), avec l'onglet *Paramètres de l'effet*. Les valeurs du second onglet, *Paramètres généraux des filtres*, s'appliquent au filtre dans sa globalité, et non pas à une primitive particulière.

5 Ajoutez autant de primitives que nécessaire à la réalisation de votre effet. Si vous avez plusieurs primitives, modifiez éventuellement leurs connections dans la colonne *Connecteurs* dans la partie droite de l'interface. Le tableau 8-2 dresse la liste des différentes sources d'entrée et de sortie disponibles. Pour indiquer à la primitive quelle est sa source d'entrée, cliquez-glissez sur le triangle gris jusqu'à sa source.

TABLEAU 8–2 **Entrées et sorties de filtre**

Source	Description
Source image	Forme sélectionnée sur le canevas qui sera utilisée comme entrée.
Opacité de la source	Opacité de la forme sélectionnée sur le canevas qui sera utilisée comme entrée.
Image de fond	Zone sous le filtre qui servira comme entrée.
Opacité du fond	Opacité de la zone sous le filtre qui servira comme entrée.
Remplissage	Remplissage de l'objet sélectionné qui servira comme entrée.
Remplissage du contour	Contour de l'objet sélectionné qui servira comme entrée.

Il est également possible de connecter une primitive à une autre primitive, comme vous le constatez sur la figure suivante.

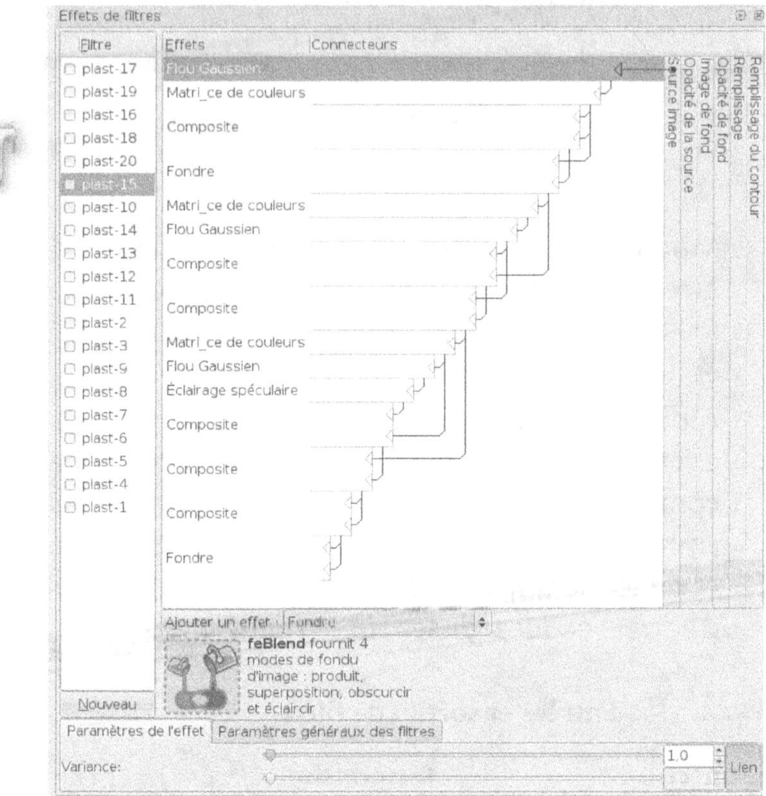

FIGURE 8-2 *Voici la réalité cachée du filtre Plastique d'Ivan Louette*

À SAVOIR **Menu contextuel**

Un clic droit sur le filtre (dans la colonne *Filtre*) affiche un menu contextuel pour le dupliquer, le renommer ou le supprimer. Vous pouvez effectuer la même opération sur les effets.

Contrairement à la plupart des autres fonctionnalités du SVG, les filtres ne sont pas toujours très intuitifs. Cependant, avec un peu d'expérience, les primitives de filtre s'avèrent particulièrement puissantes, en particulier lorsqu'elles sont combinées. N'hésitez pas à triturer ces primitives et à expérimenter des paramétrages. Si vous trouvez un effet original, faites-en profiter les autres ! (Voir en annexe comment aider au développement d'Inkscape.)

Les effets de chemin

Les effets de chemin représentent une manière rapide et efficace d'appliquer des effets sur des chemins, tout en en modifiant certains paramètres directement sur le canevas (ils sont nommés Live Path Effects par les développeurs du projet, ce qui pourrait se traduire par « effets de chemin en direct »). Comme ils conservent la forme initiale du chemin sur lequel ils s'appliquent, ils peuvent être retirés à tout moment.

Appliquer un effet sur un chemin

Pour appliquer un effet sur un chemin :

1 Sélectionnez le chemin qui vous intéresse puis lancez le menu *Chemin>Éditeur d'effets de chemin...* (ou *Maj+Ctrl+7*).

2 Sélectionnez l'effet dans la liste déroulante tout en haut de l'interface et cliquez sur le bouton *Ajouter*.

3 Modifiez si nécessaire le paramétrage de l'effet avec les options spécifiques ou directement sur le canevas, les deux étant généralement complémentaires.

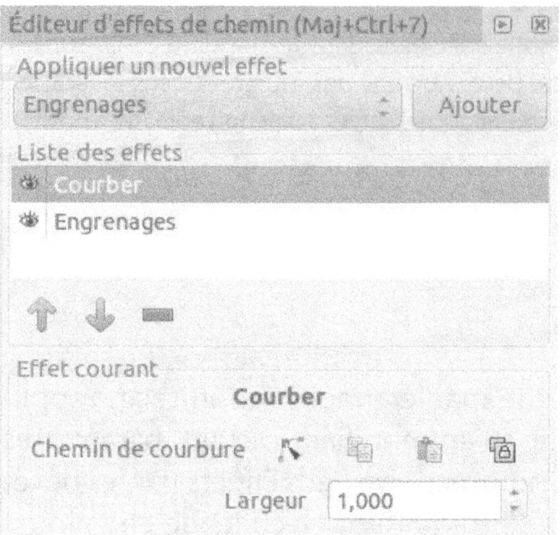

FIGURE 8–3 *La boîte de dialogue Effets de chemin*

À savoir **Effets multiples**

Vous pouvez utiliser plusieurs effets sur un même chemin, autorisant ainsi la création d'objets encore plus recherchés. Chaque effet est calculé à partir du résultat de l'effet précédent, ce qui implique que l'ordre choisi affecte le résultat final.

L'édition sur le canevas, lorsqu'elle est disponible, fait appel à un chemin spécifique tracé en vert au travers du chemin. Pour le faire apparaître (pour définir une courbure, par exemple), cochez sur l'icône *Éditer sur la zone de travail* (identique à celle de l'outil Nœud).

À savoir **Appliquer un chemin copié**

Lorsque vous avez besoin d'appliquer à l'effet un chemin que vous avez précédemment copié dans le presse-papier, vous trouverez souvent des icônes spécifiques pour le copier-coller. Ces icônes sont affichées pour tous les effets pour lesquels le collage est possible.

À savoir **Édition du chemin initial**

Rien ne vous empêche, avec l'outil Nœud, de modifier le chemin auquel est appliqué un effet. Ce dernier sera alors recalculé en fonction de la nouvelle disposition des nœuds.

Pour enlever un effet, sélectionnez-le dans la liste des effets et cliquez simplement sur l'icône *Supprimer*. Vous pouvez également masquer un effet temporairement (pour évaluer un autre effet, par exemple) en cliquant sur l'icône en forme d'œil dans la liste des effets.

Les différents effets disponibles

Les effets de chemin ne sont pas encore très nombreux et leur liste est limitée au tableau suivant.

TABLEAU 8-3 **Liste des effets de chemin**

Nom de l'effet	Description
Courber	Déforme un objet en fonction d'un chemin de courbure.
Croquis	Réalise un effet de croquis.
Déformation par enveloppe	Autorise la déformation d'une collection d'objets très facilement, en jouant sur son enveloppe.
Engrenages	Place des engrenages sur les nœuds d'un chemin.
Entrelacs	Crée des espaces à chaque intersection de chemins, qui ressemblent alors à des nœuds marins.
Grille de conception	Construit une grille personnalisée à partir d'un quadrilatère.
Hachures (grossières)	Réalise des hachures à l'intérieur d'un objet.
Interpoler les sous-chemins	Crée des interpolations entre deux chemins.
Motif suivant un chemin	Place un motif le long d'un chemin.
Règle	Ajoute des graduations le long d'un chemin.
Relier les sous-chemins	Réalise un effet de croquis.
Splines spirographiques	Réalise des courbes harmonieuses, comme avec l'option *Spiro* des outils Crayon et Stylo.
VonKoch	Crée des fractales de type flocon de Koch.

Si tous les effets partagent une même philosophie, chacun d'entre eux propose des options différentes, Pour vous aider à les aborder en situation, voici quelques exemples concrets.

Courber courbe le chemin sélectionné à partir d'une ligne de déformation disposée sur le canevas. Voici comment l'utiliser :

1 Appliquez l'effet sur un chemin ou une forme convertie.
2 Cliquez sur l'icône *Éditer sur la zone de travail*.
3 Déformez le chemin à l'aide du chemin de l'effet (en vert sur le canevas).

FIGURE 8-4 *Un bus avant et après sa déformation avec l'effet Courber le chemin*

Déformation par enveloppe modifie le contour d'un chemin en agissant indépendamment sur ses quatre côtés. Cet effet s'utilise de la même façon que l'effet Courber, à la différence près qu'il propose quatre chemins de déformation, un pour chaque côté.

FIGURE 8-5 *Un mot déformé avec l'effet déformation par enveloppe*

Motif suivant un chemin place un motif, précédemment copié dans le presse-papier, sur le chemin sélectionné. Le motif ainsi disposé peut être unique ou répété, et éventuellement étiré. Pour l'utiliser :

1 Dessinez un motif, et copiez-le dans le presse-papier.

2 Appliquez l'effet sur un chemin ou une forme convertie.

3 Cliquez sur l'icône *Coller le chemin* pour appliquer le motif.

4 Modifiez le paramètre d'étirement et de répétition en fonction de l'effet désiré. Dans l'exemple suivant, le motif est seulement répété.

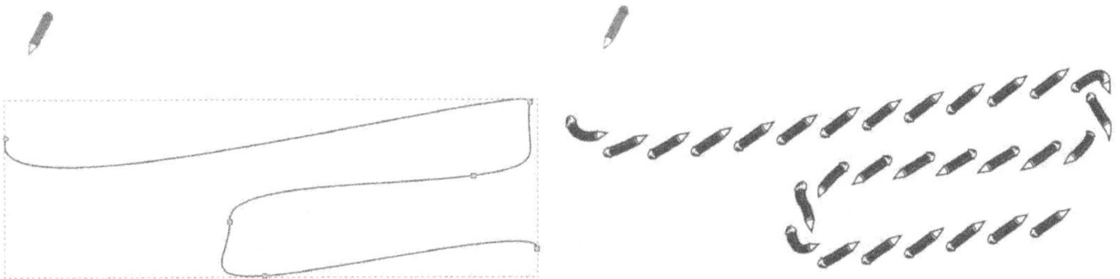

FIGURE 8–6   *À gauche un motif et le chemin ; à droite le motif répété sur le chemin*

Engrenages crée un jeu d'engrenage, dont le nombre dépend de la quantité de nœuds disposés sur le chemin initial. Vous pouvez en modifier le nombre de dents et l'angle de contact. Pour l'utiliser, appliquez l'effet sur un chemin ou une forme convertie comportant au minimum trois nœuds.

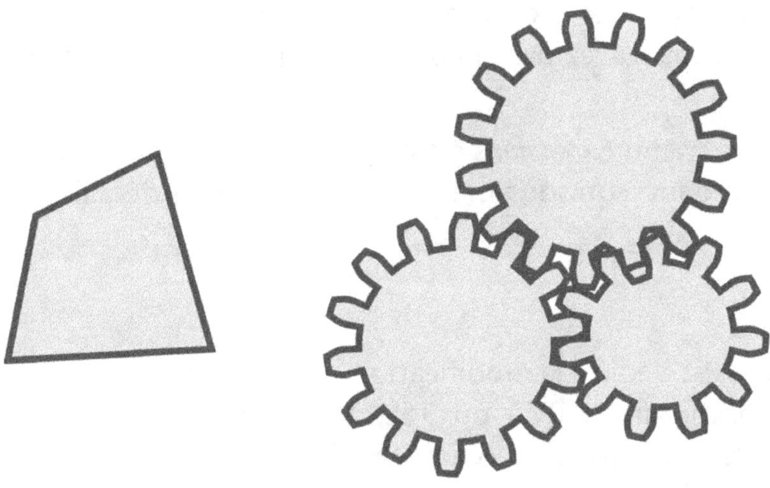

FIGURE 8–7   *Engrenages (à droite) issus d'un chemin (à gauche) à quatre nœuds*

Les extensions

Il s'agit de l'ensemble des extensions regroupées, par grandes catégories, dans le menu *Extensions*. Ce sont, pour leur grande majorité, des bouts de programmes réalisés par des utilisateurs pour une fonction spécifique et acceptées par l'équipe principale des développeurs (pour automatiser la création d'une grille, modifier la teinte d'un objet ou réaliser des tracés à partir de fonctions mathématiques, par exemple). Ce menu étant l'objet d'essais et de réorganisations, ne soyez pas étonné de le trouver légèrement changé entre deux versions…

En détail **Extensions**

Les extensions sont des portions de code additionnelles réalisées en général en langage de scripts (le plus souvent Python), et placées dans un répertoire dédié. Il est ainsi très pratique d'ajouter une fonctionnalité répondant à un besoin particulier et ne méritant pas une intégration complète dans le code, ou de réaliser des prototypes rapides, tout en limitant le risque de casser le reste de l'application.

Certaines de ces extensions s'appliquent directement, mais d'autres entraînent l'ouverture d'une boîte de dialogue spécifique contenant leurs paramètres. Dans ce dernier cas, vous noterez la présence d'une option commune, intitulée *Aperçu en direct*, qui permet la visualisation du résultat de l'effet, tout en modifiant son paramétrage. Cette option doit cependant être utilisée avec précaution, car l'extension est alors appliquée à chaque changement, même si vous n'avez pas encore complètement terminé vos modifications.

Pour plus de lisibilité, le menu *Extensions* est organisé en plusieurs catégories (chacune correspondant à un sous-menu), que nous allons détailler.

Couleur

Ce groupe d'extensions est dédié à la modification des couleurs, par l'intermédiaire de leurs composantes RVB ou TSL. Vous pourrez ainsi, par exemple, remplacer les couleurs d'un objet par des niveaux de gris, ou encore les redistribuer aléatoirement. Le nom de chacun des dix-neuf effets qu'il contient est suffisamment explicite pour que vous en saisissiez immédiatement la signification.

Deux modes d'utilisation sont possibles :

- En mode sélectif, vous sélectionnez le ou les objets sur lesquels l'effet doit s'appliquer.
- En mode global, vous ne sélectionnez aucun objet, et l'action de l'effet s'étend à l'ensemble du canevas.

Attardons-nous sur l'extension nommée *Permuter RVB*, qui effectue une rotation des valeurs RVB des couleurs. Prenons l'exemple d'un objet rempli en bleu clair. Ses composantes RVB ont pour valeur R=114, V=159 et B=207. Après le lancement du script, l'objet sera peint en rose, avec des valeurs R=207, V=114 et B=159.

Générer à partir du chemin

Les extensions de ce menu ont pour but la création d'objets à partir d'un chemin sélectionné. Dans l'esprit, nous sommes assez proches des effets de chemin, aux exceptions près que nous utilisons ici des extensions et qu'il n'est pas possible d'éditer l'effet directement sur le canevas. Le tableau 8-4 liste les effets disponibles.

TABLEAU 8-4 **Extensions de chemin**

Effet	Action
Éparpiller…	Disperse un motif le long d'un chemin.
Extrusion…	Crée une forme pseudo-tridimensionnelle d'amplitude et d'angle paramétrables, à partir d'un chemin dupliqué puis décalé.
Halo intérieur-extérieur…	Ajoute du flou sur le chemin tout en conservant l'opacité de l'objet et sans recourir à la primitive de filtre SVG *Flou gaussien*. Pratique pour réaliser un flou visible par les périphériques, comme les téléphones portables, qui ne supportent pas encore les filtres SVG. Pour l'utiliser, entrez la valeur du halo et le nombre de fois où l'effet est appliqué.

TABLEAU 8-4 **Extensions de chemin (suite)**

Effet	Action
Interpoler...	Ajoute un nombre défini de chemins intermédiaires entre deux chemins sélectionnés. Utile pour réaliser des effets esthétiques ou des interpolations techniques.
Motif le long d'un chemin...	Place le chemin le plus haut dans le plan le long du chemin le plus bas, avec possibilité de répétition et d'étirement. Pratiquement identique (à la méthode et aux options près) à l'effet de chemin éponyme.
Motif de Voronoï...	Génère un motif aléatoire de cellules de Voronoï.
Mouvement...	Extrude un chemin en fonction d'une épaisseur et d'un angle.

FIGURE 8-8 *Interpolation entre deux chemins (avec trois chemins intermédiaires)*

Images

Ce groupe d'extensions (on pourrait parler ici de commandes) est dédié à la gestion des images importées dans Inkscape. Il ne contient que deux entrées :

- *Incorporer les images*. Lorsque vous importez une image matricielle avec le menu *Fichier>Importer...*, vous pouvez choisir de la lier au document. Pour l'insérer réellement dans le fichier, il est essentiel de l'incorporer avec cette commande, car sinon, au moindre déplacement du fichier ou de l'image, un message d'erreur apparaît à l'emplacement de l'importation. Même si le fichier SVG résultant est plus lourd, c'est généralement un bon choix.

- *Extraire une image*. À l'inverse, cet effet retire proprement une image du fichier SVG, et la sauvegarde à l'emplacement de votre choix. L'image n'est pas effacée du canevas, mais conservée sous sa forme liée, comme lors d'une importation.

Images matricielles

Ces extensions agissent uniquement sur les images matricielles importées ou incorporées sur votre canevas, en leur appliquant des filtres sophistiqués, à la manière d'un logiciel de traitement d'images matricielles. Pour les utiliser, sélectionnez une image et lancez l'effet choisi.

> EN DÉTAIL **ImageMagick**
>
> ImageMagick est une boîte à outils pour le traitement des images supportant de nombreux formats vectoriels et matriciels. Inkscape l'utilise pour intervenir directement sur les images matricielles importées, et en particulier pour leur appliquer ces quelques effets.
>
> ▸ **http://www.imagemagick.org/**

JessyInk

JessyInk est une collection d'extensions pour réaliser de jolies présentations au format SVG, avec des transitions, une navigation par touche ou souris, un index, et de nombreuses autres fonctionnalités communes à ce genre d'outil. Et le tout s'exécute dans un simple navigateur, pour des documents faciles à utiliser et à partager. Une explication de JessyInk (réalisée avec l'outil lui-même et disponible sur le site **imppao.wordpress.com/2011/03/**) vous en apprendra davantage sur toutes ses possibilités.

Modification de chemin

Les extensions de ce menu affectent la forme ou au style des chemins. Elles sont assez proches des effets de chemin abordés précédemment, à ceci près qu'ils n'autorisent pas la modification directe sur le canevas et que, du fait de leur nature d'extension, leurs performances sont moindres.

Voici les effets disponibles :

TABLEAU 8-5 **Extensions de modification de chemin**

Effet	Description
Ajouter des nœuds…	Ajoute des nœuds régulièrement espacés, en fonction d'une distance choisie, tout le long du chemin sélectionné.
Aplatir les courbes de Bézier…	Le chemin sélectionné sera remplacé par des segments de droite. S'il est composé de plusieurs courbes, elles seront divisées en autant de segments de droites que nécessaire.
Colorer les marqueurs pour les assortir au contour	Les marqueurs du chemin sélectionné seront mis automatiquement à la couleur du chemin (dont le remplissage doit être en aplat).
Contour 3D…	Ajoute un contour pseudo 3D au chemin sélectionné, en jouant sur des effets de flou et de lumière.
Déplacer les nœuds aléatoirement…	Déplace aléatoirement les nœuds ou les poignées des chemins sélectionnés. En choisissant une distribution normale, le déplacement utilisera une courbe de Gauss.
Enveloppe	Déforme le premier chemin d'une sélection (de deux chemins) pour adapter son cadre au contour du second chemin.
Perspective	Autorise un groupe à entrer dans un quadrilatère, offrant ainsi la possibilité de mettre en perspective plusieurs chemins, et même du texte (converti en chemin). Sélectionnez d'abord le chemin à mettre en perspective puis le quadrilatère.
Rendre les segments droits…	Diminue la courbure des arrondis.
Rubber Stretch…	Étire le chemin comme un élastique, en fonction d'une force et d'une courbure.

TABLEAU 8-5 **Extensions de modification de chemin (suite)**

Effet	Description
Tourbillon…	Votre chemin tourbillonne à partir du centre de la vue. Aidez-vous de l'icône *Zoomer pour ajuster la sélection à la fenêtre* pour centrer la vue sur le chemin.
Transformer en fractale…	Transforme le chemin sélectionné en plusieurs segments de droite.

Voici quelques exemples d'utilisation d'effets de modification de chemin :

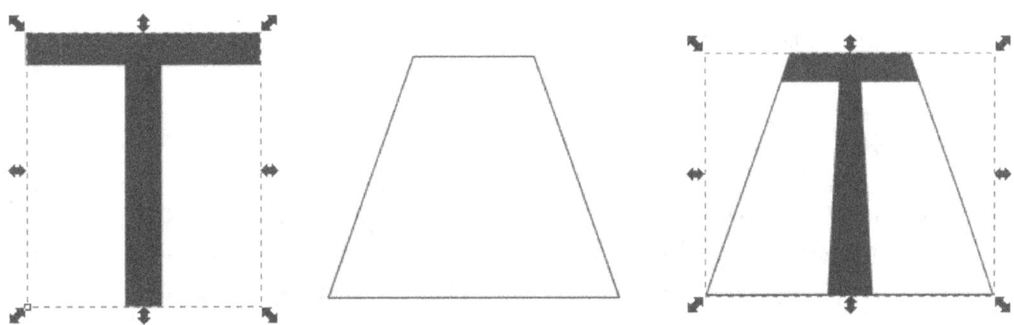

FIGURE 8-9 *Exemple d'une lettre enveloppée*

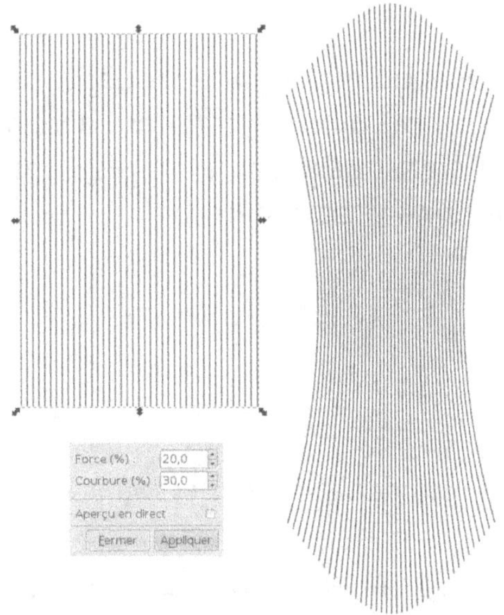

FIGURE 8-10 *Rubber Stretch en action*

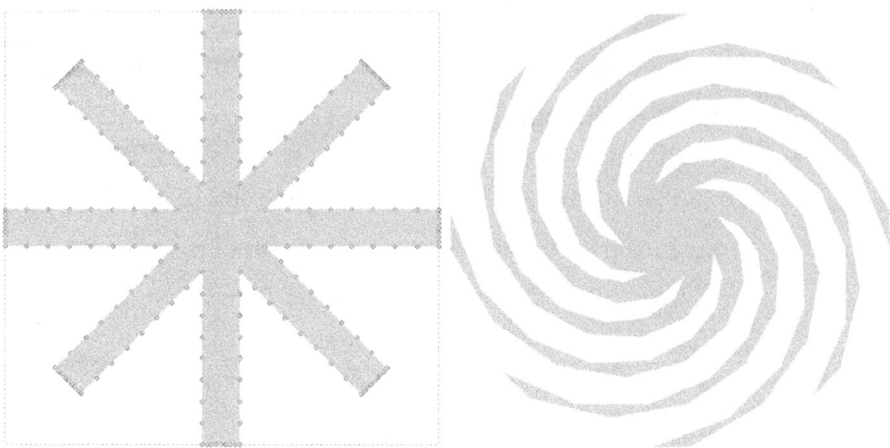

FIGURE 8–11 *Une croix tourbillonne*

Organiser

Ce menu est prévu pour recueillir des extensions dont le rôle est de modifier l'organisation des objets. Pour l'instant, il n'a qu'une seule extension, *Ré-empiler*, qui arrange l'ordre des objets sélectionnés dans le plan, en fonction de leur position sur l'espace de travail.

Rendu

Ces extensions dessinent des objets plus ou moins indépendants de ce qui existe déjà sur le canevas, et pour des besoins spécifiques (dessiner une grille pour y ajouter un diagramme statistique, par exemple). Les objets ainsi obtenus sont généralement hautement paramétrables.

Voici les extensions disponibles :

TABLEAU 8–6 **Extensions de rendu**

Effet	Description
Arbre aléatoire…	Crée un arbre de taille paramétrable avec des segments de droite.
Boîte à plier…	Crée un patron qui, une fois imprimé, découpé et plié, donne un adorable petite boîte.

Tableau 8-6 **Extensions de rendu (suite)**

Effet	Description
Calendrier…	Crée un calendrier configurable.
Code-barre…	Pour réaliser un code-barre aux normes.
Code-barre - Datamatrix…	Crée un code-barre carré, comme ceux utilisés par les applications pour la téléphonie mobile et les emballages postaux.
Courbes paramétriques…	Trace des courbes paramétriques, comme indiqué.
Couverture dos carré collé…	Permet de tracer une couverture de livre de type dos carré collé à partir, entre autres, du nombre de pages, du type de papier et de la taille du livre.
Engrenage…	Crée une roue dentée en spécifiant son nombre de dents, sa circonférence et l'espacement à la base des dents.
Formule LaTeX	Affiche une formule LaTeX sur le canevas. À l'affichage de la boîte de dialogue, commencez et terminez votre formule par \.
Générateur de guides…	Place des guides sur le canevas en suivant une règle de proportion.
Grille…	Insère la grille sur l'intégralité du canevas. À vous de définir la taille des cases.
Grille cartésienne…	Pour paramétrer une grille cartésienne, dont les coordonnées sont définies par une abscisse et une ordonnée (le couple x,y classique).
Grille polaire…	Pour paramétrer une grille polaire, utilisant une radiale (un rayon) et un azimut (un angle).
Marques d'impression…	Cette extension, résultat d'une coopération franco-brésilienne réussie, rajoute tous les marquages nécessaires aux imprimeurs professionnels pour le centrage et la découpe des documents créés sous Inkscape.
Polyèdre 3D…	Des polyèdres en tous genres, exportables en format OBJ.
Soupe alphabet…	Récrit un texte avec des morceaux de glyphes.

TABLEAU 8-6 Extensions de rendu (suite)

Effet	Description
Sphère fil de fer…	Crée une sphère modélisée en fil de fer.
Spirographe…	Souvenez-vous, quand vous étiez tout petit, ces engrenages magiques pour tracer des courbes mathématiques rigolotes. Eh bien c'est pareil, sauf que vous ne risquerez pas de glisser, cette fois…
Système de Lindenmayer…	Par le moyen d'une grammaire formelle, cette extension crée des végétaux complexes.
Tracer à partir d'un triangle…	Dessine toutes sortes de triangles facilement.
Traceur de fonction…	Trace des fonctions mathématiques, de toutes sortes.
Triangle…	Crée un triangle avec précision à partir de ses longueurs et angles.

AVANCÉ Lindenmayer

La grammaire du système de Lindenmayer est un peu particulière. Si vous souhaitez utiliser cet effet, qui, au demeurant, donne des résultats pour le moins intéressants, vous trouverez des exemples de syntaxe et de forme à l'adresse suivante :

▸ http://www.inkscape.org/screenshots/gallery/inkscape-0.44-lindenmayer.png

FIGURE 8-12 *Inkscape récris avec le script Soupe alphabet*

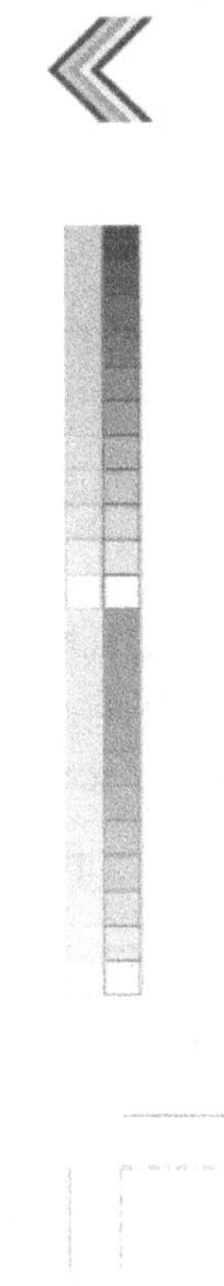

Figure 8-13 *Exemple des marques réclamées par les professionnels de l'imprimerie*

Texte

Ce menu propose quelques fonctions de modification et de génération de texte. Rien de bien compliqué. Les voici présentées dans le tableau 8-9 :

Tableau 8-7 **Description des extensions de texte**

Nom de l'effet	Description
cAssE ALÉatOIRe	Chaque caractère du texte se voit attribuer une casse aléatoire, tantôt les lettres sont en minuscule, tantôt en capitale.
Casse des phrases	Impose une majuscule pour la première lettre du texte sélectionné.
Casse du titre	Tous les mots du texte débutent par une capitale.

TABLEAU 8–7 **Description des extensions de texte (suite)**

Nom de l'effet	Description
Convertir en Braille…	Transforme les caractères latins d'un texte en codes tactiles de l'alphabet braille.
Diviser du texte…	Scinde un texte en plusieurs lignes, mots ou caractères.
inVERSer lA cASSE	Les caractères en majuscule passent en bas-de-casse, et vice-versa.
Lorem ipsum…	Génère un faux texte en latin dans un cadre de texte défini ou au point 0 du canevas. Utilisé en général pour aider à la mise en forme sans se soucier du contenu.
MAJUSCULES	Met tout le texte sélectionné en capitales.
minuscules	Met tout le texte sélectionné en bas-de-casse.
Remplace le texte…	Remplace une chaîne de caractères dans le texte sélectionné par une autre.

Visualisation du chemin

Ces quelques fonctions ont pour but de faire ressortir certains aspects particuliers des chemins, ou aider à leur construction. Elles sont au nombre de trois :

- *Numéroter les nœuds…* Chaque nœud est remplacé par un point accompagné d'un numéro. Vos enfants vont adorer !
- *Dessiner les poignées…* Matérialise par des segments de droite les poignées des nœuds du chemin. Utile pour réaliser des dessins symétriques.
- *Dimension…* trace des lignes de cotes et leurs traits d'attache autour du chemin (mais pas la valeur !), pour préparer une mesure de dessin technique.
- *Mesurer un chemin…* Affiche la longueur du chemin, avec la possibilité de régler le facteur d'échelle, l'unité, ou encore la précision. Cet effet est bien utile pour réaliser des plans à l'échelle.

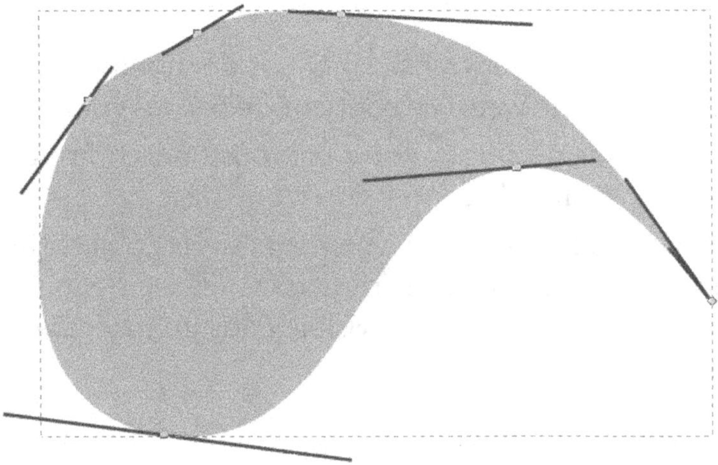

FIGURE 8–14 *Les traits noirs indiquent le sens des poignées*

FIGURE 8–15 *L'effet Mesurer un chemin en action*

Web

Avec cette catégorie, vous allez pouvoir transformer vos documents pour les exploiter plus efficacement sur le web. Elle contient deux sous-menus :

- *Découpe*, qui sera utilisé pour découper votre composition en images matricielles, pour les intégrer dans la conception d'une page ;
- *Javascript*, vous permettra d'associer des événements sur les objets (un clic, par exemple) à la modification d'attributs dans les éléments de votre fichier SVG. Attention, le résultat sera visible dans un navigateur, mais pas dans Inkscape !

En résumé

Avec les filtres et les extensions, vous avez tout ce qu'il vous faut pour améliorer facilement et efficacement vos dessins.

Ainsi se termine notre exploration des fonctionnalités d'Inkscape. Passons maintenant à leur mise en pratique avec quelques petits exercices.

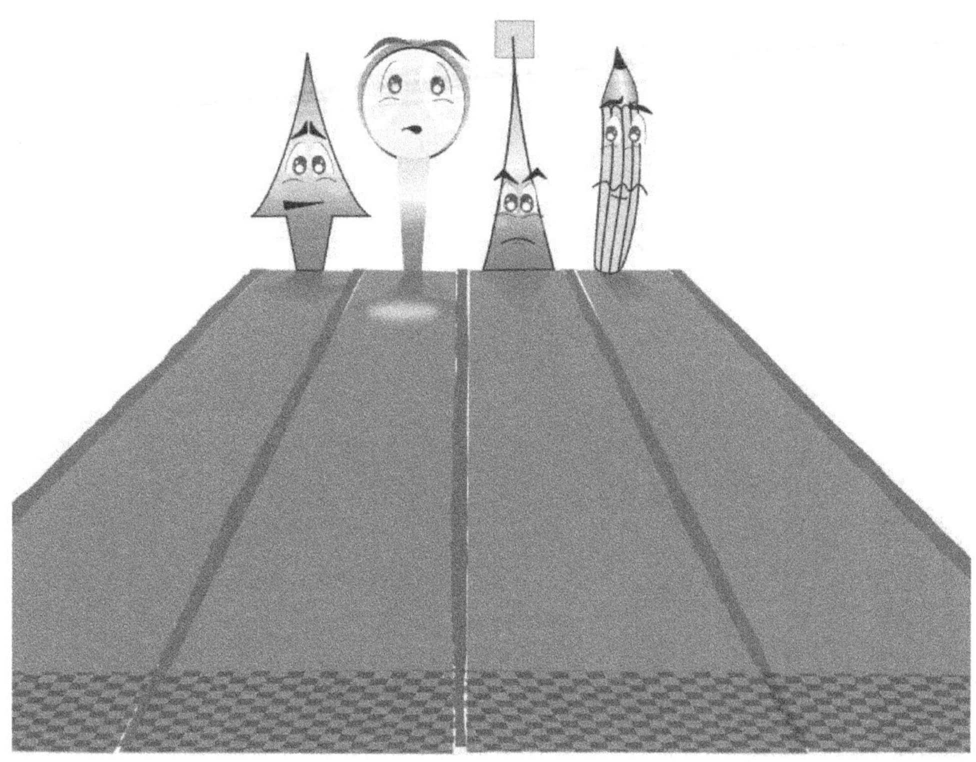

Études de cas

Notre exploration des fonctions
et outils d'Inkscape est maintenant
terminée et il est grand temps,
à l'aide de quelques exercices variés,
de passer à la pratique. Sortez souris
et stylets… c'est parti !

Avant de commencer

Ces exercices ont pour but la mise en pratique des notions évoquées dans les premiers chapitres, tout en essayant d'être suffisamment variés et réalistes pour servir de base à d'autres réalisations. Mais que ce ne soit pas une contrainte : soyez libre d'expérimenter, de modifier ou d'adapter tout ou partie d'un exercice pour créer une nouvelle œuvre, plus personnelle.

Par ailleurs, si vous débutez en dessin vectoriel, ce chapitre peut vous paraître un peu compliqué. En cas de doute sur l'utilisation d'un outil, n'hésitez pas à vous reporter au chapitre dédié. Pour vous aider, chaque exercice liste les outils et fonctionnalités particulièrement mis en valeur. Vous pourrez ainsi, si vous le souhaitez, réviser ces points spécifiques avant de commencer. La maîtrise des outils de base est considérée ici comme un prérequis, nous ne détaillerons pas les commandes les plus courantes (principalement celles présentées dans les chapitres 1 et 2).

> À SAVOIR **Fichiers sources des exercices**
>
> L'intégralité des fichiers utilisés dans ce chapitre est à votre disposition sur la fiche ouvrage sur le site des éditions Eyrolles, et sur le site Inkscape-fr.org : les sources au format SVG, les images scannées et les photos nécessaires à la réalisation des exercices.
>
> ▸ www.editions-eyrolles.com
> ▸ ftp://download.tuxfamily.org/inkscape/

Vive l'entrelacement facile !

Niveau : débutant

Fonctions abordées : outils Plume calligraphique et Nœuds, opérations booléennes

Dans cet exercice, nous vous proposons d'entrelacer deux tracés calligraphiques. Cet effet peut sembler difficile car il faut composer avec des chemins un peu sophistiqués, mais le procédé reste simple à mettre en œuvre.

Étape 1 : dessiner les deux chemins

Commençons par dessiner les deux chemins, l'un sur l'autre, sur le canevas, avec une plume calligraphique. Comparé aux outils Crayon et Stylo, ce choix présente l'avantage d'offrir un tracé épais et élégant en toute simplicité.

1 Sélectionnez l'outil Plume calligraphique dans la barre d'outils, puis paramétrez la plume à l'aide de la barre de contrôle. Dans notre exemple, nous avons utilisé les paramètres par défaut, puis augmenté *Épaisseur* à 20.

> RAPPEL **Réinitialiser les paramètres**
>
> Pour réinitialiser les paramètres de l'outil avec ses valeurs par défaut, cliquez sur l'icône en forme de balai située tout au bout de la barre de contrôle.

2 Tracez un premier chemin en forme de vagues, puis appliquez, à l'aide de la boîte de dialogue *Remplissage et contour* (*Maj + Ctrl + F*), un fond vert (code RVBA : afc95bff) et un contour nul.

3 Tracez un second chemin, avec le même type de forme. Décalez votre nouveau tracé de façon à ce que ses bosses correspondent à peu près aux creux du chemin précédent. Appliquez cette fois-ci un fond bleu (479ebcff) et à nouveau un contour nul.

FIGURE 9–1   *Un entrelacement de vagues*

À SAVOIR **Simplifier les chemins**

L'outil Plume calligraphique est simple d'utilisation, mais, comme les outils Crayon et Stylo, il crée des chemins comportant beaucoup de nœuds. Pour pallier cet inconvénient, simplifiez les chemins avec la commande *Ctrl + L*. Ainsi, le dessin sera plus léger et plus simple à manipuler. En contrepartie, il reflétera le tracé initial avec un peu moins de précision.

Étape 2 : créer l'illusion avec les opérations booléennes

Pour continuer, nous allons créer quelques rustines, à partir de l'intersection des deux chemins, avec l'aide d'opérations booléennes.

1 Dupliquez les chemins (*Ctrl + D*), puis lancez l'opération *Chemin>Intersection* sur les duplicatas.

2 Appliquez l'opération *Chemin> Séparer* au résultat.

RAPPEL **Plan et intersection**

Le résultat de l'opération *Intersection* prend toujours les attributs du chemin le plus bas dans les plans. Dans notre cas, il s'agit du chemin tracé en premier.

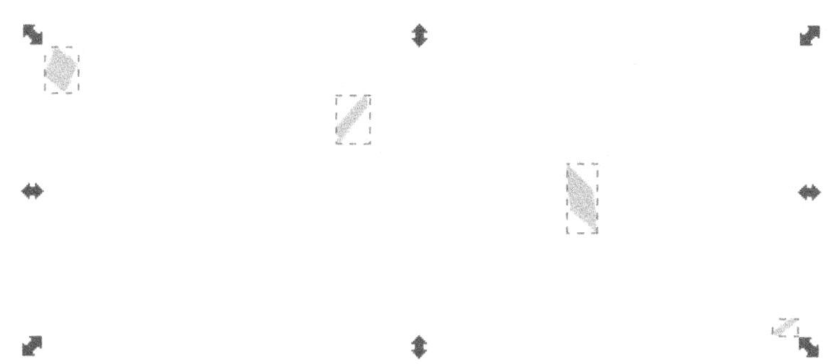

FIGURE 9-2 *Résultat des opérations d'intersection et de séparation*

D'un côté vous avez les chemins originaux non entrelacés et de l'autre les petits morceaux de chemin clairs résultant des opérations booléennes. Pour créer l'effet d'entrelacement, superposons une partie de nos rustines aux croisements des chemins.

3 Avec l'outil Sélection, sélectionnez le premier morceau (le plus à gauche) et placez-le au-dessus de la première intersection entre les deux
chemins, en recouvrant le chemin bleu.

4 Avec l'outil Nœud, ajustez la taille de la rustine de façon à ce qu'elle
s'adapte parfaitement à l'intersection. Zoomez autant que nécessaire,
cette opération nécessite de la précision.

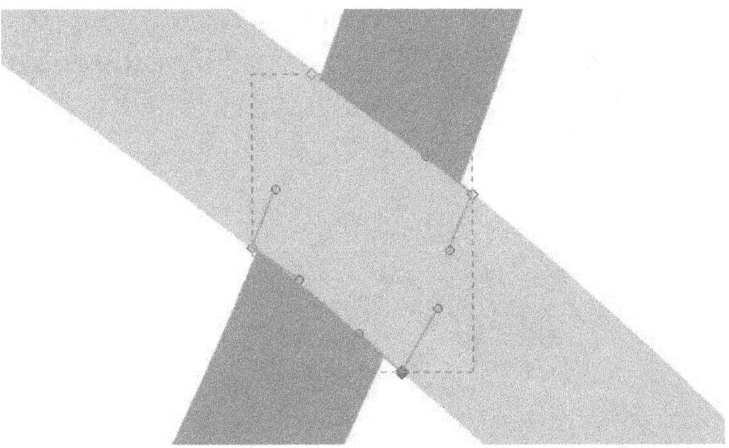

FIGURE 9-3 *Adaptation d'une rustine à l'intersection*

5 La deuxième intersection doit faire apparaître le chemin bleu au premier plan, ce qui est déjà le cas naturellement. Le deuxième morceau
peut donc être supprimé.

6 Recommencez les opérations 3 et 4 avec le troisième morceau. Terminez en supprimant la rustine superflue.

FIGURE 9-4 *Les morceaux du chemin clair sont en place. L'illusion est parfaite.*

Pour continuer

Si vous êtes à l'aise avec l'outil Crayon et que vous possédez une tablette graphique, remplacez les chemins calligraphiés par des formes plus compliquées.

Dans l'exemple suivant, nous avons entrelacé tendrement deux petits génies amoureux. Ajoutez des effets d'ombre et de lumière en traçant les formes avec l'outil Crayon puis en les ajustant avec l'outil Nœud. Pour parfaire la mise en scène, nous avons agrémenté le tout d'une fiole issue du set Organick chemistry, téléchargé sur le site http://www.openclipart.org.

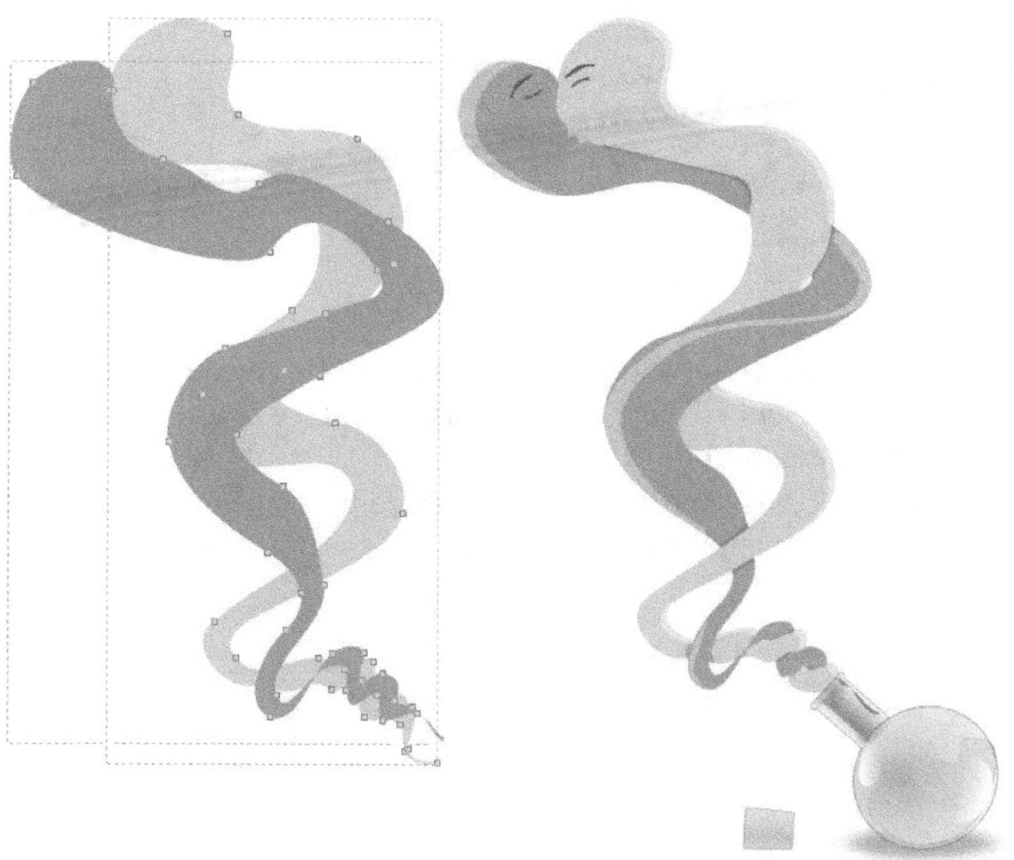

FIGURE 9–5   *Les génies amoureux*

Atelier coloriage

Niveau : débutant

Fonctions abordées : vectorisation, outils Crayon, Stylo, Nœud et Remplissage au seau

Vous aimez esquisser sur papier ? Après avoir scanné votre dessin, lancez Inkscape pour le vectoriser et le colorier en vectoriel.

> À SAVOIR **Scanner un dessin**
>
> En général, les outils nécessaires pour scanner un document sont fournis par le fabricant du matériel. Si ce n'est pas le cas, utilisez les pilotes par défaut du système d'exploitation et un logiciel permettant l'acquisition d'image (Gimp est parfait dans ce rôle).
> Pour un meilleur résultat, donnez à votre dessin un contraste important en utilisant, par exemple, un crayon foncé sur un support clair.

Étape 1 : vectorisation

Avant toute autre manipulation, le dessin original scanné doit être transformé en image vectorielle :

1 Importez l'image sur le canevas avec le menu *Fichier>Importer* (*Ctrl + I*).

2 Lancez la commande *Chemin>Vectoriser le bitmap*, puis adaptez les paramètres au type d'image importée. Pour un croquis, l'idéal est d'utiliser un mode *Passe simple* de type *Seuil de luminosité*. Commencez avec une valeur de seuil moyenne (*0,5*), puis ajustez jusqu'à obtenir un résultat bien net. Cliquez sur le bouton *OK* pour valider la vectorisation.

> IDÉE **Ajuster la valeur du seuil**
>
> Lors de votre recherche du paramètre idéal, aidez-vous de la prévisualisation sur la partie droite de l'interface.

3 Le chemin vectoriel ainsi généré se place au-dessus de l'image bitmap. Déplacez-le avec l'outil Sélection, puis supprimez l'image originale, vous n'en aurez plus besoin.

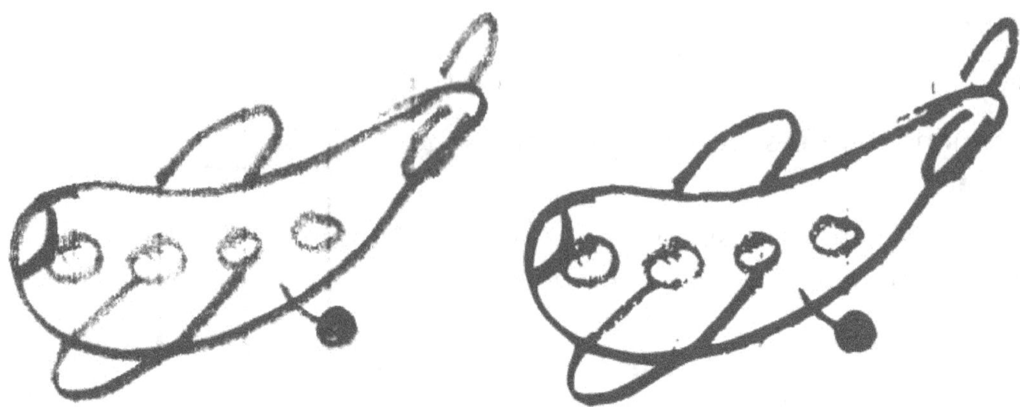

FIGURE 9–6 *À gauche l'image numérique nettoyée ; à droite le résultat de la vectorisation*

Étape 2 : suppression des nœuds superflus

Malgré tous nos efforts, il est possible que le document scanné ne soit pas parfait et que la vectorisation ait laissé quelques petits nœuds rendant le chemin disgracieux. Ces imperfections peuvent aussi apparaître avec un dessin tracé au fusain ou à la craie, puisqu'avec ces techniques, le contour est naturellement et volontairement imprécis. C'est le cas, dans notre exemple, de l'arrière de l'avion. Il faut alors améliorer le dessin. Voici comment procéder :

1 Sélectionnez l'outil Nœuds.

2 Sélectionnez et supprimez les nœuds ou groupes de nœuds inutiles. Dans notre exemple, il faut effacer les deux petits points à droite et le trait à gauche de l'aileron supérieur, ainsi que le groupe épais au-dessus de la queue.

3 Déplacez les nœuds ou leurs poignées pour gommer les imperfections. Ici, cela nous permet de rendre le dessus de la queue de l'avion un peu plus lisse.

Figure 9-7 *À gauche la vectorisation ; à droite le résultat légèrement modifié*

Étape 3 : colorisation

Le remplissage au seau est l'outil dédié à la colorisation d'un scan. Mais avant de l'utiliser, quelques étapes peuvent être nécessaires.

Chemins fermés

Le premier élément, la cabine de pilotage, ne présente pas de difficulté particulière : sa forme parfaitement fermée et assez lisse présage un remplissage idéal.

1 Zoomez sur la cabine.

2 Activez l'outil *Remplissage au seau*, puis cliquez dans la zone à remplir. Remplacez la couleur de fond, avec la boîte de dialogue *Remplissage et contour* (*Maj + Ctrl + F*) par du bleu (code RVBA : 729fcfff).

3 Si le remplissage ne comble pas parfaitement l'espace, recommencez en augmentant le niveau de zoom ou en augmentant le paramètre *Agrandir/rétrécir*, dans la barre de contrôle de l'outil, de quelques pixels.

> RAPPEL **Résolution de remplissage**
>
> Le remplissage au seau repose sur un algorithme de remplissage par diffusion matriciel, basé sur le niveau de zoom courant, Ainsi, plus le zoom est fort, plus le remplissage est précis.

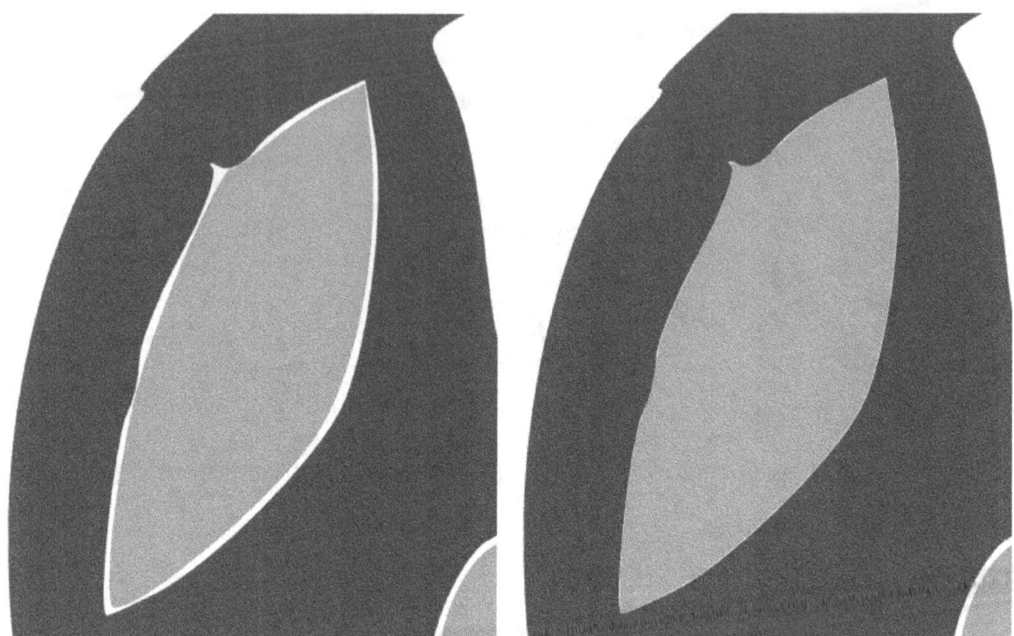

FIGURE 9-8   *À gauche, un remplissage au seau réalisé avec un zoom à 200 % ; à droite avec un zoom à 1000 %*

Chemins ouverts

Un autre défi auquel vous devez faire face consiste à remplir un chemin qui n'est pas complètement fermé, comme c'est le cas du second hublot et des ailerons arrière. Si nous ne faisons rien, le remplissage s'étendra à tout le dessin au lieu de rester cantonné à une zone particulière.

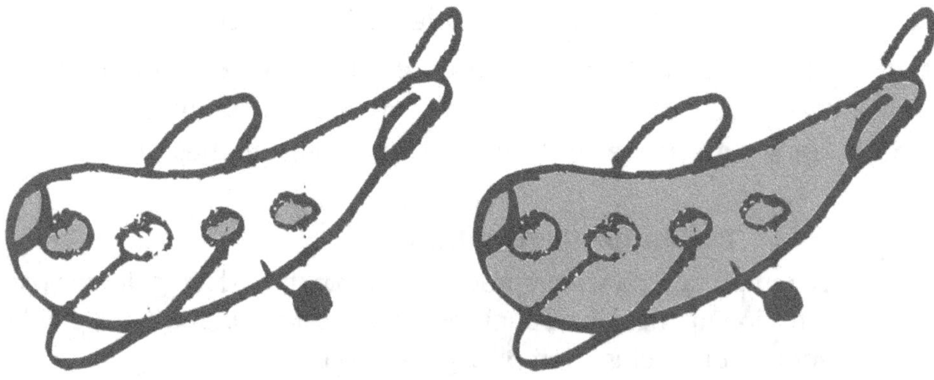

FIGURE 9-9   *Le hublot mal formé empêche une bonne colorisation de celui-ci.*

Ce problème se résout facilement en fermant temporairement la forme :

1 Sélectionnez l'outil Crayon et tracez une ligne pour fermer le hublot placé juste au-dessus de l'aile. Appliquez une couleur foncée au trait pour que le seau le considère comme une limite à son remplissage.

2 Sélectionnez l'outil Remplissage au seau et cliquez au milieu du hublot. Appliquez une couleur bleue au fond (729fcfff).

3 Supprimez le trait de fermeture. Vous n'en avez plus besoin.

FIGURE 9–10 *Tracez temporairement un trait pour fermer le hublot.*

4 Recommencez l'opération avec les ailerons, en utilisant cette fois un fond orange (fcaf3eff).

FIGURE 9–11 *Tracez temporairement un trait pour fermer les ailerons.*

Chemins coupés

Pour coloriser l'aile gauche de l'avion (en bas sur le dessin), un autre problème se pose : le ventre de l'avion, visible sous l'aile, empêche son remplissage uniforme. Ce trait oublié aurait pu être effacé lors du croquis, après sa numérisation avec un outil de retouche d'image bitmap ou encore après sa vectorisation grâce à l'outil Nœud ou aux opérations booléennes. C'est l'occasion de découvrir une autre astuce simple et efficace :

1 Avec l'outil Stylo, tracez un chemin recouvrant parfaitement le trait qui traverse l'aile. Vous pouvez déborder sur le corps de l'aile, mais évitez de rogner son contour. Appliquez au chemin un fond blanc et un contour nul.

2 Ajoutez un trait avec l'outil Crayon pour fermer l'aile juste en dessous des hublots.

3 Coloriez l'aile avec l'outil Remplissage au seau, puis appliquez-lui une couleur orange (fcaf3eff).

4 Supprimez le trait de fermeture.

FIGURE 9–12 *Étape de colorisation de l'aile, une forme à problème*

Fin des opérations

Terminez le coloriage des éléments restant, avec l'outil Remplissage au seau :

1 Coloriez les hublots en bleu (729fcfff).

2 Coloriez l'aile droite (en haut) en orange (fcaf3eff).

3   Terminez avec le corps de l'avion, en jaune (fce94fff).

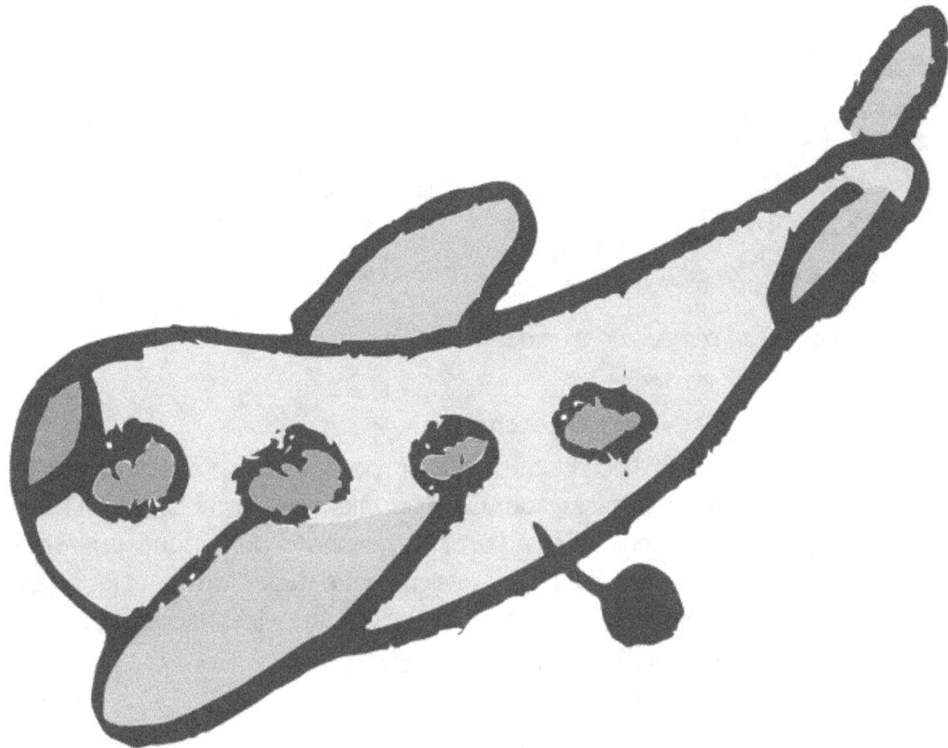

FIGURE 9–13 *L'avion colorisé par aplat rapidement*

Pour continuer

Vous pouvez aussi utiliser des images bitmap, sans les vectoriser, comme support à vos dessins. Vous tracez alors directement, sur un calque superposé, les formes et les contours avec l'outil de votre choix. Vous procédez ainsi, en quelque sorte, à une vectorisation manuelle. Cette technique, utilisée dans l'exemple suivant pour réaliser le détail d'un œil, est couramment mise en œuvre pour dessiner sur une photo en la simplifiant, ou sur un dessin en lui donnant un aspect différent. Dans ce dernier cas, il est possible de remplacer des traits au fusain par un tracé calligraphique.

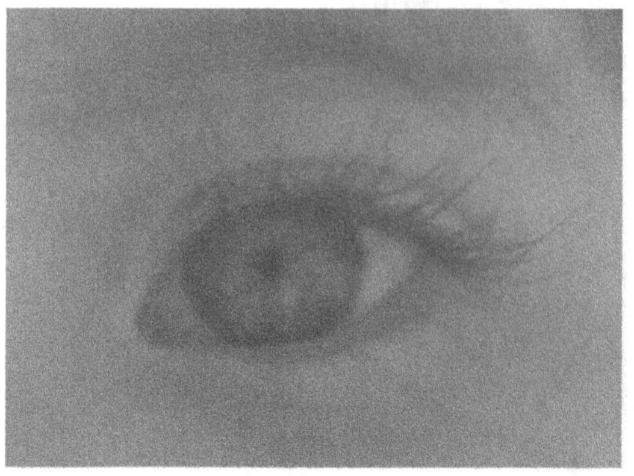 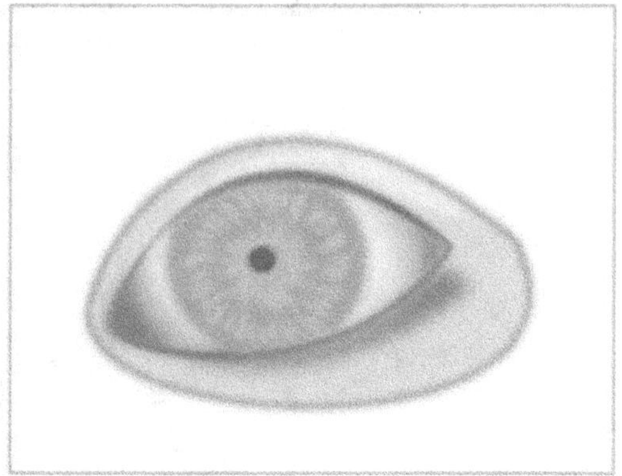

FIGURE 9–14 *Détail d'un œil réalisé à partir d'une photo*

CYBERCULTURE **Hackergotchi**

L'artiste roumain Nicu Buculei nous propose sur son site quelques tutoriels simples et efficaces pour Gimp et Inkscape. Parmi ceux-ci, il nous explique comment créer, à partir d'une photo numérique, un visage vectoriel simplifié. Ces images, très en vogue sur les forums et les blogs, représentent l'avatar d'un auteur. Elles y sont appelées hackergotshi.

▸ http://howto.nicubunu.ro/inkscape_face_draw/

Un badge pirate

Niveau : débutant

Fonctions abordées : outils Ellipse, Texte et Dégradé, effets de chemin, offset dynamique, filtres, importation

Nous vous proposons maintenant d'organiser une joyeuse chasse aux trésors avec un autre grand classique qu'est le badge, ici décliné en version pirate des Caraïbes.

Étape 1 : le fond du badge

Pour rendre notre badge facilement réutilisable, nous allons commencer par réaliser un modèle générique (badge circulaire de 7 cm de diamètre) que vous pourrez adapter plus tard à des thèmes différents.

1 Lancez Inkscape sur un document vierge, puis ouvrez le menu *Fichier>Propriétés du document...* (*Maj + Ctrl + D*). Saisissez, dans la zone *Dimensions personnalisées* de l'onglet *Page*, une largeur et une hauteur identiques, de 250 pixels.

2 Activez la boîte de dialogue *Calques* à partir du menu *Calque>Calques...* (*Maj + Ctrl + L*). Renommez le calque en Fond, en cliquant avec le bouton droit de la souris sur son intitulé et en sélectionnant l'entrée *Renommer* dans le menu contextuel.

3 Avec l'outil Ellipse, tracez un cercle de 215 pixels de diamètre au centre du canevas (maintenez la touche *Ctrl* pour obtenir un cercle parfait). Aidez-vous de la boîte de dialogue *Aligner et distribuer...* (*Maj + Ctrl + A*) pour centrer le cercle horizontalement et verticalement par rapport à la page.

4 Ouvrez la boîte de dialogue *Remplissage et contour*, et appliquez au cercle un remplissage dégradé linéaire comprenant trois stops de valeur 323232ff (gris foncé), 000000ff (noir) et ffffffff (blanc) ainsi qu'un contour gris moyen (6a6a6aff) de 4 pixels.

5 Avec l'outil Dégradé (*G*), positionnez les stops en diagonale, le stop intermédiaire légèrement déplacé vers l'extrémité blanche du dégradé.

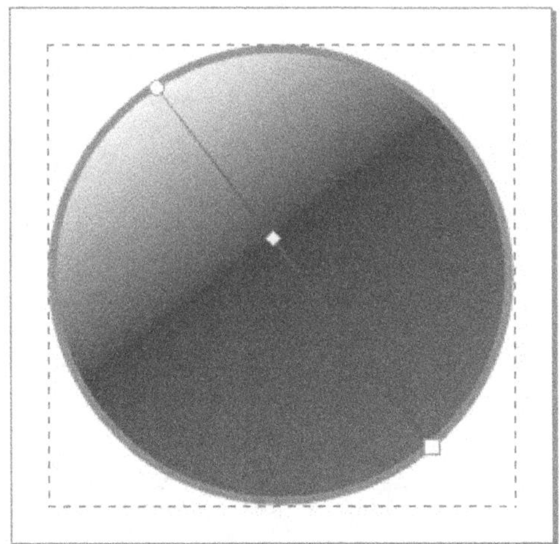

FIGURE 9–15 *Positionnement du dégradé*

6 Dupliquez le cercle, puis modifiez le remplissage du duplicata en gris clair (eeeeeeff) et supprimez son contour.

7 Placez le duplicata sous le cercle original avec la commande *Objet>Descendre*, puis transformez-le en offset dynamique avec *Chemin>Offset dynamique*.

8 Étirez la poignée de l'offset de façon à ce que le cercle clair apparaisse comme un deuxième contour du cercle original.

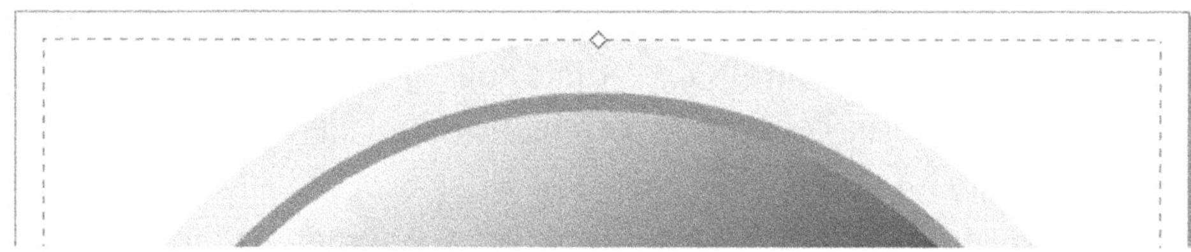

FIGURE 9–16 *Ajustement de l'offset dynamique*

9 Conservez l'offset et lancez la commande *Filtres>Ombres et lueurs>Ombre portée...* Appliquez un rayon et un décalage (sur les deux axes) de 3 pixels, et réglez l'opacité à 75 %.

10 Pour éviter toute modification malencontreuse, verrouillez le calque dans la barre de status (en bas à gauche) ou dans la boîte de dialogue des calques (*Maj + Ctrl + L*).

FIGURE 9–17 *Le fond de badge est prêt !*

Étape 2 : ajouter du texte

Ajoutons, en guise de salut, un texte issu de la tradition marine et des pirates.

1 Ajoutez un nouveau calque avec le menu *Calque>Ajouter un calque* (en choisissant l'option *Au-dessus du calque courant*) ou avec l'icône + de la boîte de dialogue *Calques*. Renommez ce calque en Décoration.

2 Tracez un cercle gris de 165 pixels de rayon au centre du canevas.

3 Activez l'outil Texte, puis cliquez sur le canevas pour faire apparaître le curseur. Saisissez le texte Ahoy!.

4 Ouvrez la boîte de dialogue Texte et police... (*Maj+Ctrl+T*) et sélectionnez la police DejaVu Serif, dans sa déclinaison Bold Semi-condensed (ou à défaut toute autre police relativement grasse), en taille 60.

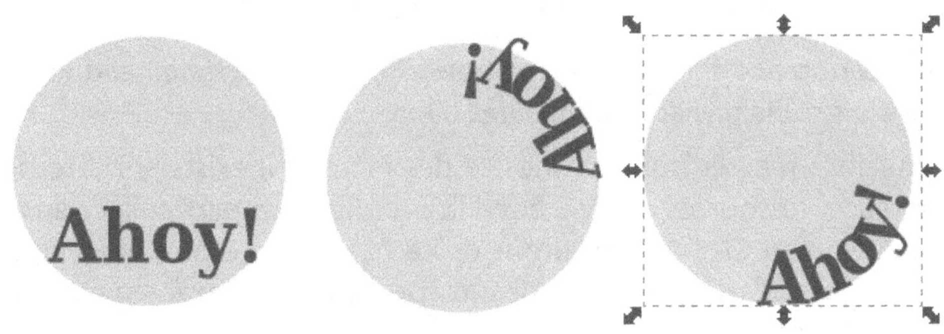

FIGURE 9–18 *Mise en forme du texte sur le cercle*

5 Sélectionnez le cercle gris et le texte, et lancez la commande *Texte>Mettre suivant un chemin*.

6 Sélectionnez le cercle gris seulement, puis renversez-le avec *Objet>Retourner verticalement* pour que le texte apparaisse à l'intérieur de la forme. Faites tourner le cercle avec les poignées de rotation pour que le texte soit positionné en bas à droite, et ajustez sa position par rapport au fond.

7 Avec la boîte de dialogue *Remplissage et contour* (*Maj + Ctrl + F*), appliquez un fond blanc au texte et un fond transparent au cercle qui le supporte.

8 Activez l'outil Texte et appliquez, à l'aide de la barre d'options de l'outil, un interlettrage de 7 au texte « Ahoy ! » pour l'aérer un peu.

FIGURE 9–19 *Le texte est en place*

Étape 3 : importer un motif depuis Open Clip Art

Complétons notre badge avec un symbole en forme de crâne, tel que l'on en rencontrait sur le pavillon des navires pirates.

Nous pourrions réaliser nous-mêmes ce dessin, mais il existe sur Internet de nombreuses ressources en SVG et en licence libre, en particulier dans la bibliothèque Open Clip Art. Profitons de cette ressource pour gagner du temps. D'ailleurs, il existe un beau dessin correspondant exactement à ce que nous recherchons.

1 Avec votre navigateur préféré, téléchargez la version SVG de notre joli crâne à l'adresse http://openclipart.org/detail/169895/skull-and-bones-by-scyg.

2 Importez l'image SVG avec le menu *Fichier>Importer...*

3 Redimensionnez le crâne pour qu'il puisse s'adapter au badge. Une hauteur de 80 pixels et une largeur de 120 pixels semblent convenir.

4 Positionnez le crâne sur le badge, et appliquez-lui un remplissage blanc.

5 Terminez en optimisant la rotation et le placement de l'objet par rapport au texte et au fond du badge.

Figure 9–20 *Ouverture du fichier téléchargé*

Alternative **Importation depuis Open Clip Art**

Inkscape a bien un module d'importation directe des ressources du projet Open Clip Art situé dans *Fichier>Importer depuis la biblio-thèque Open Clip Art*, mais il ne fonctionne pas encore sous Windows et présente encore quelques défauts sous Linux. Une nouvelle boîte de dialogue est en cours de réalisation, mais elle ne sera visible que dans une version future.

Figure 9–21 *Le badge pirate est terminé !*

Pour continuer

Appuyez-vous sur votre fond générique (vous pouvez en modifier les couleurs !) pour créer de nouveaux badges sur des thèmes différents, puis amusez-vous à modifier la forme du fond pour réaliser toutes sortes de macarons, écussons ou blasons.

FIGURE 9-22 *Exemples de badges variés*

La technique consistant à créer un offset clair et une ombre portée est particulièrement pratique lorsque le dessin doit être superposée à un fond dont on ne connaît pas la luminosité (elle est utilisée, par exemple, pour faire ressortir les icônes sur les cartes). Si vous destinez votre badge à l'impression, vous aurez sans doute tout intérêt à remplacer l'ombre portée par un contour noir pour en faciliter la découpe.

Une invitation

Niveau : débutant

Fonctions abordées : modèles, magnétisme, importation, découpe, offset, outil Texte

Quoi de plus agréable qu'une petite fête entre amis ? Nous vous proposons de réunir votre tribu dans votre jardin, pour un grand pique-nique d'été, à l'aide d'une élégante invitation.

Étape 1 : préparer le format

Pour des raisons pratiques, choisissons un format A6 (10,5 x 14,8 cm). Cette taille, particulièrement adaptée aux enveloppes standards, nous permettra d'imprimer quatre invitations par feuilles A4 tout en conservant assez d'espace pour faire passer notre message.

1. Lancez Inkscape sur un document vierge, puis ouvrez le menu *Fichier>Propriétés du document... (Maj + Ctrl + D)*. Dans la liste *Dimensions de la page* de l'onglet *Page*, choisissez un format de type A6. Sélectionnez une orientation en paysage. Gardez la boîte de dialogue ouverte pour l'étape suivante.

2. Afin de faciliter le placement des futurs objets sur le canevas, cochez la case *Activez le magnétisme* dans l'onglet *Magnétisme*. Cochez également les cases *Nœuds* et *Coins de boîtes englobantes*. Dans la zone *Aimanter aux guides*, spécifiez la valeur 10 comme distance d'attraction des guides.

3. Dans la barre de contrôle du magnétisme, activez l'icône *Aimanter aux bords de la page*.

FIGURE 9–23 *Préparation du canevas*

Étape 2 : importation de l'image matricielle

Ajoutons en image de fond une photo de notre cru.

1 Importez l'image avec le menu *Fichier>Importer…* (*Ctrl + I*). Sélectionnez la photo à l'aide de la fenêtre de navigation, puis validez l'importation avec le bouton *Ouvrir*.

2 Avec l'outil Sélection, placez l'image sur le canevas.

3 Adaptez la taille de la photo, en maintenant la touche *Ctrl* durant le redimensionnement pour en conserver les proportions. Ajustez sa position : seule la partie à conserver est située sur le canevas.

4 Tracez un rectangle de la taille de la page et placez-le au-dessus de la photo, dans les limites de définies par les guides. Ajustez sa taille et sa position en vous aidant du magnétisme.

5 Sélectionnez le rectangle et la photo, puis lancez la commande *Objet>Découpe>Définir* pour masquer les parties de l'image dépassant du canevas.

FIGURE 9-24 *Préparation et résultat de la Découpe*

Étape 3 : ajout du texte

L'image seule n'est peut-être pas assez parlante. Aussi, ajoutons un peu de texte pour préciser notre invitation.

Un fond semi-transparent

Pour augmenter la lisibilité du texte, nous le placerons sur un fond gris foncé qui laissera entrevoir, par transparence, un peu de l'image superposée.

1 Tracez un rectangle de 72 pixels de largeur, et de hauteur identique à celle du canevas. Cette forme servira de fond semi-transparent à votre texte.

2 Ouvrez la boîte de dialogue *Remplissage et contour* (*Maj + Ctrl + F*), et appliquez un remplissage gris semi-transparent (code RVBA : 131313b2). Supprimez tout contour.

3 En vous aidant du magnétisme, placez le rectangle contre le bord gauche du canevas.

4 Activez la boîte de dialogue *Calques* à partir du menu *Calque>Calques...* (*Maj + Ctrl + L*). Renommez le calque en « Fond », en cliquant avec le bouton droit de la souris sur son intitulé et en sélectionnant l'entrée *Renommer* dans le menu contextuel.

5 Ajoutez un nouveau calque avec le menu *Calque>Ajouter un calque* (en choisissant l'option *Au-dessus du calque courant*) ou avec l'icône + de la boîte de dialogue *Calques*. Renommez ce calque en « Texte ».

6 Dupliquez le rectangle gris (*Ctrl + D*). Appliquez un offset dynamique, avec la commande *Chemin>Offset dynamique*. Diminuez la taille du rectangle avec la poignée blanche, en laissant une marge de 8 mm par rapport au premier rectangle.

> IDÉE **Diminuer la taille du rectangle**
> Aidez-vous de l'outil Sélection pour vérifier la taille de l'objet.

7 Une fois le redimensionnement satisfaisant, transformez le petit rectangle en guides avec la commande *Objet>Objets en guides* (*Maj + G*).

Quatre nouveaux guides apparaissent autour de l'objet. Nous les utiliserons pour placer nos textes.

8 Verrouillez le calque « Fond » avec l'icône en forme de verrou, placée devant son intitulé dans la boîte de dialogue *Calques*. Rendez actif le calque « Texte » en cliquant sur son intitulé.

FIGURE 9–25 *Préparation du placement idéal du texte*

Mise en forme du texte

Utilisons les guides créés précédemment pour justifier nos textes. Tous seront écrits avec la police DejaVu Sans mais dans une déclinaison différente. Nous pourrons ainsi varier facilement le style tout en restant dans un ensemble cohérent.

CYBERCULTURE **DejaVu**

DejaVu est une famille de police de caractères libre de qualité basée sur Bitstream Vera. Alternative intéressante aux polices propriétaires ou aux polices système telles que Times New Roman ou Arial, vous pouvez la télécharger librement à l'adresse :

▸ http://dejavu-fonts.org/

1 Avec l'outil Texte, créez cinq blocs de textes distincts avec les mots « Barbecue », « géant », « chez Pitou », « 25 juillet 2013 », « à partir de 12 h 30 ».

2 Remplissez les deux premiers textes en blanc, et les trois suivants en gris (d3d3d3ff), tous sans contour.

3 Sélectionnez le texte « Barbecue » et ouvrez ensuite la boîte de dialogue *Texte et police* avec le menu *Texte>Texte et police... (Maj + Ctrl + T)*. Choisissez une famille de police DejaVu, dans le style Bold Semi-Condensed et une taille 40. Cliquez sur le bouton *Appliquer* pour valider vos paramètres.

4 Recommencez avec le mot « géant » (vous n'êtes pas obligé de fermer la boîte de dialogue entre les deux opérations !), avec une taille 60.

5 Sélectionnez le texte « chez Pitou » et choisissez une famille de police DejaVu, cette fois dans le style Semi-Condensed, en taille 40.

6 Répétez l'opération avec la date, dans un style Ultra-Light, en taille 20, puis avec l'heure, dans un style Normal et en taille 12.

7 Une fois ces objets textes prêts, aidez-vous de l'outil Sélection pour placer le texte sur l'invitation. Commencez avec le mot « Barbecue ». Placez-le dans l'angle supérieur gauche en vous aidant des guides, puis étirez-le avec sa poignée inférieure droite jusqu'à ce que son bord droit soit aimanté par le guide droit. Verrouillez les proportions du texte en maintenant la touche *Ctrl* appuyée durant le redimensionnement.

FIGURE 9–26 *Insertion du texte facilité grâce aux guides*

8 Continuez avec les textes suivants en les justifiant entre le guide gauche et le guide droit de la zone de texte. Terminez avec le texte de l'heure, en l'aimantant au guide inférieur.

9 Ajustez les textes verticalement pour en équilibrer les espacements.

FIGURE 9–27 *Votre flyer a fière allure*

Étape 4 : exportation

Votre invitation est prête. Il ne reste plus qu'à l'imprimer ou à l'envoyer par courriel. Mais avant, quelques étapes supplémentaires s'imposent.

Tout d'abord, si vous imprimez à la maison ou au bureau, il y a fort à parier que vous utilisez un format A4. Dans ce cas, optimisez votre impression en plaçant plusieurs copies de votre invitation sur la même feuille en créant un pavage de clones :

1 Sélectionnez tous les objets du dessin (*Ctrl + Alt + A*) et groupez-les (*Ctrl + G*).

2 Lancez la commande *Édition>Cloner>Créer un pavage avec des clones…*

3 Dans l'onglet *Symétrie*, sélectionnez la valeur P1 : translation, et choisissez un pavage de deux lignes sur deux colonnes.

4 Créez le pavé avec le bouton *créer*.

5 Modifiez la taille de la page dans le menu *Fichier>Propriétés du document* pour obtenir un format A4 paysage.

6 Repositionnez les objets dans la page en vous aidant du magnétisme.

Si vous prévoyez de faire appel à un imprimeur, celui-ci optimisera lui-même votre fichier en fonction du papier à sa disposition, et vous pouvez donc lui fournir votre dessin au format A6.

L'impression directe depuis Inkscape est possible mais déconseillée dans la plupart des cas (ce sujet est abordé en détail chapitre 2, Prise en main rapide). Pour obtenir un résultat satisfaisant, enregistrez votre fichier au format PDF, celui-ci présentant l'avantage d'être lisible sur l'écran avec un logiciel compatible (Evince ou Acrobat Reader, par exemple), et imprimable directement depuis ces mêmes outils.

Pour continuer

Le format présenté dans cet exercice, identique à celui d'une carte postale, est parfaitement adapté à la création de tracts ou de flyers. Vous pouvez cependant improviser avec des formats carrés, ou au contraire plus allongés, en fonction de l'effet désiré et du contenu à y intégrer.

Par ailleurs, nous nous sommes contentés d'une simple photo en guise d'arrière-plan. Profitez des possibilités d'Inkscape pour réaliser un fond vectoriel, riche en courbes et en couleurs.

> CYBERCULTURE **Art vectoriel**
>
> Le site Deviant Art propose quelques exemples typiques d'art vectoriel, et constitue une bonne source d'inspiration.
>
> ▸ http://browse.deviantart.com/digitalart/vector/abstract/

Inkscape peut s'avérer un peu limité pour gérer des textes longs, nécessitant des césures, des justifications ou des mises en forme sophistiquées. Dans ce cas, exportez votre dessin sans les textes au format PNG, pour l'importer ensuite dans le logiciel de mise en page Scribus (http://www.scribus.net/), avec lequel vous pourrez travailler sur le texte.

Hachures à gogo

Niveau : débutant

Fonctions abordées : motifs, alignement

Les hachures sont très couramment utilisées pour la réalisation d'éléments comme les barres de progression, les séparateurs de lignes ou de colonnes ou encore de fonds pour l'illustration et les sites web. Lors de leur création, la difficulté principale consiste à dupliquer et à espacer avec précision les motifs des hachures. Pour nous épargner ces tâches rébarbatives, Inkscape nous offre des moyens efficaces pour les réaliser automatiquement.

Plusieurs méthodes sont à votre disposition, à partir du pavage de clones (*Édition>Cloner>Créer un pavage avec des clones…*), d'une extension permettant interpolation (*Extensions>Générer à partir du chemin>Interpoler…*), ou des motifs. C'est cette dernière option, simple et efficace, que nous vous proposons d'approfondir dans cet exercice.

Étape 1 : poser du papier peint

Pour illustrer les principes élémentaires de la réalisation de hachures, commençons par un motif simple, composé d'une alternance de bandes de couleur.

1 Avec l'outil Rectangle, tracez une forme de 133 pixels de largeur et 600 pixels de hauteur.

2 Ouvrez la boîte de dialogue *Remplissage et contour* (*Maj + Ctrl + F*) et appliquez au rectangle un fond beige clair (code RVBA : e9e5d9ff). Supprimez le contour.

3 Dupliquez le rectangle (*Ctrl + D*), et appliquez à la copie un remplissage beige foncé (d0c9bfff). Réduisez sa largeur à 77 pixels.

4 Sélectionnez les deux rectangles, puis ouvrez la boîte de dialogue *Aligner et distribuer* (*Maj + Ctrl + A*). Cliquez sur les icônes *Centrer selon un axe horizontal* et *Aligner les bords gauches des objets au bords droit de l'ancre*.

5 Sélectionnez à nouveau les deux objets, et lancez la commande *Objet>Motif>Objets en motif* (*Alt + I*).

6 Appliquez le motif à l'objet de votre choix, avec la boîte de dialogue *Remplissage et contour* (*Maj + Ctrl + F*) en cliquant sur l'icône *Motif* de l'onglet *Fond*. Sélectionnez ensuite, tout en haut de la liste déroulante *Motif de remplissage*, le motif précédemment créé.

> À SAVOIR **Repérer le motif créé**
>
> Les motifs que vous créez s'intitulent « pattern » et sont suivis d'un numéro.

FIGURE 9–28 *À gauche le motif ; à droite un rectangle le contenant*

> PAS DE PANIQUE ! **Calage des motifs**
>
> Lorsqu'un motif est plus petit que la forme qu'il doit remplir, il faut alors répéter le motif. Des défauts peuvent alors apparaître aux raccords. La seule solution à ce défaut d'Inkscape, consiste à créer un motif plus grand que l'objet auquel il est destiné.

Étape 2 : un sucre d'orge menthe-réglisse

Pour continuer, nous allons dessiner un motif oblique, puis étudier comment modifier sa forme une fois appliqué à un objet.

Dessin et application du motif

Les hachures ne se limitent pas à des motifs verticaux ou horizontaux, mais peuvent également être dessinées en oblique.

1 Tracez la barre du sucre d'orge, sous la forme d'un rectangle de 400 pixels de largeur pour 70 pixels de hauteur, avec un rayon vertical (champ *Ry* dans la barre de contrôle de l'outil Rectangle) de 3 pixels. Remplissez-la de noir.

2 Tracez un rectangle de 20 pixels de large sur 70 pixels de hauteur. Placez ce nouvel objet au-dessus du rectangle précédent pour le distinguer du fond.

3 Sélectionnez le rectangle avec l'outil Sélection puis activez l'outil Dégradé (*G*). Appliquez ensuite un dégradé linéaire et vertical en cliquant en haut de la forme et en glissant jusqu'à la limite inférieure de sa boîte englobante.

4 Ouvrez la boîte de dialogue *Remplissage et contour*. Sélectionnez le premier stop dans la liste placée en haut de la boîte de dialogue et appliquez-lui une couleur blanche (ffffffff). Sélectionnez ensuite le deuxième stop et donnez-lui une couleur transparente (ffffff00).

5 Toujours avec la boîte de dialogue *Remplissage et contour*, supprimez ensuite le contour du rectangle et diminuez légèrement son opacité globale.

6 Avec l'outil Sélection, inclinez la forme de 20 degrés vers la droite. La valeur de l'inclinaison s'affiche dans la barre de statut et d'information (tout en bas de l'interface) pendant l'opération.

> RAPPEL **Poignées d'inclinaison**
> Pour les faire apparaître, il suffit de double-cliquer sur l'objet avec l'outil Sélection.

FIGURE 9–29 *Réalisation du motif*

7 Sélectionnez la forme et lancez la commande *Objet>Motif>Objets en motif* (*Alt + I*) pour la transformer en motif.

8 Dupliquez la barre noire (*Ctrl + D*) puis, avec la boîte de dialogue *Remplissage et contour*, supprimez son contour et remplissez-la avec le motif créé précédemment.

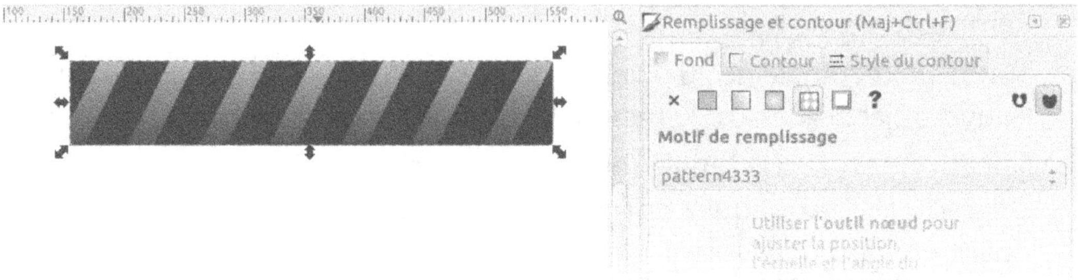

FIGURE 9-30 *Application du motif sur la barre*

Édition du motif

Généralement, le motif appliqué ne remplit pas l'objet convenablement et présente un décalage que nous pouvons facilement corriger, directement sur le canevas.

1 Activez l'outil Nœud et approchez-vous du motif. Une croix et deux poignées apparaissent (une ronde et une carrée).

2 Utilisez la croix pour déplacer le motif horizontalement et verticalement de façon à ce qu'il s'adapte parfaitement à la barre.

3 La poignée ronde fait pivoter le motif. La barre étant bien droite, nous n'en avons pas besoin. Par contre, vous pouvez éventuellement actionner la poignée carrée pour agrandir le motif.

> À SAVOIR **Modification en direct**
>
> Chaque modification sur le motif a une répercussion immédiate sur le remplissage de la forme. Observez la barre pour vous aider lors du déplacement de votre motif.

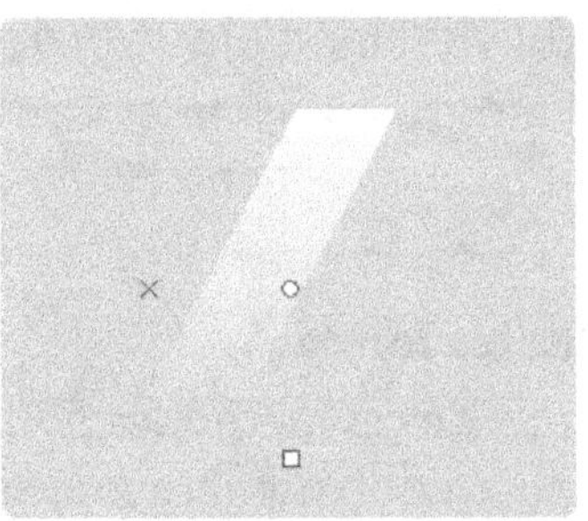

FIGURE 9–31 *En haut le motif blanc (placé sur un rectangle gris pour améliorer son contraste dans ces pages) ; en bas le motif parfaitement ajusté*

IDÉE **Une autre saveur**

L'avantage des motifs semi-transparents est qu'ils s'adaptent bien à n'importe quelle couleur de fond. Ainsi, si vous n'aimez pas la réglisse, sélectionnez la barre noire et appliquez-lui un remplissage fraise, chocolat ou pistache.

Pour continuer

Les motifs sont particulièrement adaptés au remplissage de formes fermées, et présentent l'avantage d'être réutilisables ailleurs dans le dessin. Mais pour réaliser un simple fond, vous pouvez également créer des hachures avec le pavage de clones. Vous pourrez dans ce cas créer des hachures à écart variable, ou leur appliquer diverses transformations (déplacements, rotations, jeux de couleurs).

Une autre technique repose sur l'utilisation de l'extension *Interpoler*. À partir de deux hachures placées aux extrémités de la zone à remplir, cette extension répète et place des hachures à distances régulières tout en passant progressivement d'une hachure noire continue à une hachure rouge semi-transparente pointillée.

Une méthode encore plus simple consiste à placer une hachure et son clone aux deux extrémités du dessin, d'ajouter des clones entre les deux, puis d'utiliser la boîte de dialogue *Aligner et distribuer* pour les répartir convenablement.

IDÉE **Verrouillez les fonds**

Si vous utilisez une de ces méthodes pour créer un fond, vous allez remplir le canevas avec un nombre souvent important d'objet. Pour qu'ils n'interfèrent pas avec les dessins en premier plan, placez tous les objets du fond sur un calque différent, que vous verrouillez ensuite pour éviter toute sélection involontaire.

Bien entendu, les motifs ne sont pas limités à la création de hachures. Dans l'exemple suivant, nous avons réalisé un motif à partir de gouttes de pluie, et nous l'avons appliqué à un rectangle incliné, pour matérialiser notre averse, en arrière-plan, avec un léger flou, et dans la loupe, avec un grossissement différent.

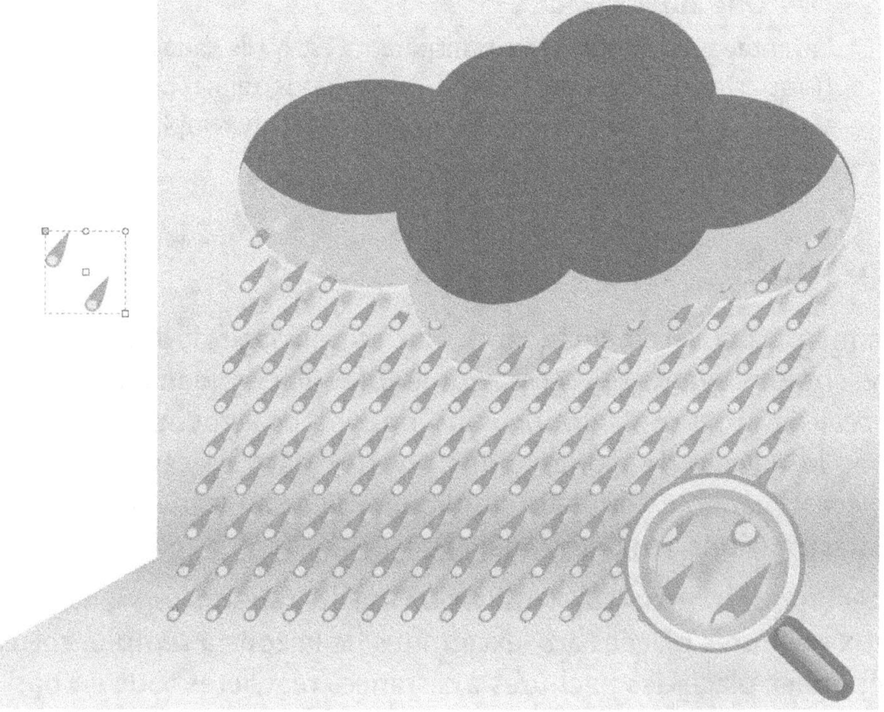

FIGURE 9–32 *Un motif pluvieux*

Une icône pour Gcompris

Niveau : intermédiaire

Fonctions abordées : grille, aperçu d'icône, opérations booléennes, offset, outils Nœud et Stylo, exportation

Une icône s'affichant généralement dans un espace réduit (en général, un carré mesurant entre 16 et 128 pixels de côté), son dessin doit relever le défi d'être lisible, porteur de sens, et riche en détail pour ne pas apparaître pauvre et sans intérêt. Dans cet exercice, nous allons réaliser, en tenant compte de ces contraintes, une icône pour la version Mac OS X du logiciel Gcompris. Cette icône, dans la version Linux, représente un avion piloté par Tux, la célèbre mascotte de ce système d'exploitation. Pour cette nouvelle version, nous reprendrons l'avion initial, sans son pilote. En contrepartie, la réalisation sera enrichie d'effets d'ombres et de reflets.

> CYBERCULTURE **Gcompris**
>
> Gcompris est un logiciel éducatif libre proposant une centaine d'activités variées (découverte de l'ordinateur, mathématiques, science, géographie, lecture, jeux…) destinées aux enfants de 2 à 10 ans.
>
> ▸ **http://gcompris.net/**

Étape 1 : préparation du canevas

Avant de commencer notre dessin, nous devons préparer le canevas au format spécifique de l'icône.

1 Lancez Inkscape sur un document vierge, puis ouvrez le menu *Fichier>Propriétés du document…* (*Maj + Ctrl + D*). Saisissez, dans la zone *Dimensions personnalisée* de l'onglet *Page*, une largeur et une hauteur de 48 pixels. La taille n'a pas de réelle importance en format vectoriel car il est toujours possible de redimensionner le dessin sans perte, mais avoir un canevas carré est un repère appréciable. Gardez la boîte de dialogue ouverte.

Alternative **Avec les modèles**

> Certains formats standards ont été prédéfinis sous forme de modè-
> les. Vous y accédez directement par le menu *Fichier>Nouveau*, ou
> dans la liste *Dimensions de page* de la boîte de dialogue *Propriétés du
> document*.

Pour nous aider à placer notre dessin, ajoutons une grille :

2 Cliquez sur l'onglet *Grilles*, puis sélectionnez l'entrée *Grille rectangulaire* dans la liste de la zone *Création*. Validez avec le bouton *Nouveau*.

3 Pour diviser le canevas en sections égales, optez, dans le champ *Grille principale toutes les*, pour la valeur 6. La grille ainsi obtenue s'adaptera parfaitement à la taille du modèle, qu'elle divisera, pour chaque bord, en 8 grandes sections de 6 pixels.

4 Fermez la boîte de dialogue des propriétés et adaptez le niveau de zoom et le centrage au modèle avec la commande *Affi-chage>Zoom>Page* ou avec la touche 5 du pavé numérique.

Figure 9–33 *Le modèle fin prêt*

Étape 2 : dessin initial

Le dessin de l'avion est réalisé à partir de plusieurs éléments qui sont, comme sur une vraie chaîne de montage, assemblés pour former l'objet final.

1 Si vous en avez le courage, dessinez les différentes parties de l'avion, avec l'outil Crayon ou l'outil Stylo, puis ajustez les formes avec l'outil Nœud. Ouvrez la boîte de dialogue *Remplissage et contour* (*Maj + Ctrl + F*), puis remplissez les objets en orange (code RVBA : ffa900ff) et appliquez un contour noir d'un demi pixel d'épaisseur. Le poste de pilotage sera rempli avec une couleur plus foncée (241c1cff). Vous pouvez également télécharger le fichier SVG de l'exercice sur le site des éditions Eyrolles. Il contient toutes les pièces de l'avion, prêtes à l'emploi.

2 Assemblez l'avion avec l'outil Sélection, en vous aidant de l'outil Zoom pour affiner le positionnement des objets.

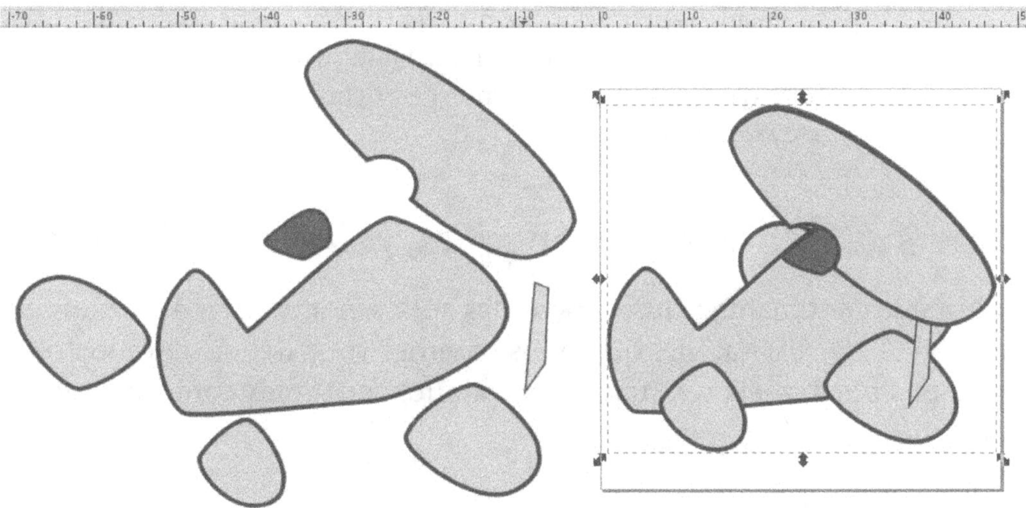

FIGURE 9–34 *Montage de l'avion*

3 Ouvrez enfin l'aperçu d'icône (*Affichage>Aperçu d'icône…*) afin de visualiser le rendu matriciel de votre réalisation en différentes tailles. Laissez cette boîte de dialogue ouverte pour le reste de l'exercice, elle vous permettra de suivre les évolutions apportées au dessin.

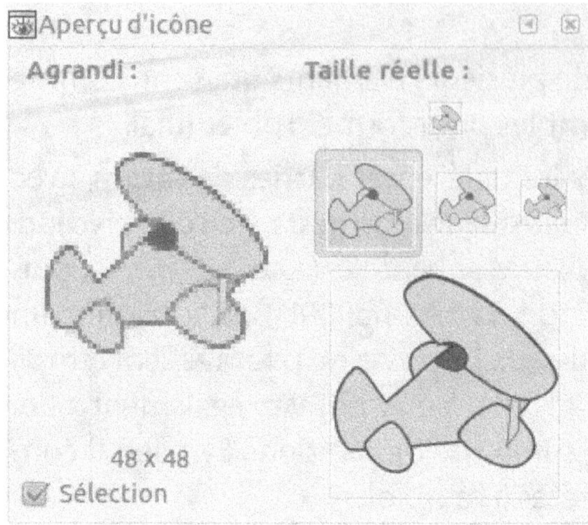

FIGURE 9–35 *L'aperçu d'icône*

> À SAVOIR **Aperçu d'icône**
>
> Par défaut, l'aperçu d'icône montre l'intégralité des objets disposés dans les limites du canevas. Pour limiter l'aperçu à la boîte englobante d'une sélection (y compris en dehors du canevas), cochez la case *Sélection*.

Étape 3 : améliorer les contours, reflets et dégradés

Si une icône contenant exclusivement des aplats était satisfaisante dans les années 1990, les utilisateurs que nous sommes sont depuis devenus plus exigeants. Pour l'améliorer, nous allons ajouter quelques contours, reflets et dégradés.

Un contour renforcé

Augmentons l'épaisseur du contour d'icône pour en améliorer le contraste et lui donner un peu de relief.

1 Dupliquez (*Ctrl + D*) l'intégralité de l'avion, et lancez l'opération *Chemin>Union* sur l'ensemble du duplicata. Remplissez l'objet de noir.

2 Avec la commande *Objets>Descendre à l'arrière plan* (*Fin*), placez l'objet sous l'avion.

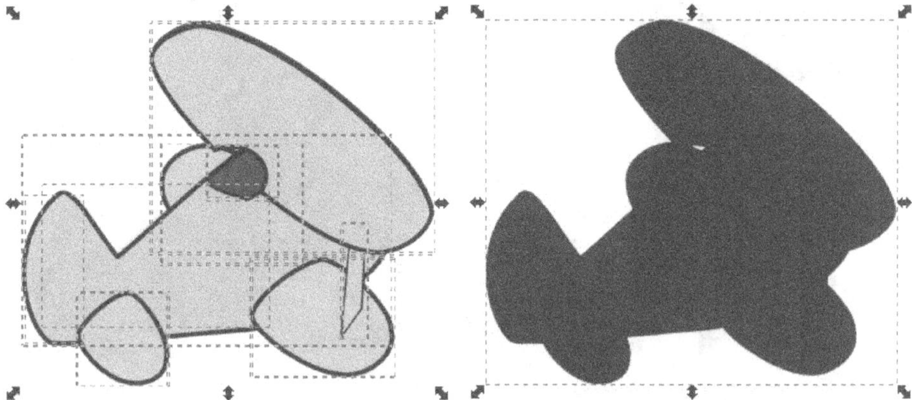

FIGURE 9–36 *Préparation du contour*

3 Créez le contour en lançant la commande *Chemin>Offset dynamique*, puis étirez légèrement la poignée blanche vers l'extérieur du dessin.

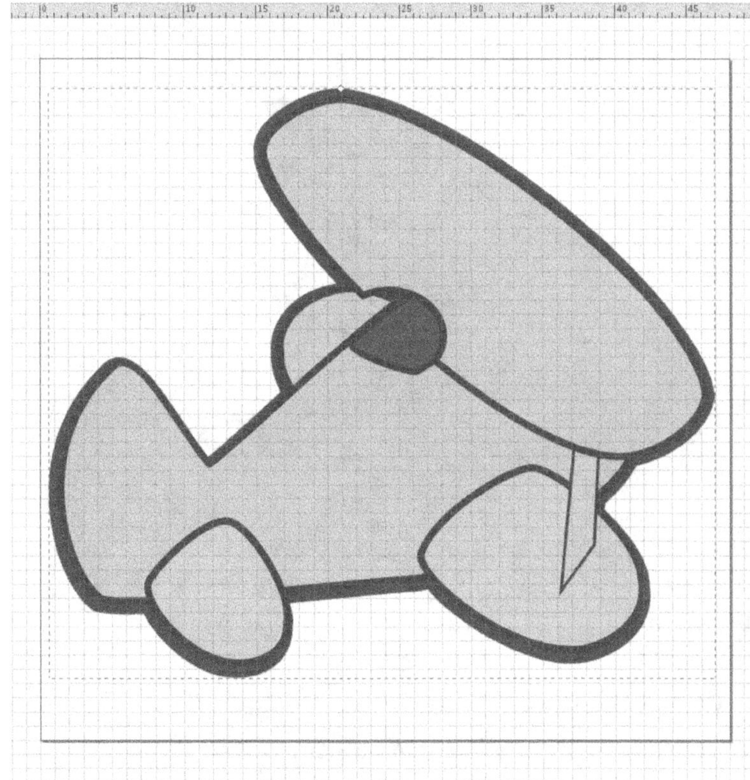

FIGURE 9–37 *Ajustement de l'offset*

4 Dupliquez l'offset et appliquez à la copie un peu de flou (disons, 2 %) pour créer un effet d'ombre.

5 Placez l'ombre sous l'avion et le premier offset.

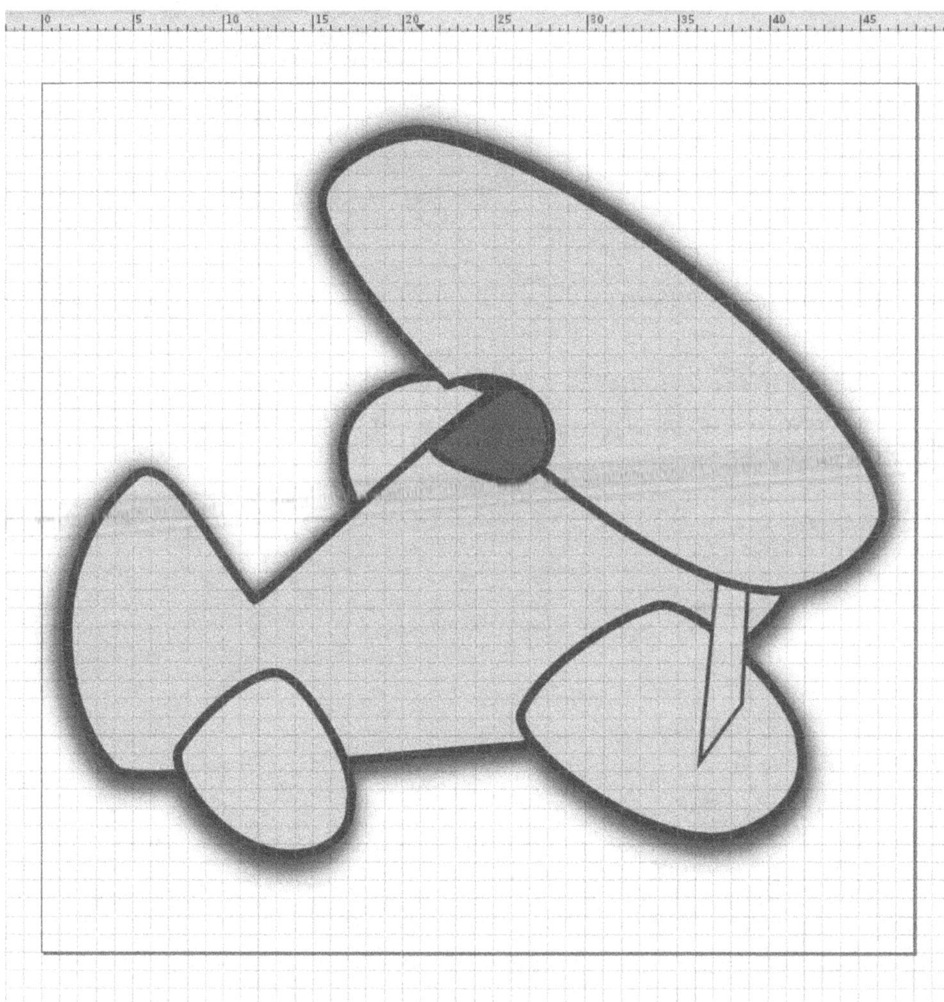

FIGURE 9–38 *L'icône est prête*

Un dégradé sur le fuselage

Pour renforcer l'arrondi de la carlingue, ajoutons-lui un dégradé :

1 Dupliquez l'objet représentant le fuselage de l'avion (*Ctrl + D*).

2 Avec la boîte de dialogue *Remplissage et contour* (*Maj + Ctrl + F*), appliquez à la copie un dégradé linéaire vertical orange (e25d23ff) vers blanc transparent, supprimez son contour, puis ajoutez un flou de 11 %.

3 Ajustez la position du dégradé avec l'outil Dégradé, en vous aidant de l'exemple ci-dessous.

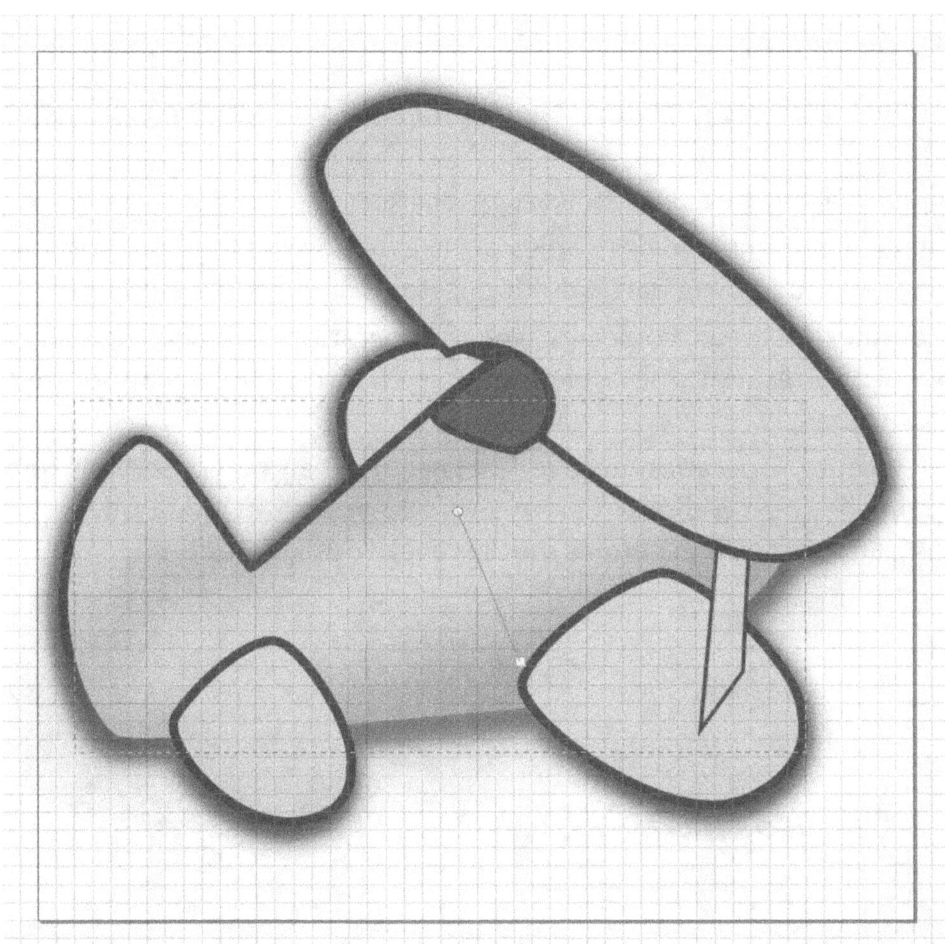

FIGURE 9–39 *Dégradé sur la carlingue de l'avion*

4 Avec la commande *Objets>Descendre* (*PageBas*), placez le dégradé sous les ailes et ailerons.

> IDÉE **Déplacer un objet flou**
>
> Un objet flou s'avère parfois difficile à positionner avec précision. Pour vous aider, passez en mode contour (*Affichage>Mode d'affichage>Contour*). Vous visualiserez alors uniquement les contours des chemins, sans couleur ni effet, et pourrez en modifier la forme ou la disposition.

Un peu de reflet

Pour terminer, plaçons quelques reflets lumineux sur la partie supérieure du biplan.

1 Dupliquez la grande aile en deux exemplaires.

2 Décalez légèrement une des copies sur la gauche et vers le bas. L'ombre sera créée à partir de la partie du duplicata inférieur non recouverte.

3 Sélectionnez les deux copies et lancez l'opération *Chemin>Différence*. Appliquez au résultat une couleur orange clair (f1c946ff) et supprimez son contour.

4 Répétez toute l'opération avec le fuselage, mais en ne conservant que l'empennage (c'est-à-dire la dérive verticale au-dessus de la queue de l'avion). Supprimez les chemins inutiles avec l'outil Nœud.

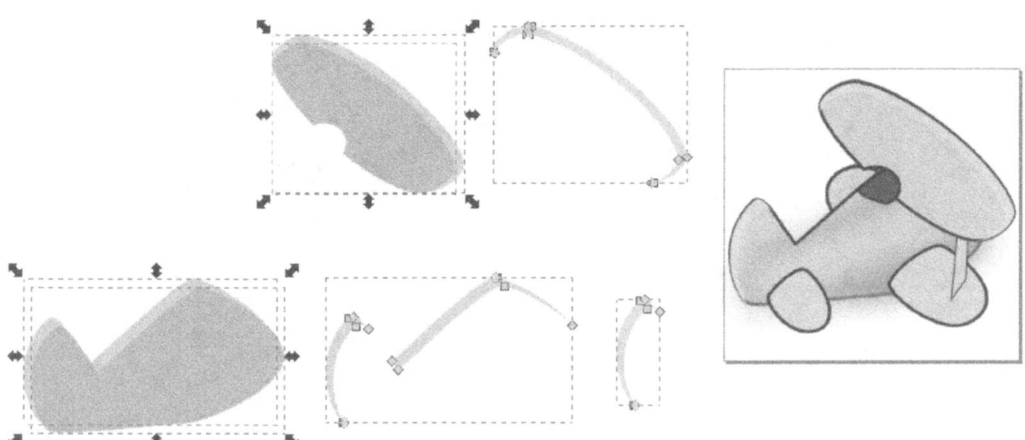

FIGURE 9-40 *Création des effets de lumière*

5 Recommencez à nouveau avec l'aile supérieure, l'aile inférieure droite et l'aileron droit, mais en découpant une forme plus large et en appli-

quant un dégradé linéaire blanc (ffffffff) à l'avant et transparent (ffffff00) à l'arrière. Ajoutez un flou de 6 % pour les ailes, et de 10 % pour l'aileron.

6 Avec l'outil Stylo, dessinez un triangle fin dont la pointe est située à la queue de l'avion et la base sous la cabine. Positionnez l'objet le long de la partie supérieure du fuselage.

7 Remplissez le triangle avec un dégradé radial blanc (ffffffff) vers transparent (ffffff00), et ajoutez un flou de 3 %.

8 Ajustez la forme du dégradé avec l'outil Dégradé, en vous aidant de l'illustration suivante.

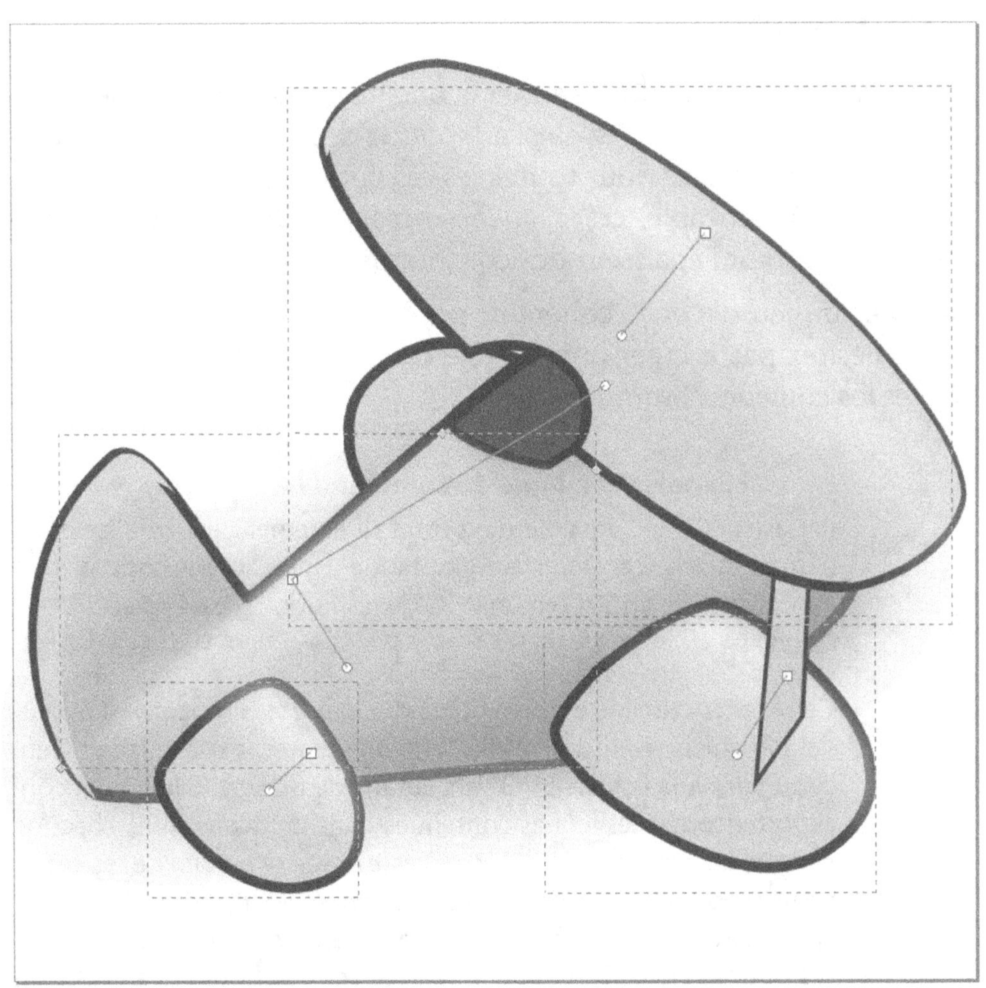

Figure 9–41 *Construction des reflets*

Étape 4 : exportation de l'icône

Les icônes ne sont que très rarement utilisées sous leur forme vectorielle. Une fois achevée, vous devrez donc exporter votre œuvre au format PNG.

1 Ouvrez le menu *Fichier>Exporter en bitmap…* (*Maj + Ctrl + E*), et cliquez sur le bouton *Page* dans la partie *Zone à exporter*.

2 Modifiez éventuellement les dimensions du bitmap en fonction de la taille de l'icône désirée.

3 Avec le bouton *Parcourir*, sélectionnez l'emplacement et le nom du fichier.

4 Générez l'image bitmap en cliquant sur le bouton *Exporter*.

Pour continuer

Profitez de l'aperçu d'icône pour vérifier la qualité de l'icône dans des résolutions différentes. Vous pourrez ainsi adapter le dessin pour faire en sorte que le rendu soit de qualité pour toutes les résolutions prévues. Si ce compromis n'est pas acceptable, créez un exemplaire différent pour chaque utilisation en adaptant l'épaisseur des contours et la finesse des effets.

Pour dessiner un jeu d'icônes cohérent, pour une même application par exemple, n'hésitez pas à créer une palette de couleurs spécifique, contenant toutes les couleurs communes.

AVANCÉ **Exporter en ligne de commande**

Par ailleurs, il est possible d'exporter directement en ligne de commande, sans lancer l'interface graphique d'Inkscape. Le code suivant exporte un dessin SVG en un PNG de résolution 64x64 pixels :

```
inkscape  --export-png="avion.png"  --export-width=64  --
export-height=64 avion.svg
```

Cette fonctionnalité est bien utile pour exporter une icône dans plusieurs fichiers avec des résolutions différentes, exporter d'un seul coup plusieurs fichiers SVG vers autant de fichiers PNG, ou encore exporter toutes les icônes contenues dans un fichier SVG, chacune dans un fichier séparé. Notez que cette dernière possibilité est également proposée directement depuis la boîte de dialogue *Exporter en bitmap*, avec la case à cocher *Exporter les objets sélectionnés en lot*. Les options de la ligne de commande sont disponibles à partir du menu *Aide>Options de la ligne de commande*.

La dynamique des brosses

Niveau : intermédiaire

Fonctions abordées : effets de chemin, outils Stylo et Nœud, opérations booléennes

Dans cet exercice, nous allons dessiner une illustration simple, façon bande dessinée, puis nous mettrons en œuvre l'effet Motif sur un chemin pour appliquer des brosses à notre chemin et en modifier le style de contour.

Étape 1 : dessiner une main de bande dessinée

Ce dessin n'est qu'un prétexte à l'application des brosses. Aussi, nous pouvons nous contenter d'une forme simple, facile à dessiner et à réutiliser. Comme nous aimons bien la bande dessinée, nous vous proposons de réaliser une main dans ce style de dessin. Si vous n'en avez pas le courage, vous pouvez télécharger la main toute prête sur le site des éditions Eyrolles, ou encore dessiner une forme de votre choix.

1. En fonction de vos goûts, sélectionnez l'outil Stylo ou l'outil Crayon. Si vous avez une tablette graphique, c'est le moment de vous en servir.

2. Tracez une par une les différentes parties de la main sans fermer les chemins. Utilisez la boîte de dialogue *Remplissage et contour* (*Maj + Ctrl + F*) pour supprimer le fond et appliquez un contour fin (5 pixels par exemple) de couleur noire.

3. Ajustez les chemins avec l'outil Nœud. Si nécessaire, simplifiez avec le menu *Chemin>Simplifier* (*Ctrl + L*).

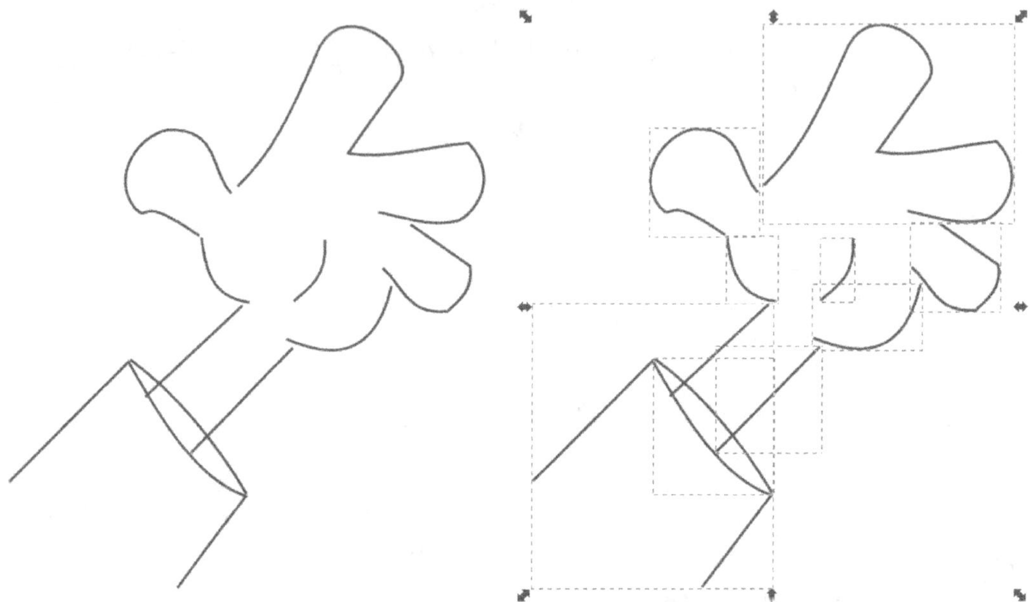

Figure 9–42 *Détail sur le nombre des chemins*

Étape 2 : créer une brosse simple

Avant d'appliquer une brosse au chemin, il nous faut en dessiner la forme.

Créer la brosse

Pour commencer, nous nous contenterons d'une brosse simple, en forme de cercle.

1 Tracez un petit cercle avec l'outil Ellipse, puis appliquez-lui un fond noir et supprimez son contour.

2 Ajustez le cercle pour que son diamètre représente l'épaisseur maximum que vous souhaitez appliquer au chemin. Avec un cercle trop gros, les variations d'épaisseur seront excessives. Trop petit, le tracé semblera trop linéaire.

3 Convertissez le cercle en chemin avec la commande *Chemin>Objet en chemin (Maj + Ctrl + C)*.

4 Activez l'outil Nœud, puis sélectionnez tous les nœuds du cercle (*Ctrl + A*). Ajoutez des nœuds supplémentaires en appuyant à trois

reprises sur l'icône *Insérer de nouveaux nœuds*. Cette icône est la plus à gauche dans la barre d'options de l'outil, en forme de +.

5 Votre brosse est prête. Copiez-la dans le presse-papier.

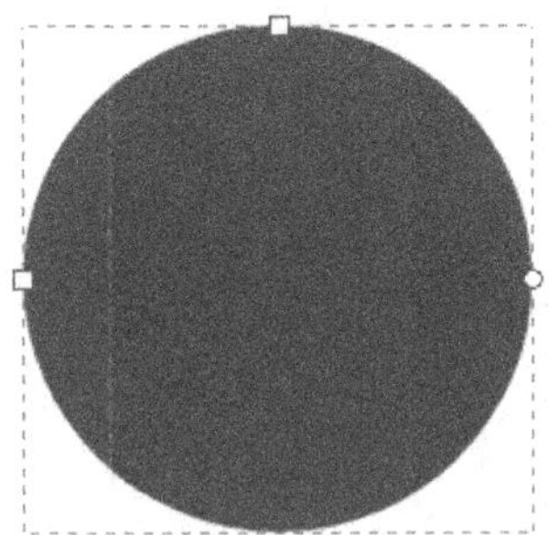 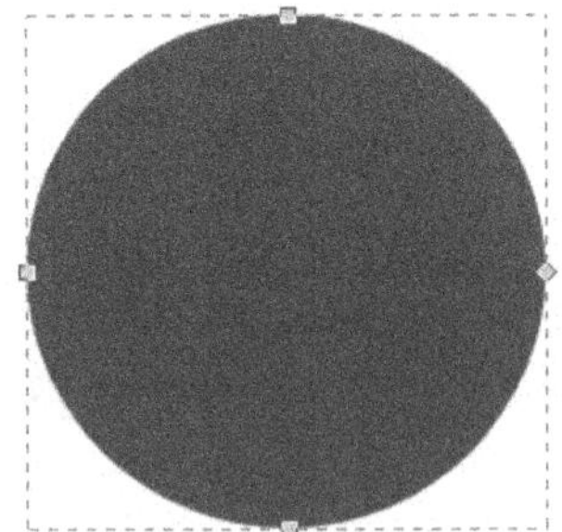 

FIGURE 9–43 *Création d'une brosse ronde*

Appliquer la brosse

Nous avons le dessin d'un côté, la brosse de l'autre ; il ne reste plus qu'à combiner les deux.

1 Sélectionnez un des éléments du dessin, puis ouvrez la boîte de dialogue *Effets de chemin* avec la commande *Chemin>Éditeur d'effets de chemin...* (*Maj + Ctrl + 7*).

2 Dans la liste des effets, sélectionnez *Motif suivant un chemin*, puis cliquez sur le bouton *Appliquer* pour accéder aux options de l'effet.

3 Cliquez sur l'icône *Coller le chemin* et, dans la liste *Copie du motif*, sélectionnez l'entrée *Unique, étiré*.

4 Supprimez le contour du chemin et appliquez-lui un remplissage noir pour lui donne son apparence finale.

5 Recommencez l'opération pour chacun des chemins.

> À SAVOIR **Un seul à la fois**
>
> Les effets de chemin ne peuvent s'appliquer qu'à un chemin à la fois, et non à une sélection ou à un groupe.

Figure 9–44 *La brosse a été appliquée avec succès.*

Pas de panique ! **Chemins complexes déformés**

Si vous utilisez des chemins plus complexes que des traits ou des courbes simples, il est possible que des lignes inopportunes apparaissent lors de l'application de la brosse. Dans la figure suivante, nous avons volontairement provoqué ce défaut en combinant les deux chemins en bas à droite de la main. Si vous ne pouvez vraiment pas simplifier la forme, vous devrez la transformer intégralement (avec sa brosse appliquée) en chemin (*Maj + Ctrl + C*), après avoir appliqué la brosse, puis supprimez les segments et nœuds inutiles.

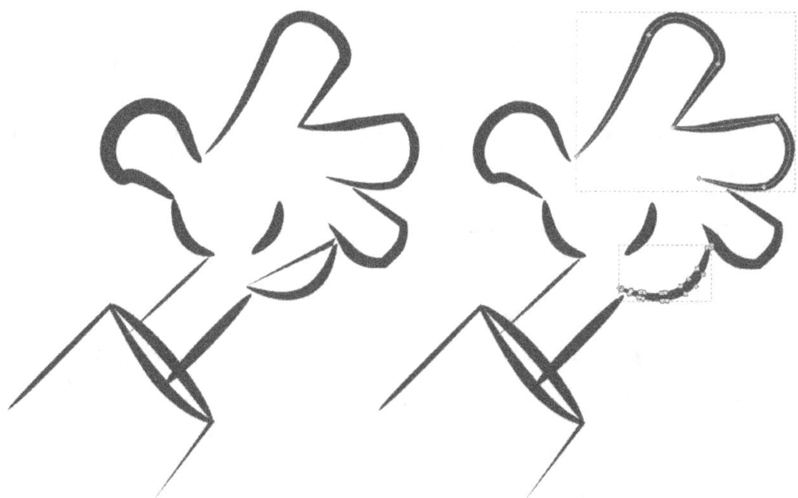

Figure 9–45 *Un trait indésirable après l'application de la brosse*

Étape 3 : varier les brosses

Nous pouvons, à partir de cette technique, créer un nombre infini de brosses et les appliquer de la même façon sur le dessin initial.

D'autres formes de brosses

Voici deux exemples présentant une brosse elliptique et une brosse irrégulière.

Figure 9–46 *Deux exemples de brosses*

La brosse elliptique ne pose pas de difficulté particulière. Il suffit de remplacer le cercle utilisé précédemment par une ellipse. Attardons-nous un peu sur la réalisation de la brosse irrégulière.

1. Tracez cercle avec l'outil Ellipse, puis appliquez-lui un remplissage noir et supprimez son contour.
2. Convertissez le cercle en chemin avec la commande *Chemin>Objet en chemin* (*Maj + Ctrl + C*).
3. Activez l'outil Nœud, puis sélectionnez tous les nœuds du cercle (*Ctrl + A*) et ajoutez des nœuds en quantité pour augmenter la finesse de la brosse.
4. Secouez vigoureusement les nœuds en appliquant l'effet *Extensions>Modifier de chemin>Déplacer les nœuds aléatoirement...*
5. Copiez la brosse dans le presse-papier et appliquez-la au dessin.

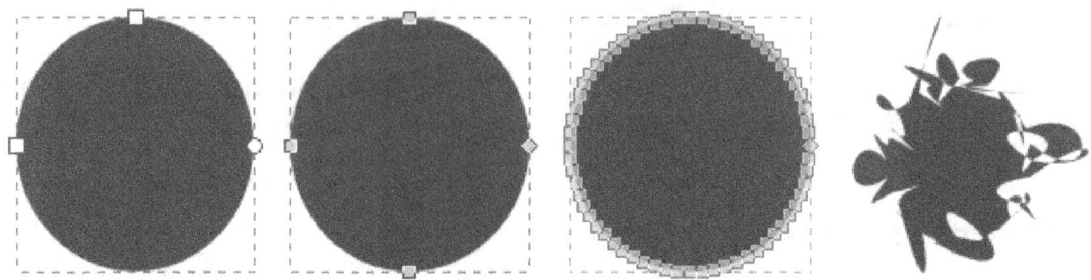

FIGURE 9-47 *Préparation d'une brosse grunge*

Des brosses dynamiques

Il est possible de modifier une brosse après l'avoir appliquée sur un chemin, en l'éditant directement sur le canevas. Pour cela :

1 Sélectionnez le chemin sur lequel s'applique le motif.

2 Dans la boîte de dialogue *Effets de chemin*, cliquez sur l'icône *Éditer sur la zone de travail.*

3 Le motif apparaît entouré de vert à côté du chemin. Toute modification de sa forme avec l'outil Nœud est répercutée dynamiquement sur le dessin.

FIGURE 9-48 *Modification dynamique de la brosse*

Alternative : sans les brosses

Comment faisions-nous avant l'apparition des effets de chemin ? Eh bien il fallait appliquer des opérations booléennes, non plus sur des portions de chemin, mais sur un objet complet. Voici comment faire :

1 Sélectionnez tous les éléments du dessin, et lancez l'opération *Chemin>Combiner* (*Ctrl + K*).

2 Avec l'outil Nœud, fermez complètement le dessin en assemblant les chemins en un seul. Pour cela, sélectionnez deux nœuds d'extrémité à fusionner (le nœud le plus à droite du chemin du pouce et celui le plus à gauche du chemin de l'index, par exemple), puis cliquez sur l'icône *Joindre les nœuds*. Recommencez jusqu'à ce que la main et la manche soient complètement fermées, en créant un chemin distinct pour chacune d'entre elles.

3 Remplissez le dessin en noir, et supprimez le contour.

4 Dupliquez l'ensemble du dessin (*Ctrl + D*) et remplissez la copie avec une couleur différente.

5 Réduisez la taille du duplicata. La différence de taille entre les deux mains représentera l'épaisseur finale du dessin. Décalez légèrement la copie vers la gauche pour varier l'épaisseur et ajustez le chemin avec l'outil Nœud pour l'augmenter ou la diminuer ponctuellement.

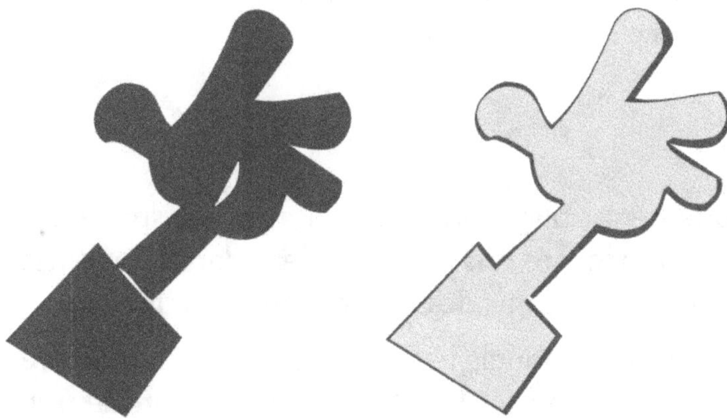

FIGURE 9-49 *Notre dessin complètement fermé, et sa copie en superposition*

6 Sélectionner les deux chemins, et lancez l'opération *Chemin>Différence* (*Ctrl + –*).

7 Retravaillez la manche et ajoutez une nouvelle paume avec l'outil Crayon ou l'outil Stylo.

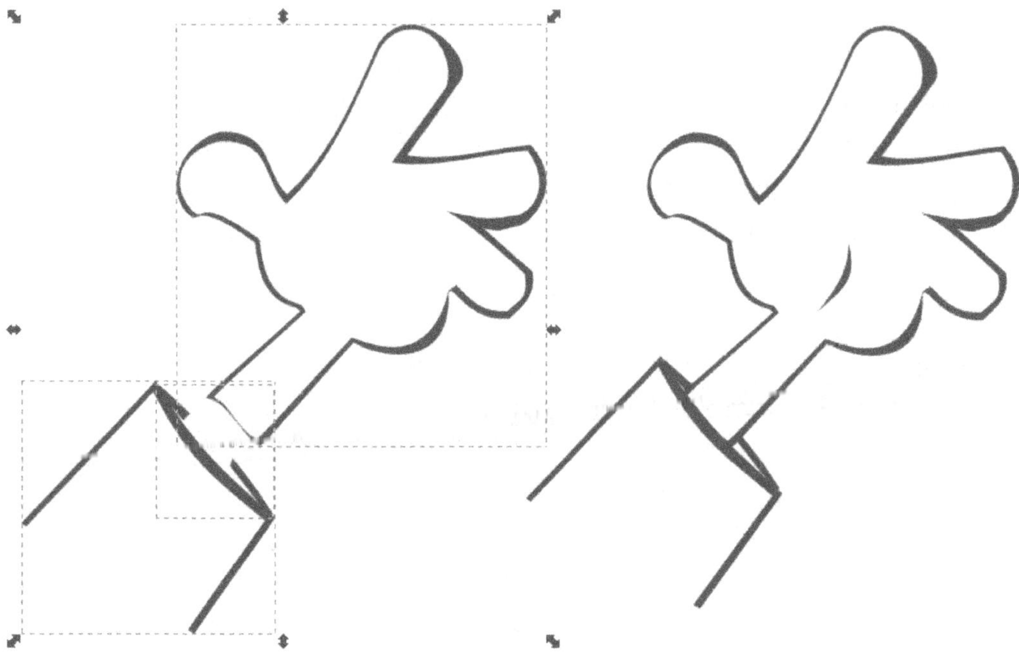

Figure 9–50 *Résultat de l'opération booléenne sur la main. La manche et la paume ont ici été complètement redessinées avec l'outil Stylo.*

Pour continuer

Cette technique est typiquement utilisée pour la réalisation de splines spirographiques, comme on en rencontre très régulièrement dans la publicité d'affiche ou de magazine, ou encore pour dessiner des motifs tribaux.

Dans l'exemple suivant, une double boucle légèrement lissée dessinée avec l'outil Crayon a été modifiée avec un motif en forme d'étoile tordue pour créer la forme de base. Pour terminer, le tout a été multiplié à l'aide de la commande *Édition>Cloner>Créer un pavage avec des clones...* (symétrie de type CMM).

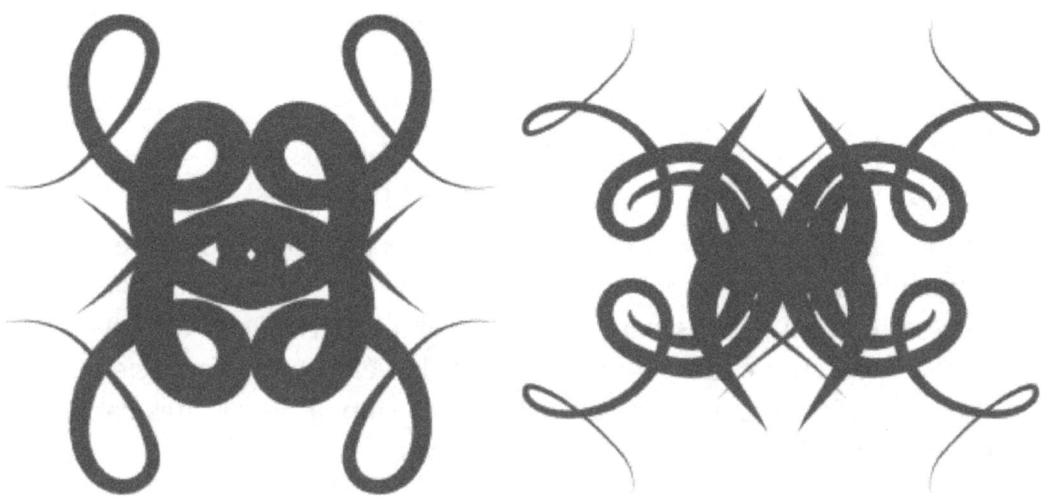

Dans cet exercice, nous avons utilisé les brosses principalement pour varier l'épaisseur d'un dessin. Mais l'effet *Motif suivant un chemin* permet également d'appliquer un motif répétitif à un contour. Vous pouvez, de cette manière, réaliser des cadres originaux pour entourer un autre dessin ou une photo, ou encore placer des petits ciseaux le long d'un chemin à découper.

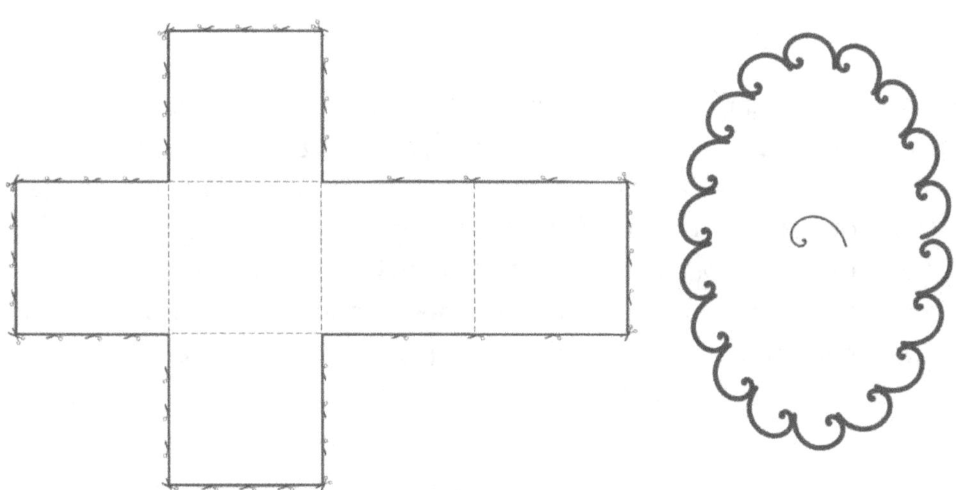

Une bannière écopropulsée

Niveau : avancé

Fonctions abordées : calques, importation, outils Nœud et Stylo, pavage de clones, dégradés, offset, opérations booléennes

Pour terminer notre série d'exercices, nous vous proposons de faire un peu de publicité pour un mode de transport en devenir : le vélo couché. Ainsi, d'un coup d'un seul, nous participerons à la réduction des émissions de CO_2, au renforcement du pouvoir d'achat, le vélo et son entretien étant bien moins coûteux que la voiture, ainsi qu'à l'amélioration des capacités physiques et de la santé des futurs pratiquants.

Notre bannière représentera un cycliste sur son vélo, en ombre chinoise, sur un fond rouge rayonnant. Le tout sera ensuite posé sur un papier recyclé légèrement bosselé.

Étape 1 : créer le fond

Pour commencer, nous allons créer l'arrière plan de notre bannière, sous la forme d'un soleil rayonnant dans des teintes rougeoyantes.

Formater la bannière

Les bannières peuplant les pages de nos sites préférés (souvent de manière fort envahissante, en ce qui concerne les bannières purement publicitaires) existent en de nombreux formats, du petit encart carré dans un article au grand bloc tout en hauteur placé dans la marge. La bannière que nous allons réaliser est dite *leaderboard*, un format standardisé par l'IAB (*Internet Advertising Bureau*, une organisation regroupant des publicitaires dans le but, entre autres, de développer des normes pour la publicité sur Internet). En pratique, il s'agit d'un bandeau de 90 pixels de haut sur 728 pixels de large, et que l'on trouve en général juste en dessous de l'en-tête des sites.

Par bonheur, Inkscape propose de nombreux modèles correspondants aux formats de bannière, dont, bien entendu, celui que nous avons choisi. Pour utiliser ce modèle, lancez la commande *Fichier>Nouveau>web_banner_728x90*.

Un fond irrégulier

Commençons par dessiner un fond dégradé simple.

1 Ajoutez un nouveau calque avec le menu *Calque>Ajouter un calque…* et sélectionnez l'option *En-dessous du calque courant*. Vous pouvez aussi cliquer sur l'icône + de la boîte de dialogue *Calques* en prenant soin de le déplacer ensuite tout en bas de la liste avec l'icône *Descendre le calque courant à l'arrière-plan*. Nommez ce calque Fond.

2 Tracez un rectangle de 728 pixels de largeur pour 90 pixels de hauteur. Appliquez-lui un fond rouge clair (code RVBA : c80000ff) et positionnez-le sur la page à l'aide du magnétisme.

Le fond étant un peu trop lisse à notre goût, nous lui appliquerons une texture transparente, d'apparence irrégulière.

3 Téléchargez la texture sur le site Deviant Art (**http://whirlwind zor.deviantart.com/art/Super-Crazy-Splatter-Vectors-2-81896174**).

4 Importez le fichier avec le menu *Fichier>Importer…* (*Ctrl + I*), puis choisissez une texture parmi celles proposées.

5 Avec l'outil Sélection, ajustez la taille et la position de la texture par rapport au rectangle. Appliquez-lui un remplissage rouge foncé (870000ff) pour qu'elle se marie bien avec la couleur du fond.

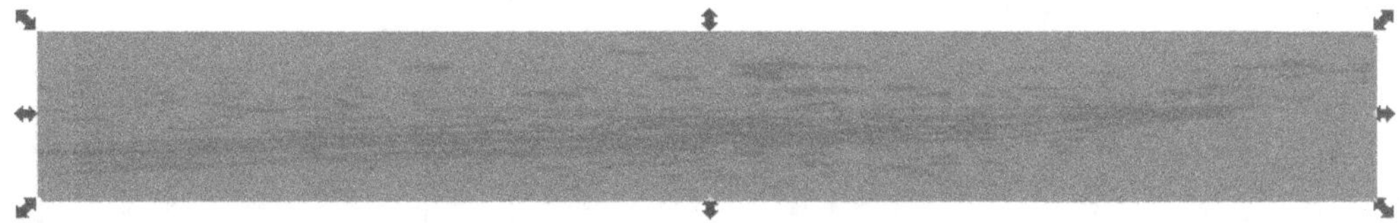

FIGURE 9–53 *Superposition de la texture sur le fond*

AVANCÉ **Utiliser les ressources d'Adobe Illustrator**

Les sites proposant des ressources vectoriels libres sont très nombreux. La plupart des fichiers sont en .ai, le format propriétaire du logiciel Adobe Illustrator. Inkscape les ouvre parfaitement. En revanche, les ressources en format EPS ne peuvent être utilisées directement, vous devrez les ouvrir avec Scribus et les enregistrer en SVG avant de les importer dans votre dessin.

Le soleil rayonnant

Nous allons réaliser des rayures disposées en cercle qui viendront se superposer sur le fond pour donner un effet rayonnant.

1 Tracez avec l'outil Stylo un triangle allongé, et disposez-le la pointe vers
la droite, comme sur la figure suivante.

FIGURE 9–54 *Le triangle à l'origine des clones*

2 Double-cliquez sur le chemin pour faire apparaître, sous la forme d'une
petite croix, le centre de rotation de la figure. Déplacez cette poignée
jusqu'à l'extrémité droite du triangle, au niveau de la pointe. Ainsi, vous
préparez le pavage des clones en indiquant à quel endroit le chemin
devra pivoter.

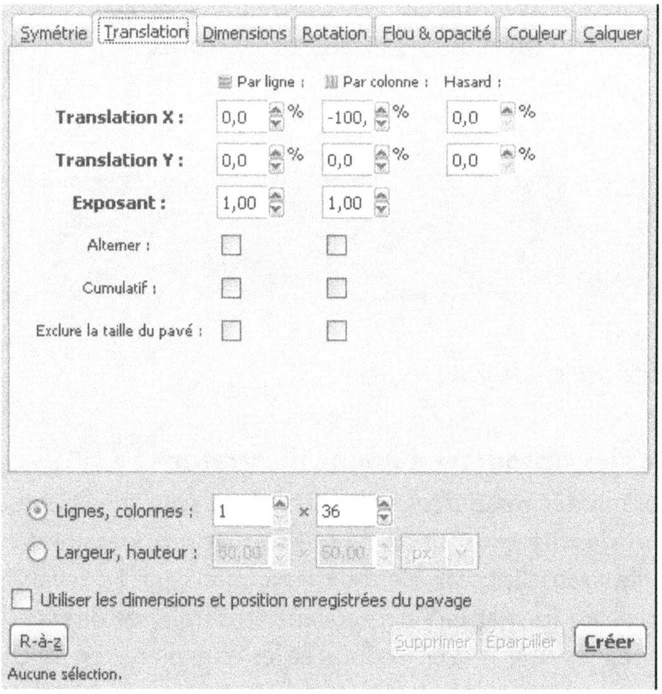

FIGURE 9–55 *Paramétrage du pavage*

3 Sélectionnez le triangle et ouvrez le menu *Édition>Cloner>Créer un pavage avec des clones...*

4 Réinitialisez les paramètres des onglets du pavage en cliquant sur le bouton *R-à-z*, puis, en bas de la fenêtre, saisissez la valeur *1* dans le champs *Lignes* et la valeur *36* dans le champ *Colonnes*.

5 Dans l'onglet *Symétrie*, conservez la valeur *P1*, qui correspond à un pavage de type translation.

6 Dans l'onglet *Translation*, saisissez la valeur *-100* dans le champ *Translation X, par colonne*.

7 Dans l'onglet *Rotation*, entrez la valeur *10* dans le champ *Angle, par colonne*.

8 Validez le pavage en appuyant sur le bouton *Créer*. À la fin de l'opération, un clone apparaît au-dessus de l'objet original.

9 Avec l'outil Nœud, modifiez la forme originale de façon à ce que les pointes se touchent au centre du pavage et que l'espacement entre les triangles soit harmonieux. Lorsque la disposition vous plaît, supprimez cet exemplaire désormais inutile.

10 Sélectionnez tout le pavage et lancez l'opération *Chemin>Union* (*Ctrl + +*). Appliquez un fond de type dégradé radial orange opaque au centre (ff8829ff) et rouge transparent à l'extérieur (ef292900).

FIGURE 9–56 *Remplissons les rayons avec un dégradé*

11 Placez les rayons au-dessus du rectangle rouge avec l'outil Sélection. Agrandissez-les de façon à ce que le rectangle soit entièrement recouvert. Aplatissez le soleil pour l'adapter plus facilement à la bannière. N'hésitez pas à déborder si nécessaire car la partie extérieure au rectangle sera très bientôt découpée.

12 Dupliquez (*Crtl + D*) le rectangle rouge. Sélectionnez les rayons puis la copie du rectangle, et lancez la commande *Objet>Découpe>Définir*.

FIGURE 9–57 *La découpe est une fonctionnalité qui rend bien des services !*

13 Appliquez au soleil un contour de type dégradé radial blanc opaque vers blanc transparent, d'un pixel de large. Ajustez ensuite la position du dégradé de contour et du dégradé de fond.

14 Calez la position du soleil sur la page en vous aidant du magnétisme. Une fois le tout bien en place, activez la boîte de dialogue *Calques* (*Maj + Ctrl + L*), sélectionnez le calque *Fond* et verrouillez-le avec l'icône en forme de cadenas.

FIGURE 9–58 *Le fond de bannière est prêt !*

Étape 2 : dessiner le cycliste et son vélo

Nous avons le choix entre dessiner un vélo directement, ou importer une photo dans un calque pour nous en inspirer. À moins d'être habitué au dessin, il est souvent plus rapide de s'appuyer sur une photo.

Importer une photo

Le vélo couché n'a sans doute pas le succès qu'il mérite, et ne dispose pas non plus d'une photothèque aussi fournie que le vélo classique. Vous devriez toutefois en trouver quelques exemplaires sur la page Wikipedia consacrée au sujet (http://fr.wikipedia.org/wiki/Vélo_couché) ou sur la base de données photographiques Flickr (http://www.flickr.com).

CYBERCULTURE **Licences libres (ou pas...)**

Pour profiter en toute légalité des ressources diffusées sur Internet, vous devez en vérifier les conditions d'utilisation. Privilégiez les licences libres (GPL GNU General Public Licence, ou domaine public, par exemple), peu contraignantes vis-à-vis de l'utilisation et de la modification de la ressource protégée. Les licences Creative Commons, bien que non libres au sens strict du terme (l'auteur peut choisir de limiter la diffusion et la modification de son œuvre), peuvent également convenir. En cas de doute, ou si une ressource n'est pas explicitement accompagnée de sa licence, il est préférable de contacter directement son auteur.

▸ http://www.gnu.org/licenses/licenses.fr.html
▸ http://fr.creativecommons.org/

1 Téléchargez une photo de vélo couché sur un des sites précédemment cités en privilégiant une vue de profil.

À SAVOIR **Sur le site de l'éditeur**

Une photo de vélo couché et de profil est disponible sur la fiche ouvrage sur le site des éditions Eyrolles.

2 Activez la boîte de dialogue *Calques* à partir du menu *Calque>Calques...* (*Maj + Ctrl + L*). Renommez-le « Photo », en cliquant avec le

bouton droit de la souris sur son intitulé et en sélectionnant l'entrée *Renommer* dans le menu contextuel.

3 Importez l'image avec le menu *Fichier>Importer...* (*Ctrl + I*). Sélectionnez la photo à l'aide de la fenêtre de navigation, puis validez l'importation avec le bouton *Ouvrir*.

4 Avec l'outil Sélection, placez et redimensionnez l'image sur le canevas.

5 Verrouillez le canevas avec le petit cadenas placé devant la liste des calques de la barre d'état et d'information. Ainsi, vous être assuré de ne pas sélectionner ou déplacer la photo lors de vos opérations sur le reste du dessin.

Le contour du vélo

Aidons-nous du modèle pour dessiner, sur un calque différent, le contour du vélo.

1 Ajoutez un nouveau calque avec le menu *Calque>Ajouter un calque...* en choisissant l'option *Au-dessus du calque courant*, ou avec l'icône + de la boîte de dialogue *Calques*. Nommez ce calque « Vélo ».

2 Sélectionnez l'outil Stylo et tracez le corps du vélo, sans les roues et le pédalier. Aidez-vous de l'outil Nœud pour peaufiner les détails.

3 Ouvrez la boîte dialogue *Remplissage et contour* (*Maj + Ctrl + F*), et appliquez un contour et un fond noir.

FIGURE 9–59 *Le contour du vélo est achevé, pour une meilleure visibilité, le voici sans la photo du dessous et avec un remplissage noir.*

IDÉE **En toute transparence**

Pour vous aider à visualiser la photo pendant le tracé ou l'ajustement des différents objets, supprimez leur remplissage ou rendez-les fortement transparents.

Les roues

Pour les pneumatiques, nous traçons des cercles ; pour les rayons, des étoiles.

1 Activez l'outil Ellipse et tracez un cercle parfait, en maintenant la touche *Ctrl* appuyée pendant l'opération, à l'intérieur de la roue avant de la photographie. Remplissez l'objet en gris et supprimez si nécessaire son contour.

2 Sélectionnez le cercle, et lancez la commande *Chemin>Offset lié* (*Ctrl + Alt +J*). Remplissez l'offset en noir, en utilisant la palette de couleurs (en bas de l'interface) pour conserver la poignée d'offset active.

3 À l'aide de sa poignée en forme de losange, redimensionnez l'offset de façon à ce que son diamètre corresponde à celui de l'extérieur de la roue sur la photographie.

4 Sélectionnez le cercle et son offset, puis lancez l'opération *Chemin>Différence* (*Ctrl + -*). Le pneu apparaît !

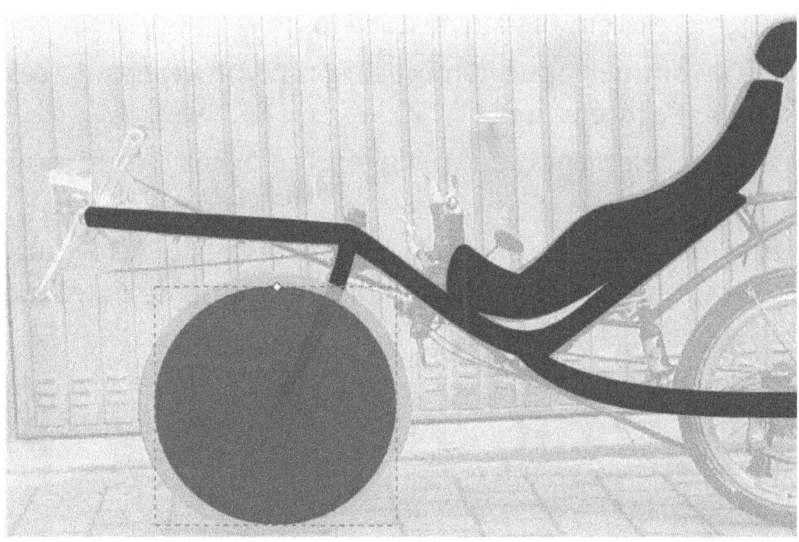

FIGURE 9–60 *Réalisation de la roue du vélo*

5 Sélectionnez l'outil Étoile, puis tracez un astre à 13 sommets. Diminuez le rayon central – l'axe de la roue – avec la poignée intérieure, tout en maintenant la touche *Ctrl* appuyée pour ne pas déformer l'objet.

6 Sélectionnez dans l'ordre le cercle évidé et l'étoile, et ouvrez la boîte de dialogue *Aligner et distribuer* (*Maj + Ctrl + A*). Dans la liste déroulante *Relativement à*, sélectionnez la valeur *Premier sélectionné*, puis cliquez sur les icônes *Centrer selon un axe horizontal* et *Centrer selon un axe vertical*.

7 Ajustez la taille de l'étoile par rapport au cercle avec l'outil Sélection, tout en maintenant les touches *Ctrl* et *Maj* appuyées pour que le redimensionnement n'altère ni la forme, ni la position du centre de l'objet.

8 Sélectionnez à nouveau les deux éléments de la roue et lancez l'opération *Chemin>Union* (*Ctrl + +*).

9 Cliquez-glissez à partir de la règle horizontale vers le bas de la roue pour tracer un guide.

10 Dupliquez la roue (*Ctrl + D*) et déposez la copie à l'arrière du vélo en vous aidant du guide pour que le vélo soit bien à l'horizontale.

Le pédalier

Poursuivons avec le pédalier. Comme la roue, il se construit à partir d'un cercle, mais ses rayons sont un peu différents.

1 Dessinez le cercle du pédalier en reprenant les étapes 1 à 4 du dessin de la roue. Placez l'objet à l'extrémité gauche du vélo.

2 Tracez une étoile à 4 sommets, puis diminuez son rayon et décalez ses branches avec la poignée intérieure.

3 Sélectionnez les deux éléments du pédalier et lancez l'opération *Chemin>Union* (*Ctrl + +*).

4 Ajustez la position du pédalier par rapport au reste du vélo, puis recommencez l'opération *Union* avec l'ensemble des éléments du vélo.

FIGURE 9-61 *Zoom sur le pédalier*

FIGURE 9-62 *Le vélo vu de profil*

Le cycliste

Pour la réalisation du cycliste, nous partirons de deux ellipses : une pour le corps, l'autre pour la tête.

1 Dessinez une ellipse très allongée et approximativement de la longueur du vélo. Placez-la horizontalement au-dessus du siège.

2 Convertissez l'ellipse en chemin avec la commande *Chemin>Objet en chemin (Maj + Ctrl + C)* et modifiez sa forme avec l'outil nœud de façon à ce qu'elle épouse parfaitement la partie supérieure du vélo.

FIGURE 9-63 *Une première ellipse pour le corps*

3 Dessinez une seconde ellipse plus petite pour former la tête du cycliste. Ajustez ce nouvel objet par rapport au reste du corps.

FIGURE 9-64 *Le corps et la tête sont deux ellipses remplies d'une couleur différente.*

4 Sélectionnez le corps et la tête et lancez l'opération *Chemin>Union* (*Ctrl + +*).

5 Sélectionnez le cycliste et le vélo et groupez l'ensemble avec la commande *Objets>Grouper* (*Ctrl + G*). Appliquez un remplissage noir, sans contour, à l'ensemble des objets.

6 Déplacez le groupe sur la partie gauche de la bannière, et redimensionnez-le de façon à ce que le tiers inférieur des roues dépasse de la page. Tracez un rectangle englobant toute la zone du vélo comprise dans la bannière et utilisez-le pour découper le vélo. Aidez-vous du magnétisme pour bien caler la forme découpée en bas de la page.

Un peu de relief

Pour faire ressortir le vélo du fond, nous allons ajouter un peu de relief. De nombreux filtres SVG ont été conçus à cet effet, et nous allons donc nous simplifier la vie en adaptant l'un d'entre eux.

1 Sélectionnez le vélo et lancez la commande *Filtres>Ombres et lueurs>Incrustation*.

2 Ouvrez la boîte de dialogue des filtres (*Filtres>Éditeur de filtres...*), puis sélectionnez le filtre *Inset*. Cliquez sur la ligne *Éclairage diffus*, puis modifiez le paramètre *Diffusion de la couleur* avec un jaune vif (ffe00ff).

3 Activez la boîte de dialogue *Calques* (*Maj + Ctrl + L*) et sélectionnez le calque « Photo » dans la liste des calques. Supprimez-le avec l'icône *Supprimer le calque courant* (en forme de –). Sélectionnez ensuite le calque « Vélo » et verrouillez-le avec l'icône en forme de cadenas.

FIGURE 9–65 *Normalement, le résultat auquel vous êtes arrivé est ressemblant.*

Idée **Conserver des formes distinctes**

Il n'est pas nécessaire d'unir le cycliste au vélo. En les gardant indépendants, vous faciliterez les modifications ultérieures, s'il faut par exemple relever le cycliste ou différencier les couleurs des deux formes.

Étape 3 : ajouter le message

Pour rendre le dessin plus percutant, ajoutons un message sous la forme d'un texte court.

1. Ajoutez un nouveau calque « Texte » et à l'aide la boîte de dialogue *Calques*, placez-le au dessus du calque « Vélo », tout en haut de la liste des calques.

2. Activez l'outil Texte, et écrivez, juste à droite du vélo, le mot « éco ».

3. Ouvrez ensuite la boîte de dialogue *Texte et police* avec le menu *Texte>Texte et police...* (*Maj + Ctrl + T*), et choisissez une famille de police DejaVu Sans, dans le style Normal et une taille 58. Cliquez sur le bouton *Appliquer* pour valider vos paramètres.

4. Recommencez l'opération avec le mot « propulsion », avec la police DejaVu Serif, dans le style Bold Italic, et une taille 58. Placez ce texte à droite du précédent.

5. Appliquez un fond de couleur noire et un contour jaune (ffff00ff), de 6 pixels de large pour « éco » et 4 pixels de large pour « propulsion ».

6. Sélectionnes les deux textes, et lancez la commande *Filtres>Ombres et lueurs>Dedans et dehors*.

7. Positionnez le texte harmonieusement sur la bannière. Verrouillez le calque « Texte », nous n'avons plus rien à y ajouter.

Idée **Cacher le fond**

Si le dessin du fond vous gêne pendant la réalisation du vélo ou du texte, sélectionnez le calque « Fond » dans la zone de calque de la barre d'état et d'information ou dans la boîte de dialogue *Calques* et masquez-le avec l'icône en forme d'œil placée devant son intitulé. Le calque réapparaît en cliquant à nouveau sur cette même icône.

Figure 9–66 *Notre affiche est prête !*

Pour continuer

Grand classique du dessin vectoriel, le fond rayonnant est employable dans de nombreux contextes : les bannières, comme ici, mais également les affiches, flyers ou les fonds pour sites web. S'il n'est pas de la plus grande originalité, il reste toujours efficace !

En résumé

Ainsi s'achève notre introduction au logiciel Inkscape. Nous espérons que ce sera pour vous le début de nouvelles aventures vectorielles : utilisez ce livre, ainsi que les ressources proposées tout au long des chapitres et dans les annexes, comme source d'inspiration. Les créations exposées sur le Web sont également riches en enseignement et vous aideront peut-être à trouver votre propre style.

Inkscape est votre outil. Il vous donnera les moyens d'exprimer pleinement votre créativité !

Raccourcis clavier

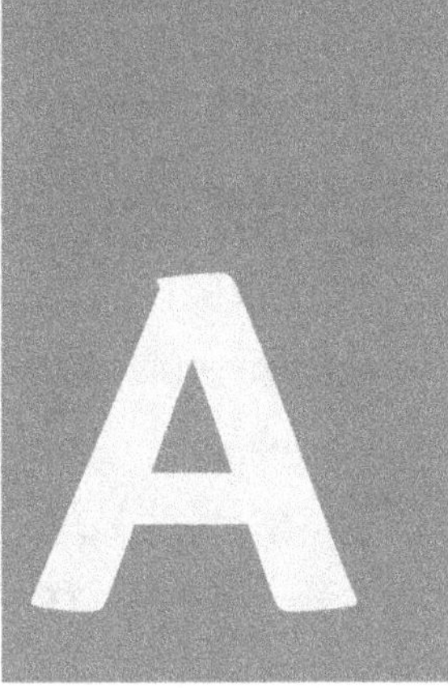

Raccourcis d'Inkscape

Comme pour tous les logiciels de graphisme, les raccourcis clavier d'Inkscape sont extrêmement nombreux. Sachez que le menu *Aide>Référence des raccourcis clavier et souris* récapitule l'intégralité des raccourcis disponibles. Voici les plus fréquents :

TABLEAU A–1 **Raccourcis de sélection d'outil**

Raccourci	Outil
F1 (ou s)	Sélecteur
F2 (ou n)	Nœud
Maj+F2 (ou w)	Ajuster
F3 (ou z)	Zoom
F4 (ou e)	Rectangle
Maj+F4 (ou x)	Boîte 3D
F5 (ou e)	Ellipse
*Maj+F9 (ou *)*	Étoile
F9 (ou i)	Spirale
F6 (ou p)	Crayon
Maj+F6 (ou b)	Stylo
Ctrl+F6 (ou v)	Plume calligraphique

TABLEAU A–1 **Raccourcis de sélection d'outil (suite)**

Raccourci	Outil
F8 (ou c)	Texte
Maj+F3 (ou a)	Aérographe
Maj+E	Gomme
Maj+F7 (ou u)	Remplissage au seau
Ctrl+F1 (ou g)	Dégradé
F7 (ou d)	Pipette
Ctrl+F2 (ou o)	Connecteur
Espace	Bascule entre l'outil en cours d'utilisation et le sélecteur, et inversement. Ceci ne fonctionne pas avec l'outil Texte, où il produit, logiquement, un caractère espace.

TABLEAU A–2 **Raccourcis d'ouverture des boîtes de dialogue**

Raccourci	Boîte de dialogue
Maj+Ctrl+F	Remplissage et contour
Maj+Ctrl+W	Palettes
Maj+Ctrl+T	Texte et police
Maj+Ctrl+M	Transformer
Maj+Ctrl+L	Calques
Maj+Ctrl+A	Aligner et distribuer
Maj+Ctrl+D	Préférences du document
Maj+Ctrl+P	Préférences d'Inkscape
Maj+Ctrl+E	Exporter en PNG
Maj+Ctrl+B	Vectoriser un bitmap
Maj+Ctrl+O	Propriétés de l'objet
Maj+Ctrl+X	Éditeur XML
Maj+Ctrl+7	Effets de chemin
Ctrl+F	Rechercher
F12	Afficher ou cacher les boîtes de dialogue

TABLEAU A–3 **Raccourcis relatifs au canevas et à la fenêtre**

Raccourci	Action
+ (ou =)	Zoom avant
–	Zoom arrière
Ctrl+molette de souris	Zoom avant ou arrière
1	Niveau de zoom 1:1
2	Niveau de zoom 1:2
3	Zoom sur la sélection
4	Zoom sur le dessin
5	Zoom sur la page
6 (ou Ctrl+E)	Zoom sur la largeur de page
Bouton central de la souris	Déplace le canevas
Ctrl+5 (clavier numérique)	Change de mode d'affichage (normal, contour ou sans filtre)
Clic droit (ou Maj+F10)	Menu contextuel
F11	Bascule en mode plein écran

TABLEAU A–4 **Raccourcis relatifs aux fichiers**

Raccourci	Action
Ctrl+N	Crée un nouveau document
Ctrl+O	Ouvre un document
Maj+Ctrl+E	Exporte le document en PNG
Ctrl+I	Importe une image dans le document courant
Ctrl+P	Imprime le document
Ctrl+S	Enregistre le document
Ctrl+Q	Quitte l'application

TABLEAU A–5 **Raccourcis relatifs aux objets et chemins**

Raccourci	Action
Ctrl+Z	Annule l'action précédente
Ctrl+Y	Recommence l'action annulée
Ctrl+C	Copie la sélection
Ctrl+X	Coupe la sélection
Ctrl+V	Colle le contenu du presse-papier
Ctrl+Alt+V	Colle le contenu du presse-papier sur place
Ctrl+D	Duplique la sélection
Maj+Ctrl+V	Colle le style
Ctrl+7	Colle l'effet de chemin
Alt+D	Clone un objet
Maj+Alt+D	Délie un clone
Maj+D	Sélectionne l'original du clone sélectionné
Ctrl+G	Groupe la sélection
Ctrl+U	Dégroupe la sélection
Début	Monte la sélection à l'avant-plan
Fin	Descend la sélection vers l'arrière-plan
PageHaut	Monte la sélection d'un cran
PageBas	Descend la sélection d'un cran
Maj+Ctrl+C	Conversion de la sélection en chemin
Ctrl+Alt+C	Conversion du contour en chemin
Ctrl+L	Simplifie le chemin

Caractères Unicode

Le tableau suivant liste les caractères Unicode les plus utiles en langue française, qui ne sont pas toujours accessibles directement avec un clavier classique.

Pour saisir le caractère dans un texte en cours d'édition, tapez la combinaison *Ctrl + U* suivie de son code.

TABLEAU A–6 **Caractères Unicode**

Symbole	Caractère	Sous-ensemble	Code
	Espace insécable	Supplément latin-1	00A0
«	Guillemet gauche	Supplément latin-1	00AB
»	Guillemet droit	Supplément latin-1	00BB
À	Majuscule latine A accent grave	Supplément latin-1	00C0
Ç	Majuscule latine C cédille	Supplément latin-1	00C7
È	Majuscule latine E accent grave	Supplément latin-1	00C8
É	Majuscule latine E accent aigu	Supplément latin-1	00C9
Ê	Majuscule latine E accent circonflexe	Supplément latin-1	00CA
×	Symbole multiplication	Supplément latin-1	00D7
Œ	Ligature OE	Latin étendu-A	0152
œ	Ligature oe	Latin étendu-A	0153
–	Tiret demi-cadratin	Ponctuation générale	2013
—	Tiret cadratin	Ponctuation générale	2014
'	Guillemet apostrophe	Ponctuation générale	2019
…	Points de suspension	Ponctuation générale	2026

Formats de fichiers supportés B

Formats spécifiques à Inkscape

Le format privilégié par Inskscape est bien sûr le SVG, puisqu'il est bâti à partir de ses spécifications. Vous pouvez utiliser trois types de SVG :

- SVG simple, qui correspond à ce qui est prévu par le standard SVG.
- SVG Inkscape, tout à fait conforme au standard, mais ajoutant des informations supplémentaires utilisées pour l'édition dans Inkscape. Normalement, cela ne devrait pas poser de problème à une visionneuse SVG conforme, ces données étant alors ignorées. Mais si le cas devait se présenter, utilisez du SVG simple.
- SVG Inkscape et simple, compressés pour gagner de la place sur votre disque dur.

En exportation, Inkscape privilégie le format PNG.

> RAPPEL **La spécification SVG**
>
> Une petite présentation du format SVG et du format XML dont il découle est proposée en avant-propos. Vous y trouverez toute la genèse de ce standard. Par ailleurs, la section C de cette annexe donne quelques indications élémentaires sur la lecture et l'édition d'un fichier SVG.

Tableau récapitulatif

Le tableau suivant liste, par ordre alphabétique, l'ensemble des formats supportés en importation ou en exportation.

TABLEAU B-1 **Formats supportés par Inkscape**

Format	Extension	Description	Support
AI	.ai	Adobe Illustrator. Supporte les versions 9 et supérieures.	Importation
ANI	.ani	Animated Cursor. Format de curseur animé pour Windows.	Importation
BMP	.bmp	Bitmap. Format matriciel.	Importation
DXF	.dxf	Drawing Exchange Format. Format développé par Autodesk pour l'export des fichiers AutoCAD.	Exportation
EMF	.emp	Enhanced Metafile. Métafichier amélioré. Version 32 bits du format WMF.	Importation/ exportation
EPS	.eps	Encapsulated PostScript. PostScript encapsulé.	Exportation
GIF	.gif	Graphics Interchange Format. Format matriciel utilisant une compression sans perte de type LZW.	Importation
GGR	.ggr	Gimp Gradient. Dégradé Gimp.	Importation
GPL	.gpl	Gimp Palette. Palette de couleurs Gimp.	Importation/ exportation
ICO	.ico, .cur	Format d'icône ou de curseur sous Windows.	Importation
JPEG	.jpg, .jpeg, .jpe	Joint Photographic Experts Group. Format matriciel utilisant une compression à perte et à taux réglable.	Importation

Tableau B–1 **Formats supportés par Inkscape (suite)**

Format	Extension	Description	Support
ODG	.odg	OpenDocument Graphic. Partie graphique du format libre et normalisé OpenDocument (supporté entre autres par OpenOffice.org)	Exportation
PCX	.pcx	PC Paintbrush Exchange. Format matriciel utilisé jadis par Paintbrush.	Importation
PDF	.pdf	Portable Document Format. Format d'échange de documents développé par Adobe.	Importation/ exportation
PNG	.png	Portable Network Graphics. Format matriciel développé au milieu des années 1990 pour concurrencer le format GIF, qui à l'époque était couvert par un brevet. Propose une compression sans perte et la gestion de la transparence.	Importation/ exportation
PNM	.pbm, .pgm, .pnm, .ppm	Portable Anymap. Formats matriciels basiques pour l'échange d'images.	Importation
POV	.pov	Persistance of Vision. Exporte les splines pour le logiciel de synthèse d'image 3D POV-Ray.	Exportation
PS	.ps	PostScript. Format de description de page développé par Adobe. Possibilité d'utiliser la bibliothèque Cairo.	Exportation
RAS	.ras	Sun Rasterfile. Format matriciel de la société Sun Microsystems.	Importation
SVG	.svg	Scalable Vector Graphics. Standard ouvert pour le graphisme vectoriel. Exportation en mode simple ou en mode Inkscape.	Importation/ exportation
SVG AI	.ai.svg	SVG utilisé par Adobe Illustrator.	Importation
SVGZ	.svgz, .zip	SVG compressé. Exportation en mode simple ou en mode Inkscape.	Importation/ exportation

TABLEAU B-1 **Formats supportés par Inkscape (suite)**

Format	Extension	Description	Support
SVG optimisé	.svg	SVG avec options d'optimisation. Réduit en moyenne un fichier SVG Inkscape de 30 %.	Exportation
TEX	.tex	LaTeX avec des macros PSTricks.	Exportation
TGA	.targa, .tga	Truevision Graphics Adapter. Format matriciel.	Importation
TIF	.tif, .tiff	Tagged Image File Format. Format de stockage d'image.	Importation
WBMP	.wbmp	Wireless Bitmap. Format matriciel monochrome utilisé par les téléphones mobiles.	Importation
WMF	.wmf	Windows Metafile. Format d'image introduit par Microsoft avec Windows 3.0. Utilisé en particulier pour les cliparts.	Importation
WPG	.wpg	WordPerfect Graphic. Format graphique utilisé par la suite bureautique Corel WordPerfect.	Importation
XAML	.xaml	Extensible Application Markup Language. Langage de description d'interface graphique développé par Microsoft.	Importation/ exportation
XBM	.xbm	X Bitmap. Format d'image monochrome pour X Window, utilisé en particulier pour les pointeurs et les icônes.	Importation
XPM	.xpm	X Pixmap. Format d'image pour X Windows, supportant la couleur et la transparence. Utilisé en particulier pour les icônes.	Importation

Explorer les fichiers SVG 

Le format SVG étant basé sur XML, il s'affiche tout à fait correctement dans tout éditeur de texte, éditeur dédié au XML, ou encore, beaucoup mieux, avec l'éditeur XML interne d'Inkscape.

Hormis l'intérêt primordial que procure la lecture d'un code pour la compréhension d'un langage, les possibilités pratiques sont nombreuses. Vous pouvez, par exemple, réorganiser rapidement et avec précision l'agencement des objets dans les plans et les calques, ajouter un objet dans un groupe (ou l'en extraire), ou encore modifier directement l'intégralité des paramètres du dessin.

Dans certains cas, vous pouvez même outrepasser certaines limites d'Inkscape, pour éviter des doublons d'identifiants lors de l'importation d'objets contenant des dégradés.

Enfin, Inkscape utilisant un SVG parfaitement conforme à la recommandation W3C, vous pouvez l'utiliser pour ajouter des éléments, y compris ceux qui ne sont pas encore pris en compte par le logiciel. Toutefois, ils risquent de ne pas s'afficher correctement sur le canevas. Vous pourrez tout de même les lire avec d'autres logiciels supportant une plus grande partie des spécifications du format.

EN DÉTAIL **Le standard SVG**

Cette annexe ne présente que succinctement le format SVG. Et pour cause : il représente, en version 1.1, plus de 700 pages. On a déjà vu pire, mais cela fait encore beaucoup pour parler de tout ici. Le texte intégral est disponible sur le site du W3C :

▸ http://www.w3.org/TR/SVG11/

L'éditeur XML

Pour commencer, ouvrons l'éditeur avec le menu *Édition>Éditeur XML...* (*Maj + Ctrl + X*). La fenêtre suivante apparaît.

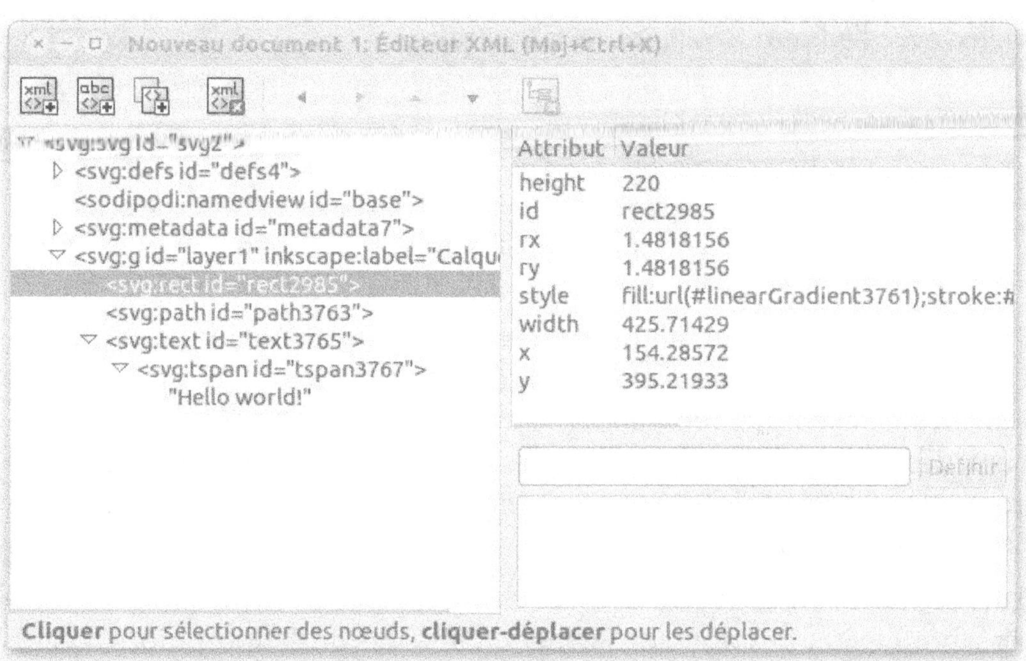

FIGURE C–1 *L'éditeur XML*

Voyons comment s'organise cette fenêtre. La partie gauche de l'interface affiche les éléments (également appelés nœuds) utilisés par le dessin, sous une forme hiérarchisée. Lorsqu'un élément en contient un ou plusieurs autres (pour former un groupe, par exemple), il est précédé d'un triangle.

Pour afficher ou masquer les objets contenus sous cet élément, il suffit de le sélectionner et de cliquer sur le triangle.

> **À savoir Toujours synchronisé**
>
> À l'ouverture, l'éditeur se positionne sur l'objet sélectionné sur le canevas lors de son lancement. La ligne contenant cet objet dans le code se distingue par son texte blanc sur fond bleu. Lors de l'édition, la sélection dans le SVG est synchronisée avec celle du canevas.

Sur la droite, l'éditeur XML détaille les différents attributs de l'élément sélectionné. Pour modifier la valeur d'un attribut, il suffit de le sélectionner, d'entrer la nouvelle valeur dans la zone de saisie en bas à droite et d'appuyer sur le bouton *Définir*. Pour ajouter un nouvel attribut, utilisez la même méthode en entrant son nom dans la zone de saisie à gauche du bouton.

La barre placée tout en haut de l'éditeur propose un jeu d'icônes dédié à l'ajout et la suppression de nœuds, à leur déplacement, et à la suppression d'attributs. Les déplacements d'éléments, dans la partie gauche de l'éditeur, peuvent également être réalisés avec la souris, en cliquant-glissant.

> **À savoir Ordre des éléments**
>
> Inkscape dessine les éléments par ordre d'apparition dans le code SVG. Ainsi, un objet placé tout en bas dans la liste de l'éditeur sera placé au-dessus des autres objets sur le canevas. Vous pouvez utiliser cette propriété pour inverser la position dans le plan de deux objets en permutant leur rang dans le code SVG.

Au cœur du SVG

Pour illustrer de façon simple un code SVG basique, prenons l'exemple d'un dessin ne comportant qu'un rectangle, dont le remplissage est dégradé (de gris clair vers gris foncé) et le contour noir.

FIGURE C–2 *Un rectangle simple*

Ouvrons l'éditeur XML (*Maj + Ctrl + X*) et explorons le contenu du fichier. La première ligne spécifie l'élément `svg` :

```
<svg
  width="800px"
  height="600px"
  id="svg3512"
  sodipodi:version="0.32"
  inkscape:version="0.48.4"
  sodipodi:docname="Annexes_XML_rectangle.svg"
  inkscape:output_extension=
      "org.inkscape.output.svg.inkscape">
```

Les attributs `width` et `height` spécifient la taille du canevas. Viennent ensuite l'identifiant (`id`) du document, la version du logiciel utilisé pour son édition, le nom du fichier (`docname`) et le type de SVG enregistré (`output_extension`). Notez que certains attributs utilisent un espace de noms `sodipodi`. Il était utilisé par le logiciel Sodipodi, prédécesseur d'Inkscape, et a été conservé pour garantir la compatibilité ascendante avec les fichiers qui en étaient issus.

EN DÉTAIL **Espace de noms XML**

Un espace de noms est un groupe d'éléments et d'attributs particuliers, définissant un vocabulaire. Comme tout document XML, un document SVG peut utiliser des espaces de noms spécifiés pour d'autres applications. C'est le cas ici des attributs `docname` ou `output_extension`, qui n'existent pas dans le standard SVG, mais ont été ajoutés, pour les besoins d'Inkscape, respectivement dans les espaces de noms `sodipodi` et `inkscape`.

Juste en dessous de l'élément `svg` se trouve l'élément `defs` :

```
<defs
  id="defs4">
  <linearGradient
    id="linearGradient3155">
    <stop
      style="stop-color:#d8d8d8;stop-opacity:1;"
      offset="0"
      id="stop3157" />
    <stop
      style="stop-color:#424242;stop-opacity:0.97560978;"
      offset="1"
      id="stop3159" />
  </linearGradient>
  <linearGradient
    x1="50"
    y1="949.86218"
    x2="255"
    y2="949.86218"
    id="linearGradient3161"
    xlink:href="#linearGradient3155"
    gradientUnits="userSpaceOnUse" />
</defs>
```

`defs` sert à définir toutes sortes de données qui pourront être réutilisées à plusieurs reprises dans le document. C'est le cas par exemple des dégradés, des motifs ou des marqueurs. Ici, cet élément contient deux éléments de type dégradé linéaire (`linearGradient`). Le premier, contenant dans des éléments `stop` la définition des couleurs, est unique et partagé par tous les objets qui en ont besoin. Le second indique la position du dégradé sur le canevas pour chaque objet faisant appel au dégradé. Si un autre objet utilise le même dégradé, ce dernier élément sera copié et se verra attribuer une position et un identifiant (`id`) différents.

L'élément `namedview` définit les paramètres de visualisation du document. Il s'agit, entre autres, de la taille de la fenêtre de l'application, la couleur de l'espace de travail, la grille, le niveau de zoom… Cet élément est intrinsèque à Inkscape et ne fait pas partie du standard SVG.

Vient ensuite `metadata`, qui sert à ajouter toutes sortes d'informations annexes relatives au document (licence, auteur…).

La partie qui nous intéresse commence par `g`, qui correspond à un groupement d'objets. Le voici :

```
<g
  id="layer1"
  inkscape:label="Layer 1"
  inkscape:groupmode="layer">
```

Il possède ici un attribut particulier, `inkscape:groupmode="layer"`, qui fait qu'il est interprété par Inkscape comme un calque. Sans cet attribut, le groupe prend son sens habituel : un ensemble d'objets pouvant être manipulés comme un élément unique.

Et voici enfin notre rectangle, sous le calque.

```
<rect
  style="opacity:1;fill:url(#linearGradient3161);
   fill-opacity:1;fill-rule:nonzero;stroke:#5c5c5c;
   stroke-width:5;stroke-linecap:square;
   stroke-linejoin:round;stroke-miterlimit:4;
   stroke-opacity:1;stroke-dasharray:none;
   stroke-dashoffset:0;marker:none;visibility:visible;
   display:inline;overflow:visible;
   enable-background:accumulate"
  id="rect3603"
  width="195"
  height="95"
  x="52.5"
  y="452.50003" />
```

Il contient des attributs concernant sa taille (`width` et `height`), sa position (`x` et `y`), son style et un identifiant (`id`). L'attribut `style` est particulièrement chargé car il contient tous les paramètres définis dans la boîte de dialogue *Remplissage et contour…* Vous y retrouvez en particulier, dans le paramètre `fill`, un lien vers le dégradé défini précédemment.

En détail **Coordonnées et tailles**

> Vous l'avez sans doute remarqué, les attributs de taille sont légèrement différents de ceux affichés dans la barre de contrôle de l'outil. Cela s'explique par un traitement différent entre le standard SVG, qui considère que la taille ne prend pas en compte le contour (ici de 5 pixels) et Inkscape. Pour la position, la différence est encore plus marquée, puisque la position de SVG est prise au milieu du contour (d'où 2,5 pixels de différence) et dans un référentiel où l'axe des ordonnées est orienté vers le bas. Heureusement, à moins de fouiller dans le code, tout cela est parfaitement transparent...

Voilà pour notre rectangle. Le SVG connaît bien d'autres éléments, tels que les chemins, les textes, les motifs... que nous ne pouvons pas examiner en détail ici. Mais n'hésitez pas à explorer votre code, vous en apprendrez toujours plus sur le fonctionnement du format SVG et sa gestion par Inkscape.

SVG et l'animation

Bien qu'Inkscape ne propose pas d'interface aboutie pour la création d'animations, celles-ci peuvent être réalisées assez simplement en modifiant à la main le fichier SVG. Plusieurs possibilités s'offrent à nous :

- appeler des scripts sur des actions « onmouse » ;
- ajouter des styles CSS ;
- utiliser les attributs d'animation disponibles dans SVG.

L'animation par scripts est très classique et largement utilisée, notamment dans des pages HTML. Quelques extensions (dans le menu *Extensions> Web>Javascript*) ont été conçues pour faciliter l'ajout de code dans les objets SVG, et l'onglet *Programmation* des préférences du document (*Fichier>Préférences du document*) permet l'attachement de fichiers de script externes. L'utilisation de feuilles de style est également très courante, mais contrairement aux scripts, qui peuvent être manipulés par l'intermédiaire d'extensions ou avec l'éditeur XML, il n'est pas possible de les gérer dans Inkscape et il faudra faire appel à un éditeur externe.

Les techniques employées dans les deux premiers cas étant très connues et bien documentées, nous nous limiterons ici à l'animation telle qu'elle est décrite dans le format SVG, au travers de deux éléments simples : `set` et `animate`.

Positionnement d'un attribut

L'animation la plus simple consiste à modifier la valeur d'un attribut en réponse à un événement. Dans l'exemple suivant, nous diminuons l'opacité du rectangle (attributs `attributeName` et `to`) sur un clic de souris (`begin`), puis rétablissons la valeur initiale lorsque le curseur ne survole plus l'objet (`end`).

```
<rect id="rect" x="50" y="50" width="100" height="60"
fill="red">
    <set
        attributeName="fill-opacity"
        to="0.5"
        begin="rect.click"
        end="rect.mouseout"/>
</rect>
```

La valeur de l'attribut `attributeName` n'est pas limitée à l'opacité mais peut s'appliquer à n'importe quel attribut du rectangle, qu'il soit défini dans sa déclaration ou pas. Avec les attributs de positionnement, par exemple, le rectangle pourra être déplacé sur la page.

Animation d'un attribut

Avec l'élément `animate`, nous pouvons faire varier une valeur d'attribut dans le temps. Dans l'exemple suivant, la longueur du rectangle augmente progressivement pendant 5 secondes, simulant une barre de progression.

```
<rect id="rect" x="50" y="50" width="100" height="60"
fill="red">
    <animate
        attributeName="width"
        from="100"
```

```
        to="1000"
        dur="5s"
        fill="freeze" />
</rect>
```

Le dernier attribut, `fill`, définit comment se termine l'animation. Par défaut, l'objet reprend sa forme originale. La valeur `freeze`, au contraire, fige l'objet dans l'état dans lequel il se trouve à la fin de l'animation.

D'autres attributs non utilisés dans notre exemple permettent de choisir un nombre ou une durée de répétition. Si nous ajoutons la ligne `repeatCount="indefinite"` dans l'élément `animate`, l'animation tournera en boucle jusqu'à ce que la page soit fermée.

Pour approfondir

Pour aller plus loin, référez-vous à la liste des liens proposée dans l'annexe suivante. Vous y trouverez des ressources utiles pour en apprendre davantage sur le SVG ainsi que de nombreux tutoriels pouvant servir de support à une analyse approfondie du code.

Si vous avez besoin d'une référence sur un point précis, orientez vos recherches vers la spécification SVG, à l'adresse http://www.w3.org/TR/SVG11/. Le document est long et peu illustré, mais clair et bien organisé. Nul doute que vous y trouverez rapidement l'information qui vous manque.

Ressources sur le web

Sites dédiés à Inkscape

Site officiel

▸ http://www.inkscape.org/

Vous y trouverez tout ou presque sur Inkscape : de la documentation, des tutoriels, un wiki pour les utilisateurs et les développeurs. D'ailleurs, il y a tellement de choses que c'est un peu difficile de s'y retrouver. Mais pas de panique, un nouveau site est en cours d'étude.

Inkscape-fr

▸ http://www.inkscape-fr.org/

Le site consacré à Inkscape en français. Il contient des informations sur le logiciel et des liens utiles, et sert de dépôt pour les exemples de ce livre et les exécutables de la version de développement pour Windows.

Floss Manuals

▸ http://fr.flossmanuals.net/inkscape/

Le site propose de la documentation libre pour des logiciels libres. Le manuel d'Inkscape y est disponible en version française, avec des liens vers une version en anglais.

Guide de Tavmjong Bah

▸ http://tavmjong.free.fr/INKSCAPE/MANUAL/html_fr/index.html

Initialement écrit en anglais, ce guide profite désormais d'une traduction en français, ainsi que d'un suivi actif des versions.

Planet Inkscape

▸ http://planet.inkscape.org/

Site d'agrégation d'articles dédiés à Inkscape en anglais. Vous y retrouverez, entre autres, les blogs des concepteurs d'Inkscape.

Inkscape forum

▸ http://www.inkscapeforum.com/

Forum non officiel, mais néanmoins très actif. Il couvre à peu près tous les domaines dont vous pouvez avoir besoin, du développement à l'utilisation. Seule contrainte, tout est en anglais.

The Inkscape tutorials weblog

▸ http://inkscapetutorials.wordpress.com/

Un des recueils de tutoriels pour Inkscape les plus riches de la toile.

Sites traitant du graphisme vectoriel

Sites francophones

▸ http://dblogpas.free.fr/

Le blog D-Blog-Pas parle du libre en général, avec quelques rubriques sur Inkscape.

▸ http://imppao.wordpress.com/

Sur Imppao's Weblog, vous trouverez de nombreux tutoriels vidéo consacrés à Inkscape.

▸ http://www.dom-web.net/

Dom Web, c'est Inkscape appliqué aux années 1980 ! Manifestement nostalgique des jeux vidéo et des dessins animés de l'époque, Dom nous offre quelques tutoriels issus de cet univers.

▸ http://popolon.org/gblog2/fr/

Blog graphique 2. Site délicat orienté graphisme, Chine et contestation.

▸ http://www.linuxgraphic.org/

Site consacré au graphisme sous Linux, LinuxGraphic contient de nombreuses sections dont une sur le dessin vectoriel et un forum très actif.

Sites anglophones

▸ http://www.openclipart.org/

Open Clip Art est une bibliothèque de Clip Art libres au format SVG.

▸ http://vectortuts.com/

VectorTuts, Illustrator & Vector Tutorials est spécialisé dans le dessin vectoriel. Les tutoriels sont le plus souvent prévus pour Adobe Illustrator, mais peuvent être transposés pour Inkscape. Quoi qu'il en soit, c'est une excellente source d'inspiration.

▸ http://www.blog.spoongraphics.co.uk/

Blog.SpoonGraphics, est le site du graphiste anglais Chris Spooner. S'il est orienté Illustrator et Photoshop, il présente souvent des réalisations vectorielles appliquées aux sites web pouvant servir de base de travail.

▸ http://www.w3.org/Graphics/SVG/

Le portail SVG du World Wide Web Consortium. Vous y retrouverez les spécifications complètes du format, ainsi que l'actualité du SVG et des logiciels qui le supportent.

Logiciels complémentaires

Tous les logiciels listés ci-dessous sont sous licence libre et ouverte, et fonctionnent sous Linux, Windows et Mac OS :

Tableau D–1 Logiciels complémentaires

Nom	Description	Site
Gimp	Célèbre logiciel de dessin matriciel et de retouche d'image. Inkscape exporte ses fichiers au format natif de Gimp.	http://www.gimp.org/
Scribus	Logiciel de publication assistée par ordinateur. Importe directement les images SVG issues d'Inkscape et les considère comme des objets natifs.	http://www.scribus.net/
ImageMagick	Boîte à outils pour le traitement des images, dont le SVG. Particulièrement pratique pour automatiser des tâches répétitives en lignes de commande.	http://www.imagemagick.org/
Potrace	Utilitaire de vectorisation d'images matricielles.	http://potrace.sourceforge.net/

Développements en cours

La version 0.49 (qui pourrait changer de nom d'ici là) n'est pas encore tout à fait prête pour le service, mais certaines fonctionnalités ont déjà été implémentées ou sont sur le point de l'être dans la version de développement. Il est possible que d'autres modifications soient apportées d'ici là, ou que certaines de celles présentées dans ce livre soient finalement revues ou abandonnées. Cela va sans dire, ces informations ne vous sont proposées qu'à titre indicatif !

Performances

L'amélioration du code et des performances est un des objectifs principaux de cette version. Ce qui a été fait, en particulier par une refonte complète du code responsable de l'affichage des objets, avec pour effet la correction de nombreux défauts et un gain conséquent en rapidité. Ajoutez à cela le support multi-processeurs pour les filtres et une consommation mémoire réduite, et vous obtiendrez un outil significativement plus fluide et performant.

Interface

Grand nettoyage de printemps du côté des boîtes de dialogue, qui peuvent désormais toutes s'insérer dans la fenêtre principale. Encore plus pratique, la taille et la position des boîtes est enregistrée d'une session sur l'autre. Un gain de temps appréciable pour organiser l'espace de travail. La réécriture de la boîte de dialogue *Rechercher* apporte une plus grande souplesse dans la recherche et le remplacement dans les textes et les propriétés des objets, que complète à merveille une nouvelle fonctionnalité de sélection rapide par style.

Les préférences et les menus profitent d'une nécessaire réorganisation. Les clones sont ainsi déplacés dans le menu *Objet*, les préférences dans le menu *Édition*, et les métadonnées regroupées avec les préférences du document. Des commandes supplémentaires apparaissent dans le menu contextuel pour faciliter l'accès aux fonctions les plus courantes.

Côté espace de travail enfin, la couleur du fond peut être configurée indépendamment de la couleur d'exportation, ce qui facilitera le travail sur objets clairs. Les champs de saisie numériques acceptent désormais les valeurs sous forme de calcul et les possibilités de magnétisme ont été étendues à de nouveaux types de points.

Outils

Parmi les ajouts les plus visibles, la barre d'outils s'enrichit d'une règle bien pratique pour mesurer dynamiquement les objets de l'espace de travail. Intitulé outil Mesure, il se pourrait qu'il soit finalement intégré à l'outil Sélection pour alléger l'interface.

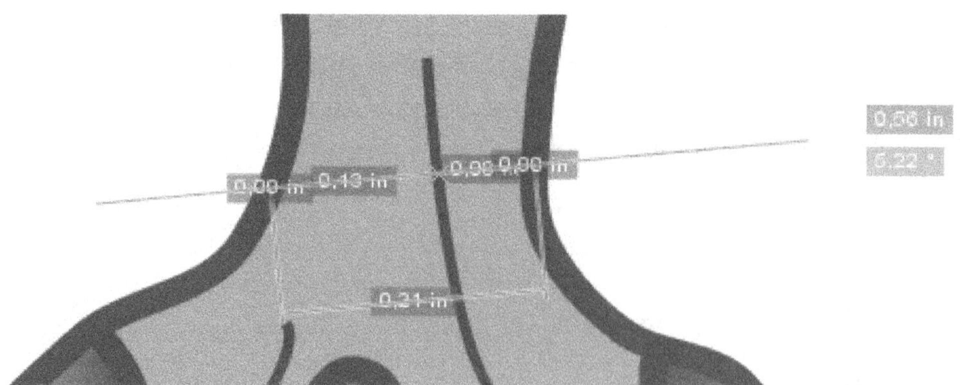

FIGURE E–1 *L'outil Mesure*

Un nouvel effet de chemin, PowerStroke, offre de plus amples contrôles sur l'épaisseur des contours, accessibles directement sur l'espace de travail.

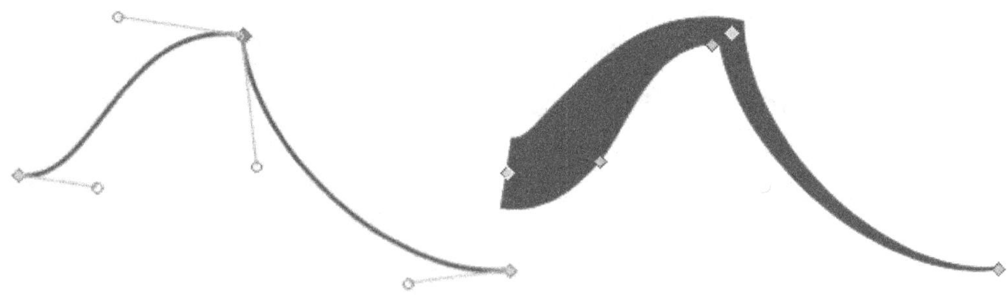

FigURE E-2   *Chemin original (à gauche) et avec l'effet Powerstroke (à droite)*

Une interface de gestion des scripts internes ou liés vient compléter les propriétés du document. Voilà qui plaira sans aucun doute aux concepteurs de fichiers SVG animés.

Les filtres SVG font l'objet d'une grande réorganisation, et certains sont agrémentés d'une interface spécifique pour en simplifier le paramétrage initial.

Très attendu, le gestionnaire de symboles permet la manipulation de collections d'objets réutilisables entre documents.

Pour en terminer avec les outils, notons l'arrivée de nombreuses extensions, dont un lot dédié à la création typographique et un second à la création de fichiers G-code pour le pilotage de machine-outils à commande numérique.

Formats

Deux formats font leur apparition dans la catégorie exportation : FXG, pour les concepteurs d'applications Flash, et SIF, pour les utilisateurs du logiciel d'animation Synfig.

Le format SVG n'est pas en reste, avec un meilleur contrôle de la qualité des fichiers importés et enregistrés, paramétrable dans les préférences.

L'incorporation et l'extraction des fichiers matriciels est également simplifié, avec un paramétrage plus souple lors de l'importation de l'image et un accès aux fonctions directement depuis le menu contextuel.

> En détail **Notes de révision**
>
> Pour en savoir plus sur la version 0.49, consultez les notes de révision :
>
> ▸ http://wiki.inkscape.org/wiki/index.php/Release_notes/ 0.49

Posez vos questions !

Inkscape est développé et maintenu par toute une communauté d'utilisateurs et de passionnés qui se font un plaisir de répondre à vos questions.

> À SAVOIR **Lisez la FAQ !**
>
> Avant de poser une question, pensez à consulter tout d'abord la foire aux questions disponible en français sur le site officiel d'Inkscape, à l'adresse suivante :
>
> ▶ **http://wiki.inkscape.org/wiki/index.php/FrFAQ**
>
> Même si la communauté est généralement serviable et prête à vous aider, pensez qu'il peut être pénible de répondre à de multiples reprises à une question dont la réponse se trouve déjà dans la FAQ.

Si vous n'avez pas trouvé de forum à votre goût, privilégiez les moyens « officiels ». Ils se présentent sous plusieurs formes :

- Le site Launchpad (**https://answers.launchpad.net/inkscape**), en cliquant sur le menu *Answers*. La plupart des questions sont en anglais, mais vous pouvez, en vous enregistrant, sélectionner votre langue préférée et ne voir que les questions rédigées dans celle-ci.
- Les listes de diffusion. C'est plus classique, et tout de même un peu en perte de vitesse. Mais elles restent lues par les utilisateurs les plus acharnés et peuvent aussi vous donner satisfaction. Ces listes sont disponibles sur le site officiel, à l'adresse **http://inkscape.org/mailing_lists.php**. Seules les listes relatives à l'utilisation d'Inkscape existent en plusieurs langues. Si vous avez envie de suivre les listes sur le développement ou la traduction, vous devrez comprendre l'anglais.

- Les canaux IRC. Il en existe dans plusieurs langues. Vous trouvez, sur le serveur irc.freenode.net, un canal en français, #inkscape-fr, et un canal en anglais, #inkscape. Ce dernier est visité par un grand nombre d'utilisateurs, dont les développeurs du logiciel. Vous pourrez bavarder, sur le canal francophone avec quelques-uns des plus actifs défenseurs d'Inkscape parlant votre langue, dans une ambiance détendue.

> CYBERCULTURE **Launchpad**
>
> Launchpad est un site web dédié au développement logiciel. Initialement prévu pour le suivi du système d'exploitation Ubuntu, il héberge désormais de nombreux autres logiciels, principalement libres et ouverts. Launchpad intègre des fonctionnalités pour le suivi de code source, la gestion des bogues, la spécification, la traduction et le support aux utilisateurs.
>
> ▸ https://launchpad.net/

Contribuer à Inkscape

Vous pouvez aider la communauté à tous les niveaux, que vous soyez programmeur ou non. Votre simple expérience d'utilisateur peut à elle seule aider à faire évoluer Inkscape.

Programmer

La base du logiciel, c'est son code. Mais inutile de vouloir tout connaître tout de suite sur Inkscape. Commencez par réparer des portions de programme erronées, écrire de petites routines, et vous intégrerez ainsi petit à petit la logique et la structure du logiciel. Puis, allez plus loin en prenant à votre compte une nouvelle fonctionnalité. Ce ne sont pas les idées qui manquent, et certaines d'entre-elles, déjà bien avancées, n'attendent qu'un développeur pour prendre vie. Pour vous aider, leurs spécifications ont été déposées sur le site Launchpad à l'adresse https://blueprints.launchpad.net/inkscape. Surtout, n'oubliez pas la devise des développeurs d'Inkscape : « Patcher d'abord, discuter ensuite ! ». Si vous avez une idée, mettez-la en pratique et soumettez votre code. Si un problème apparaît, la communauté vous aidera.

Si vous vous y connaissez un peu en Python ou éventuellement en Perl, vous pouvez créer des extensions qui enrichiront l'application sans en nécessiter une connaissance approfondie. La plupart des entrées du menu *Extensions* sont des extensions écrites en Python.

Si vous êtes étudiant ou professeur dans le domaine de l'informatique, des mathématiques ou du graphisme, sachez que plusieurs projets ont déjà été réalisés dans le cadre universitaire, avec des tuteurs issus de la communauté d'Inkscape.

Dans tous les cas, n'hésitez pas à demander conseil à la communauté. Elle pourra vous aider, quels que soient votre niveau et l'ampleur de votre projet.

Tester

Pas besoin de savoir programmer, il suffit de lancer et d'utiliser l'application. Si vous remarquez quelque chose qui cloche (plantage, commande fonctionnant de travers ou incohérence par rapport aux spécifications), remplissez une fiche de rapport de bogue sur le site Launchpad, à l'adresse **https://bugs.launchpad.net/inkscape**. Vérifiez tout d'abord que le défaut n'a pas été déjà signalé, puis saisissez le défaut que vous avez constaté. Pensez à spécifier votre version d'Inkscape et votre système d'exploitation.

Si vous savez utiliser un débogueur (gdb, par exemple, sous Linux), il vous donnera des informations complémentaires particulièrement utiles pour la résolution du problème.

Partager

Au sens large, partagez votre expérience avec les autres. Vous pouvez par exemple :

- répondre aux questions sur les forums, les listes, les canaux IRC ou sur Launchpad ;
- rédiger des tutoriels sur une fonctionnalité particulière ;
- déposer vos œuvres sur le site OpenClipArt ;
- parler d'Inkscape autour de vous…

Écrire

Traduire, écrire des manuels, des nouveaux modèles, améliorer le site officiel ou le wiki, écrire des articles pour les blogs dédiés, faire des présentations, spécifier de nouvelles fonctionnalités, améliorer l'interface… Quelles que soient vos compétences, votre aide sera appréciée !

En détail **Comment contribuer ?**

Retrouvez en détail toutes les possibilités de contribution sur le site officiel d'Inkscape.

▸ http://wiki.inkscape.org/wiki/index.php
/FrFAQ#Contribuer_.C3.A0_Inkscape

Une association francophone des graphistes libres

Une association consacrée aux graphistes professionnels utilisant les logiciels libres a été créée durant l'été 2010. Son but est de promouvoir l'utilisation de ce type de logiciel :

- en organisant des manifestations, virtuelles ou directes, dans les associations locales et salons dédiés à l'informatique ou au graphisme, afin de présenter le graphisme vectoriel libre au plus large public possible ;
- en participant à l'élaboration de documentation libre, sous forme de manuels et de tutoriels ;
- en participant au développement du logiciel, en particulier en remontant les remarques et les demandes d'évolution formulées par les utilisateurs francophones.

Pour en savoir plus sur cette association, visitez le site http://afgral.org/.

Index

Q

www.ingramcontent.com/pod-product-compliance
Lightning Source LLC
LaVergne TN
LVHW060119060726
842526LV00009B/2702